blumen

Edward Lucie-Smith

blumen

GÄRTEN UND PFLANZEN IN KUNST UND LITERATUR

Abbildung Seite 2: Hunt Slonem, *Orchideen* (1985)

EVERGREEN is an imprint of TASCHEN GmbH

© für diese Ausgabe: 2001 TASCHEN GmbH
Hohenzollernring 53, D–50672 Köln

Copyright: © The Ivy Press Limited 2000
The Ivy Press Limited
The Old Candlemakers, West Street
Lewes, East Sussex, BN7 2NZ
Art Director: Clare Barber
Editorial Director: Sophie Collins
Designer: Angela Neal
Project Editor: Rowan Davies
Editors: Claire Musters und April McCroskie
Picture Research: Liz Eddison

Übersetzung aus dem Englischen: Simone Wiemken, Oldendorf
Koordination: Sabine Duda, Köln
Umschlaggestaltung: Angelika Taschen, Köln

Printed in China
ISBN 3–8228–5717–3

Inhalt

EINFÜHRUNG 6–9

KAPITEL 1
Der Spiegel des Paradieses
10–39

KAPITEL 2
Aussaat und Ernte
40–75

KAPITEL 3
Kunst kontra Natur
76–109

KAPITEL 4
Sammelleidenschaft
110–137

KAPITEL 5
Die Sprache der Blumen
138–175

KAPITEL 6
Natur und Reisen
176–209

KAPITEL 7
Arkadische Landschaften
210–237

KAPITEL 8
Die Gaben der Natur
238–277

KAPITEL 9
Mein eigenes Fleckchen Erde
278–317

KAPITEL 10
Im Reich der Phantasie
318–351

KÜNSTLERVERZEICHNIS 352–366

BILDNACHWEIS 367–368

DANKSAGUNG 368

Einführung

*»Die Blüten selbst der bescheidensten Pflanzen
können mich zu Gedanken bewegen, die oft zu tief für Tränen sind.«*

WILLIAM WORDSWORTH (1770–1850)

B LUMEN« HULDIGT der Schönheit von Gärten und Pflanzen und zeigt, wie Künstler aus verschiedenen Ländern und Kulturen das Verhältnis des Menschen zur Pflanzenwelt sehen und gesehen haben – dem »Reich der Flora«, wie es in der Mythologie genannt wird. Gärten anzulegen wurde zu einer instinktiven Handlung von Menschen, die das Nomadendasein längst aufgegeben hatten. Mit den ersten festen Behausungen war der Beginn des Ackerbaus verbunden – das Kultivieren von Pflanzen als Nahrungsmittel oder für andere Zwecke. Das Bestellen des Bodens hatte jedoch auch eine ästhetische Komponente: Es ging darum, eine Umgebung zu

John
Frederick
LEWIS
*Im Garten
des Bei
(Ausschnitt)*
1865

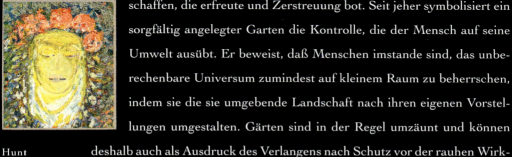

Hunt **SLONEM**
Die heilige Rosa von Lima (Ausschnitt)
1989

Lily **SALVO**
Die Pforte des Verlangens (Ausschnitt)
1998

schaffen, die erfreute und Zerstreuung bot. Seit jeher symbolisiert ein sorgfältig angelegter Garten die Kontrolle, die der Mensch auf seine Umwelt ausübt. Er beweist, daß Menschen imstande sind, das unberechenbare Universum zumindest auf kleinem Raum zu beherrschen, indem sie die sie umgebende Landschaft nach ihren eigenen Vorstellungen umgestalten. Gärten sind in der Regel umzäunt und können deshalb auch als Ausdruck des Verlangens nach Schutz vor der rauhen Wirklichkeit außerhalb ihrer sicheren Einfriedung betrachtet werden.

Von Gärten inspirierte Kunst ist ein getreues Spiegelbild der Tendenz, bestehende Verhältnisse zu ändern. So haben zum Beispiel die Bewohner von trockenen Regionen das Bedürfnis nach Wasser, und deshalb ist es – in Form von Teichen, Bächen und Springbrunnen – für die Gestaltung ihrer Gärten kaum weniger wichtig als die in ihnen kultivierten Pflanzen.

Außerdem kann sich das geistige Klima der Kultur, die sie geschaffen hat, in den Gärten widerspiegeln. In China werten Taoismus, Konfuzianismus und Buddhismus den Kontakt mit der Natur als etwas, das den Menschen in einen Zustand inneren Friedens versetzt. Da es dort nur selten möglich war, zu abgelegenen Regionen von landschaftlicher Schönheit zu reisen, wurde versucht, in den Gärten die Eigentümlichkeiten dieser Orte nachzugestalten.

In Europa, wo die Herrschaft des Menschen über seine Umwelt von größerer Bedeutung ist als die Betrachtung der Natur, waren Gärten in der Regel eine Weiterführung der Architektur. Einen Wandel brachte erst das Aufkommen der Landschaftsmalerei im 17. Jahrhundert. Die Einstellung zu Gärten und dem Kultivieren sowohl von Zier- als auch von Nutzpflanzen wurde von einem neuen wissenschaftlichen Geist geprägt, der eng mit der Erforschung fremder Länder verbunden

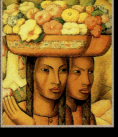

Alfredo
RAMOS MARTINEZ
Blumenverkäuferinnen
um 1930

Odilon
REDON
Blumen in türkisfarbener Vase
1905

war. Europäische Gärten wurden zu Sammelstätten der Pflanzen, mit denen die Forscher von ihren Reisen zurückkehrten. So waren im 1656 erschienenen Katalog des privaten botanischen Gartens der Familie Tradescant in London 1600 verschiedene Arten aufgeführt, darunter Heidekraut-Aster, Goldrute und Jungfernrebe – Pflanzen aus der Neuen Welt, die bis dahin in Europa unbekannt gewesen waren. Im 18. Jahrhundert kam unter dem Einfluß von Jean-Jacques Rousseau (1712–1778) eine neue Begeisterung für die »Natur« und alles »Natürliche« auf.

Joseph-Marie **VIEN**
Griechischer Jüngling krönt seine Geliebte mit Blumen (Ausschnitt)
1773

Das Reich der Flora, wie es hier in Beispielen der bildenden Kunst gezeigt wird, enthält sowohl historische Perspektiven als auch reine Phantasieprodukte. Zahlreiche Künstler haben detaillierte Darstellungen von der unendlichen Vielfalt der Natur geliefert, denn in der Kunst können das Alltägliche und das Exotische gleichermaßen kostbar sein. Und dieser Tatsache sind sich die heutigen Gärtner ebenso bewußt wie ihre Vorfahren.

KAPITEL I

Der Spiegel des Paradieses

*»Ein Garten war der Wohnsitz unserer Ureltern vor dem Sündenfall.
Deshalb ist es nur natürlich, daß er die Seele
mit Ruhe und Gelassenheit erfüllt.«*

JOSEPH ADDISON (1672–1719)

Alfred **ROLL**
*Die Freuden des Lebens:
Blumen, Frauen, Musik
(Wandbild)*
um 1877

Der Spiegel des Paradieses

Paradies, Miniatur aus einem Manuskript der Schule von Brügge um 1500

GÄRTEN GELTEN SEIT JEHER als Spiegelbilder des Paradieses – des Ortes der Ruhe, des Friedens und des Glücks, nach dem sich alle Menschen sehnen. Der christlichen Überlieferung nach lebten die Menschen einst an einer solchen Stätte, von der sie dann wegen ihres Ungehorsams und ihrer Sünde vertrieben wurden. Nach muslimischem Glauben bekommen die Märtyrer, die ihr Leben für den Islam geopfert haben, in einem vollkommenen Garten alles, was sie sich wünschen.

Die Orte, an denen das vollkommene Glück zu finden ist, sind je nach Kultur und Religion sehr unterschiedlich. In der Vorstellung früher christlicher Künstler scheint der Garten Eden einem jener Jagdparks geähnelt zu haben, die in vorchristlicher Zeit von den despotischen Herrschern im Nahen Osten – den Assyrern und den Achämeniden-Königen in Persien –

Der Spiegel des Paradieses

Frühling, Illustration aus dem »Tacuinum sanitatis in medicina« Norditalien spätes 14. Jahrhundert

geschaffen wurden. Sie übernahmen diese Version von den jüdischen Verfassern des Alten Testaments, von denen einige derartige Parks vielleicht tatsächlich gesehen haben. Assyrische Reliefs, die in Ninive und anderen Gebieten gefunden wurden, lassen vermuten, daß diese Jagdparks Orte der Grausamkeit waren, in denen gefangenes oder gezüchtetes Wild vom König und seinem Hofstaat erbarmungslos abgeschlachtet wurde. Der biblische Garten Eden ist das genaue Gegenteil: Er macht den Park zu einer Stätte, an der alle Tiere miteinander und mit dem Menschen, ihrem gefährlichsten Feind, friedlich und harmonisch zusammenleben können.

Die Einstellung der Muslime zum Paradies basiert auf den Wüstenverhältnissen, mit denen die meisten großen

Iwan **RABUZIN**
Friedliche Straße im Wald
1921

Judy **BYFORD**
*Traumgarten
(Ausschnitt)*
1994

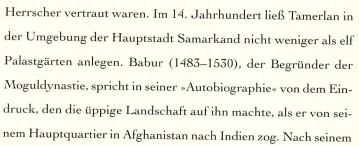

Herrscher vertraut waren. Im 14. Jahrhundert ließ Tamerlan in der Umgebung der Hauptstadt Samarkand nicht weniger als elf Palastgärten anlegen. Babur (1483–1530), der Begründer der Moguldynastie, spricht in seiner »Autobiographie« von dem Eindruck, den die üppige Landschaft auf ihn machte, als er von seinem Hauptquartier in Afghanistan nach Indien zog. Nach seinem ersten großen Sieg über die Inder bei Panipat im Jahre 1525 ließ er sofort einen Garten anlegen, den Ram Bagh in Agra. Wo immer er hinkam, schuf er Gärten, die als Kulisse für Geselligkeiten dienten, bei denen Dichtung und Wein gleichermaßen genossen wurden.

Im Mittelalter, einer von politischer Unsicherheit geprägten Zeit, waren die Gärten nur kleine, umfriedete Bereiche. Sie waren in der Regel den Frauen vorbehalten, und der

Arthur **DIXON**
*Der Garten
des Königs oder
Der Mühe Lohn
(Ausschnitt)*
um 1900

Der Spiegel des Paradieses

»hortus conclusus«, der friedliche, umschlossene Garten, wurde zum Symbol der Jungfrau Maria. Oft waren solche Gärten erhöht angelegt, zum Beispiel auf der Plattform eines Turms, wodurch sie eine gewisse Ähnlichkeit mit den »hängenden Gärten« von Babylon hatten, die auf hohen Terrassen lagen. Die mittelalterlichen Gärten, gewöhnlich in vier symmetrische Bereiche mit einem Brunnen oder einem anderen Blickfang im Zentrum gegliedert, enthielten Blütenpflanzen, aber die Zahl der Arten war gering und die Blütezeiten waren sehr kurz. Eine andere Form des mittelalterlichen Gartens, der von Gebäuden umschlossene Innenhof, stammte aus der Antike. Er wurde zu einem Bestandteil vieler Klöster, wo er die Form eines überdachten Kreuzgangs annahm, der eine Grünfläche umgab.

Stefano da
VERONA
*Madonna im
Rosenhag
(Ausschnitt)*
1425

*»So hoch sind all die Bäume,
so grün sind ihre Blätter.«*

DICHTER UNBEKANNT

*Babur empfängt Gesandte
in einem Garten, Mogul*
um 1590

Babur, der von 1526 bis 1530 über Indien herrschte, hatte eine Vorliebe für Gärten. Die Darstellung zeigt, wie er 1528 vor den Toren Agras Gesandte empfängt. Die Szenerie mit den blühenden Bäumen ist eine politische Botschaft – sie illustriert seine Macht, die Natur zum Blühen zu bringen.

François **BOUCHER**
Der chinesische Garten
um 1725–1750

Derart phantasievolle Darstellungen chinesischen Lebens waren im Rokoko weit verbreitet. Sie schlugen eine Brücke zwischen der gekünstelten Welt des Rokoko und dem neu erwachten Interesse an der Natur. Das Gemälde von Boucher (1703–1770) zeigt ein idyllisches Märchenreich, das in der Realität nie existiert hat.

Iwan **RABUZIN**
Friedliche Straße im Wald
1921

Die Faszination, die von den Werken Henri Rousseaus (1844–1910) ausging, löste ein großes Interesse an anderen naiven Malern aus. In Jugoslawien waren zwischen den Weltkriegen besonders viele naive Künstler tätig. Diese visionäre Landschaft von Rabuzin ist ein typisches Beispiel für ihr Schaffen.

Paradies, Miniatur aus einem Manuskript der Schule von Brügge um 1500

Die Miniatur stammt aus einem Buch über die Sieben Weltwunder und zeigt Adam und Eva im Garten Eden vor dem Sündenfall; über ihnen thronend Gottvater.

Der Spiegel des Paradieses

Der Spiegel des Paradieses

»Babylon ... eine Art Antwort oder Anspielung
auf die alten Vorstellungen vom Paradies,
mit vielen über das Niveau der Erde
erhobenen Schöpfungen.«

THOMAS BROWNE (1605–1682)

Holzschnitt nach
Ferdinand von **KNAB**
Die hängenden Gärten von Babylon
1886

Die zu Beginn des 19. Jahrhunderts neu aufkommende Frömmigkeit führte dazu, daß Künstler versuchten, die in der Bibel beschriebenen Orte darzustellen. Dies ist eine antikisierende Rekonstruktion des Palastes von Nebukadnezar II. (um 630 – um 561 v. Chr.), des Chaldäerkönigs, den Jeremias und Hesekiel als Werkzeug Gottes betrachteten. Im Buch Daniel dagegen heißt es, daß er dem Wahnsinn verfallen sei und Gras aß.

Der Spiegel des Paradieses

OBERRHEINISCHER MEISTER
Das Paradiesgärtlein
frühes 15. Jahrhundert

Das gotische Tafelbild zeigt die Jungfrau Maria lesend in einem Garten, während das Jesuskind auf einem Psalterium (dem Vorläufer des Spinetts) spielt, das eine Heilige für ihn hält. Zum Hofstaat der Jungfrau gehören Engel und Frauen, alle nach der Mode der Zeit gekleidet.

Der Spiegel des Paradieses

»Das Christkind stand an Mariens Knie,
einer Krone glich sein Haar.
Und alle Blumen blickten zu ihm auf,
hernieder blickte der Engel Schar.«

GILBERT KEITH CHESTERTON (1874–1936)

Stefano da **VERONA**
Madonna im Rosenhag
1425

In der Kunst des späten Mittelalters wird die Madonna oft in einem Rosengarten dargestellt. Ihre Haltung – sie sitzt auf der Erde – ist als Zeichen für ihre Demut zu verstehen. Die Rosen symbolisieren Liebreiz und Reinheit und damit zugleich die ihr innewohnenden Eigenschaften.

Der Spiegel des Paradieses

Der Geschmack
Bildteppich aus der Folge
»Die Dame mit dem
Einhorn«
15. Jahrhundert

Einer der berühmten Bildteppiche, die sich heute im Musée Cluny in Paris befinden. Der mittelalterlichen Legende zufolge konnte nur eine Jungfrau das Einhorn einfangen, das dann den Kopf in ihren Schoß legte und sich zum Palast des Königs führen ließ. Der Teppich ist im Millefleur-Stil (»tausend Blüten«) gearbeitet, das heißt der Hintergrund wird von Pflanzen- und Blütenmotiven überdeckt.

Der Spiegel des Paradieses

*»Halt still; lehn dich nicht auf;
Pflanzen wachsen nur, weil sie ruhig
zulassen, daß der Sonne Strahlen
sie erreichen. Du mußt dasselbe tun.«*

JULIA KRUDENER (1764–1824)

*Frühling, Illustration aus dem
»Tacuinum sanitatis in medicina«
Norditalien*
spätes 14. Jahrhundert

Das »Tacuinum sanitatis« ist ein frühes medizinisches Werk, aber diese Illustration einer Idylle liegt fern der medizinischen Wissenschaft. Sie ist vielmehr dazu gedacht, nach einem langen Winter die Gemüter zu erhellen.

Der Spiegel des Paradieses

»Jungfräulein, soll ich mit euch gahn
in Euern Rosengarten?
Und da die roten Röslein stahn,
die feinen und die zarten.«

DICHTER UNBEKANNT

Loyset **LIEDET** und
Renaud de **MONTAUBAN**
Der Liebesgarten
Mitte des 15. Jahrhunderts

Die Gartenszene steht in der Tradition der Minnehöfe, die im 12. Jahrhundert von Eleonore von Aquitanien (um 1122–1204) begründet wurde. Der Garten, in dem die Liebenden sitzen, ist ein Symbol für ihre ausschließliche Liebe zueinander.

Der Spiegel des Paradieses

Salvo **RUSSO**
Granatäpfel
1997

Der Weidenkorb steht auf einem Sims vor einem Hintergrund aus Meer und Gebirge. Die Früchte, mit denen er gefüllt ist, sind das Symbol der Göttin der Liebe. Ein am Himmel schwebender Granatapfel hat die Stelle des aufgehenden Mondes eingenommen; er symbolisiert, daß dies eine Nacht für die Liebe ist.

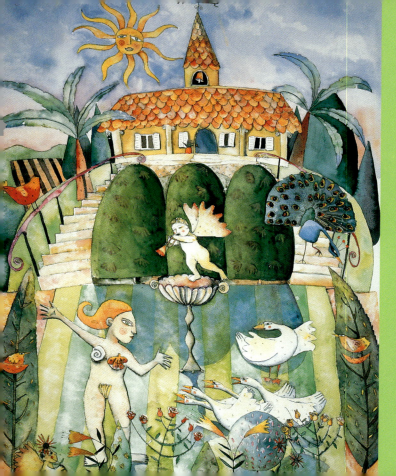

»*Kein größer Freud auf Erden ist,
denn der bei seiner Liebsten ist,
bei seiner liebsten Frauen.*«

DICHTER UNBEKANNT

Judy **BYFORD**
Traumgarten
1994

Ein zeitgenössisches Werk, das sich stark an das Kunstgewerbe des 19. Jahrhunderts, vor allem die Sticktücher, anlehnt. Es enthält aber auch etwas von der unbeschwerten Erotik, die für die heutige Zeit typisch ist.

Der Spiegel des Paradieses

Taube in einem Garten mit Springbrunnen, Wandgemälde, Pompeji 1. Jahrhundert n. Chr.

Die Häuser wohlhabender Römer waren oft mit Wandgemälden geschmückt, die Gärten wiedergaben. Besonders beliebt waren sie in Speiseräumen, wo sie in den Anwesenden die Illusion erzeugen sollten, sie würden ihr Mahl im Freien einnehmen.

*In einem Gartenpavillon
Indien, Basohli-Stil*
um 1650–1675

Diese Miniatur zu einer Liebesgeschichte ist charakteristisch für die Kunst, die in den Ausläufern des Himalaja geschaffen wurde und in der die Natur eine wichtige Rolle spielte. Die Frau fragt ihren Geliebten: »Wo könnten wir einen besseren Ort für unsere Umarmungen finden?«

Hank **PITCHER**
Adam und Eva
1987

Adam und Eva sind abgeschirmt durch Bambusrohre und blühenden Hibiskus. Sie erwecken den Eindruck primitiver Eingeborener, die unberührt sind von den Problemen der modernen Gesellschaft.

Der Spiegel des Paradieses

Adam und Eva, Teppich, jüdisch
19. Jahrhundert

Thema dieses in der Türkei angefertigten Teppichs ist die Schöpfungsgeschichte. Die zentrale Szene zeigt den Sündenfall, auf dem Rand ist die Geschichte von Kain und Abel erzählt. Der Teppich verstößt gegen das den Juden und Muslimen gemeinsame Verbot bildlicher Darstellungen.

Der Spiegel des Paradieses

»Zum Paradies gehört auch die Schlange.«

EDWARD FITZGERALD (1809–1883)

Miniatur mit Szenen von Adam und Eva, aus einer französischen Ausgabe von Boccaccios Werken »Über berühmte Männer« (1355–1374) und »Über berühmte Frauen« (1360–1374)
1465

Es sind vier Episoden dargestellt, von oben links ausgehend die Erschaffung Evas, der Sündenfall, die Vertreibung aus dem Paradies und schließlich eine Szene, in der Adam mit Graben und Eva mit Spinnen beschäftigt ist.

Der Spiegel des Paradieses

*»Sehet die Lilien an ...
selbst Salomo war in
all seiner Pracht nicht
gekleidet wie eine
von ihnen.«*

LUKAS 12, 27

Arthur **DIXON**
*Der Garten des Königs oder
Der Mühe Lohn (Ausschnitt)*
um 1900

Dieses spät-präraffaelitische Gemälde zeigt eine Traumwelt, in der sich jeder durch Tugendhaftigkeit auszeichnet. Symbolisiert wird dies durch das mit Rosen durchsetzte Feld weißer Lilien vor dem Burgtor.

Der Spiegel des Paradieses

Antoine **WATTEAU**
Das Liebesfest
1717

Eine für Watteau typische Szene, in der elegant gekleidete Paare nahe einer Venusstatue in einem Park miteinander flirten. Venus versucht, ihrem Sohn Cupido die Pfeile wegzunehmen – eine Anspielung darauf, daß die Menschen um sie herum auch so schon genug Probleme haben.

Der Spiegel des Paradieses

»*Das Buch des Lebens beginnt ... in einem Garten ... Es endet mit der Offenbarung.*«

OSCAR WILDE (1854–1900)

Lucas **CRANACH D. Ä.**
Der Sündenfall (Ausschnitt)
frühes 16. Jahrhundert

Cranach (1472–1553) greift auf die mittelalterliche Tradition zurück, mehrere Episoden einer Geschichte (*siehe S. 55*) in einer Darstellung zu veranschaulichen. Im Mittelpunkt steht hier nicht die Versuchung, sondern die Strafpredigt Gottes.

Claude **MONET**
Heuschober
1891

KAPITEL 2

Aussaat und Ernte

»Der Säemann sät den Samen.
Die Erd empfängt ihn
und über ein Kleines
wächset die Blume herauf.«

MATTHIAS CLAUDIUS (1740–1815)

Aussaat und Ernte

Alexander
MANN
*Die Ähren-
leserinnen*
1881

DIE JAHRESZEITLICH BEDINGTEN ARBEITEN des Säens und Erntens gehören seit jeher zum Repertoire der Kunst. Im Alten Ägypten mit seiner gefestigten Agrargesellschaft waren die Menschen überzeugt, daß das Leben nach dem Tode eine Weiterführung des diesseitigen Daseins sei. In ihren Grabmalereien und Reliefs ist überliefert, wie die Feldfrüchte unter Nutzung der jährlichen Überschwemmung im Niltal angebaut wurden.

In Gegenden mit rauherem Klima wie etwa in Europa herrschten andere Verhältnisse als in Ägypten. Hier sind vier Jahreszeiten zu unterscheiden, und nicht nur jede Jahreszeit, sondern jeder Monat ist von bestimmten Tätigkeiten geprägt. Diese Tätigkeiten wurden zu einem bevorzugten Motiv der Künstler, die einen neuen Typ von Andachtsbüchern illustrierten. Er kam um die Mitte des 13. Jahrhun-

Aussaat und Ernte

Pierre-Auguste
RENOIR
Der Schnitter
(Ausschnitt)
1873

derts auf. Die Bücher enthielten Stundengebete, die der Gottesmutter zu Ehren gesprochen werden sollten. Wenig später wurde es üblich, auch einen Heiligenkalender aufzunehmen und die Arbeiten des jeweiligen Monats in überaus detaillierten Miniaturen darzustellen. Das berühmteste dieser sogenannten Stundenbücher sind die *Très Riches Heures*, die zu Beginn des 15. Jahrhunderts von den flämischen Brüdern Limburg für den Herzog Jean de Berry geschaffen wurden. Sie zeigen die Hauptpaläste des Herzogs ebenso wie den Rhythmus des Lebens innerhalb und außerhalb ihrer Mauern.

Der wichtigste Nachfolger der Brüder Limburg in der Gestaltung dieses Themas war ein weiterer Flame, Pieter Bruegel d. Ä. (um 1525–1569). Seine *Monatsbilder* sind keine Gebetbuch-Illustrationen, sondern

John William
WATERHOUSE
Die Orangenpflückerinnen
(Ausschnitt)
Datum unbekannt

Aussaat und Ernte

eigenständige Tafelbilder. Sie sind wesentlich differenzierter als das Werk der Brüder Limburg und lassen den Einfluß der Kunst der italienischen Renaissance erkennen, der Bruegel auf einer Italienreise begegnet war. Mit den Brüdern Limburg hat er nicht nur das genaue Beobachten der jahreszeitlich bedingten Tätigkeiten gemein, sondern auch die eher distanzierte Betrachtung des bäuerlichen Lebens. Die Auftraggeber sowohl der Brüder Limburg als auch Bruegels waren hochgestellte Persönlichkeiten, für die das Bestellen des Bodens – wenn sie auch bis zu einem gewissen Grade damit vertraut waren – doch etwas war, das mit ihrem eigenen Leben nichts zu tun und deshalb einen Anflug des »Exotischen« hatte. Die Tendenz, das bäuerliche Leben zu idealisieren, wurde von vielen europäischen Künstlern übernommen, unter ihnen Gainsborough, Constable und Stubbs. Der erste Künstler, der das Leben eines Bauern wirklich kannte, bevor er es malte, dürfte Jean-François Millet

August **MACKE**
Baum in einem Kornfeld (Ausschnitt)
1907

Kalenderminiatur für den Monat Oktober, Bedford-Stundenbuch
um 1423

(1814–1875) gewesen sein, aber auch sein Werk ist, obwohl es die Härten des bäuerlichen Lebens schildert, im Grunde gleichfalls eine Idealisierung.

Das bei den Europäern tief verwurzelte Bewußtsein vom unausweichlichen Rhythmus der Natur kommt in der Geschichte vom »Grünen Mann« zum Ausdruck, die vor allem im angelsächsischen Raum durch das vermutlich 1375 entstandene Poem »Sir Gawayne and the Green Knight« bekannt ist. In diesem Poem erscheint der mysteriöse Grüne Ritter am Hofe von König Artus und erbietet sich, jeden Schlag von einem beliebigen Mann hinzunehmen, sofern er ihm den Schlag ein Jahr später heimzahlen darf. Sir Gawayne nimmt die Herausforderung an und enthauptet den Ritter, sieht dann aber mit Entsetzen, wie der Herausforderer seinen Kopf aufhebt und davonreitet. Dieser seltsame Ritter ist im Grunde eine Verkörperung des Korns, das alljährlich abgeschlagen wird und dann erneut wächst.

Camille
PISSARRO
*Frühling
(Ausschnitt)*
1872

August **MACKE**
Baum in einem Kornfeld
1907

Das Gemälde von August Macke (1887–1914), der zu Beginn des Ersten Weltkriegs fiel, steht deutlich unter dem Einfluß des französischen Impressionismus. Macke – er gehörte der 1911 in München gegründeten Künstlergruppe Der Blaue Reiter an – ertastet sich hier noch seinen Weg zu einem eigenständigen neuen Stil, der später dem Expressionismus zugerechnet wurde.

John William **WATERHOUSE**
Die Orangenpflückerinnen
Datum unbekannt

Waterhouse (1849–1917) malte überwiegend Szenen aus der antiken Mythologie und Bilder zu literarischen Werken; am berühmtesten ist *The Lady of Shallott* (heute in der Tate Gallery in London). Mit seinen italienischen Genreszenen folgte er dem Vorbild seines bedeutenderen Zeitgenossen Lord Leighton (1830–1896), in dessen Werk gleichfalls elegante Skizzen von italienischen Landschaften Gemälden mythologischen Inhalts gegenüberstehen.

Aussaat und Ernte

»Im Paradies wächst die Pflanze, die erblüht, wenn der Tau von ihren Blättern tropft.«

AUS: SIR GAWAYNE AND THE GREEN KNIGHT

Ein mit Gras bewachsener Mann verläßt seine Frau, um mit seinen Hunden zu jagen; Teppich aus der Nordschweiz 1468–1476

Die Blätter im Haar kennzeichnen den Dargestellten als den Grünen Mann oder Grünen Ritter. Er ist ein Nachfahre des keltischen Gottes der Natur, der in jedem Herbst niedergemäht und in jedem Frühjahr wiedergeboren wird. Auch das Blättergewand der Frau ist ein Symbol der Natur.

Aussaat und Ernte

*»Oh Sonnenblume! ...
Wer vermag die Schritte
der Sonne zu zählen?«*

WILLIAM BLAKE (1757–1827)

*Kalenderminiatur für den Monat
Oktober, Bedford-Stundenbuch*
um 1423

Figur eines säenden Mannes aus einem Stundenbuch für den Herzog John von Bedford, der nach dem Tod seines Bruders Heinrich V. das englische Heer in Frankreich befehligte. Die Kleidung des Mannes läßt ihn nicht als Bauer deuten, sondern weist auf eine rein allegorische Funktion.

Robert **BISSELL**
Die Mauer
1997

Das Kaninchen in dem Werk von Bissell (geb. 1952), das eine Mauer aus riesigen Sonnenblumen betrachtet, hat etwas von dem verträumten Zauber, der John Tenniels (1820–1914) Illustrationen zu Lewis Carrolls *Alice im Wunderland* (1865) und *Alice hinter den Spiegeln* (1872) auszeichnet. Sonnenblumen werden in erster Linie wegen ihrer Kerne angebaut, aus denen ein dem Olivenöl ähnliches Öl gewonnen wird. Die Blätter dienen als Tierfutter, und der nach dem Auspressen zurückbleibende Ölkuchen wird an Geflügel verfüttert.

Pieter **BRUEGEL D. J.**
Sommer
um 1622–1635

Die Komposition dieses Gemäldes hat der jüngere Bruegel (1564–1638) von seinem Vater Pieter Bruegel d. Ä. (um 1525–1569) übernommen, der sich seinerseits an Szenen aus den Stundenbüchern des 15. Jahrhunderts anlehnte. Die Hitze des Sommers wird durch die Heuernte und den durstig trinkenden Mann im Vordergrund rechts wiedergegeben. Die Auftraggeber der Bruegels waren durchweg Adlige, für die die hier dargestellten Bauern fremdartige Geschöpfe und kaum mehr als Tiere waren.

Nancy **SMITH**
Bauer beim Ausgraben von Gemüse
um 1945

Dieses Plakat der Londoner Verkehrsbetriebe verweist auf das problematische Verhältnis zwischen Stadt und Land. Es legt dem Stadtbewohner nahe, einen Ausflug aufs Land zu unternehmen und sich an dem ungewohnten Anblick von Menschen zu erfreuen, die den Boden bestellen. Der Stil des Plakats mit seinen tiefenlosen Farbflächen ist stark von den Plakatkünstlern William Nicholson (1872–1949) und James Pryde (1869–1941) beeinflußt, die unter dem Namen Beggarstaff Brothers zusammenarbeiteten.

Aussaat und Ernte

George **STUBBS**
Der Erntewagen
um 1770

Stubbs malte nicht nur Pferde- und andere Tierbilder, sondern auch Szenen aus dem Landleben. Bemerkenswert ist hier die präzise Geometrie der Komposition: Der Erntewagen steht parallel zur Bildebene; mit den Figuren, die um ihn herum verschiedenen Beschäftigungen nachgehen, liefert er die Basis für ein modernes Äquivalent zu einem klassizistischen Fries. Die auffallend ordentliche Kleidung der Figuren ist als Hinweis darauf zu verstehen, daß die englische Landwirtschaft in dieser Zeit prosperierte.

Alexander **MANN**
Die Ährenleserinnen (Ausschnitt)
1881

Der kaum bekannte schottische Künstler Alexander Mann (1853–1908) reiste 1877 nach Paris. Dieses Bild läßt vermuten, daß er dort mit den Werken der französischen Symbolisten in Berührung kam. Die schottischen Künstler jener Epoche waren über die neuen Strömungen auf dem Kontinent oft besser informiert als ihre englischen Zeitgenossen. Das Korn wurde zu jener Zeit mit der Sense geschnitten, zu Garben gebunden und dann auf einem Pferdefuhrwerk abtransportiert.

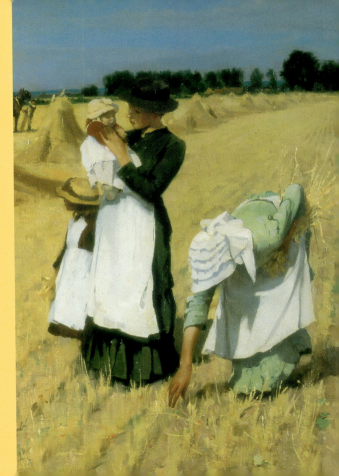

Aussaat und Ernte

Camille **PISSARRO**
Frühling
1872

Die Komposition aus der impressionistischen Periode von Pissarro (1830–1903) zeigt Bauern bei der Aussaat. Nach Ansicht des Kunstkritikers Théodore Duret stand Pissarro von allen Impressionisten dem um eine Generation älteren Jean-François Millet (1814–1875) am nächsten. Außerdem war Pissarro der am stärksten politisch engagierte Impressionist; er war zeitlebens Sozialist und setzte sich für die Belange der Bauern ein, deren Leben oft Gegenstand seiner Bilder war.

Aussaat und Ernte

» Weites, goldenes Ährenmeer
wogt im Wind auf reifen Stengeln.
Hufbeschlag und Sensendengeln
klingen fern vom Dorfe her. «

HERMANN HESSE (1877–1962)

Erntekrug
Keramik mit Sgraffito-
Dekor
um 1813

Der in einer seit dem Mittelalter kaum veränderten Technik hergestellte Krug ist mit Weinreben dekoriert und scheint somit eher der Weinlese als der Kornernte zu huldigen.

Bauern bei der Arbeit
Nördliche Sung-Dynastie
960–1279 n. Chr.

Die Wandmalerei stammt aus den Mogoa-Höhlen in der Nähe von Tung-Huang, das zu jener Zeit der westlichste Außenposten Chinas an der Seidenstraße war, auf der Waren bis nach Europa gelangten.

Aussaat

»... vor dir wird man sich freuen,
man sich freut in der Ernte ...

JESAJA 9,2

MEISTER VON BOUCICAUT
[und Werkstatt]
Pfefferernte in Coilum, Südindien
um 1410

Gewürze spielten im Spätmittelalter eine bedeutende Rolle, nicht nur wegen ihrer Herkunft aus fernen Ländern und der entsprechend hohen Preise, sondern auch, weil sie zum Konservieren von Fleisch über den langen Winter gebraucht wurden. Der Künstler gibt eine Szene wieder, die er als Europäer sicher nicht mit eigenen Augen gesehen hat.

Aussaat und Ernte

Charles ANGRAND
Die Ernte
1887

Angrand (1854–1926) begann als Spätimpressionist und ging dann unter dem Einfluß von Georges Seurat (1859–1891) zum Pointillismus über. Seurats Hauptanliegen war es, der impressionistischen Technik mit ihrer Auflösung von Farben und dem Herausbilden von Formen durch kleine Farbtupfer eine quasi wissenschaftliche Grundlage zu geben. Angrands Sujet entspricht dem von Monets (1840–1926) *Heuschobern*. Allerdings ist das Bild früher entstanden als Monets berühmte Serie und eine ziemlich starre Komposition, die die Natur auf ihre geometrischen Formen reduziert.

Aussaat und Ernte

Simon **BENING**
Weinlese
um 1513–1515

Die Miniatur aus dem »Breviarium Grimani«, das sich heute in der Bibliothek von San Marco in Venedig befindet, ähnelt der Darstellung ähnlicher Szenen in den *Très Riches Heures* des Herzogs von Berry, die die Brüder Limburg ein Jahrhundert zuvor gemalt hatten. Wie bei vielen Miniaturen der *Très Riches Heures* steht auch hier das Leben der arbeitenden Bauern in schroffem Gegensatz zu den Palästen der Herrscher.

Pierre-Auguste **RENOIR**
Der Schnitter
1873

Renoir (1841–1919) hat nur wenige derartige Szenen aus dem Landleben gemalt. Dieses am Beginn des Impressionismus stehende Bild zeichnet sich durch die Ungezwungenheit seiner Komposition ebenso aus wie durch seine luftige Atmosphäre. Die wenigen Männer scheinen mit geringem Eifer am Werk zu sein. Renoir zeigt kaum Interesse am Thema Arbeit; die Figuren sind in erster Linie Staffage in seiner Darstellung einer weiten Landschaft.

Aussaat und Ernte

Edward **STOTT**
Ein französischer Küchengarten
1887

Stott (1859–1918), englischer Vertreter des Realismus, hatte eine gewisse Kenntnis von der Kunst des französischen Symbolismus. Um einen dramatischen und bedeutungsschweren Effekt zu erzielen, übertreibt er die Größe der in diesem Küchengarten wachsenden Kohlköpfe und verkleinert gleichzeitig die Figur. Auch die Fotografie könnte einen Einfluß auf die Komposition des Bildes gehabt haben, da die Linse einer Kamera dazu neigt, Objekte im Vordergrund zu vergrößern.

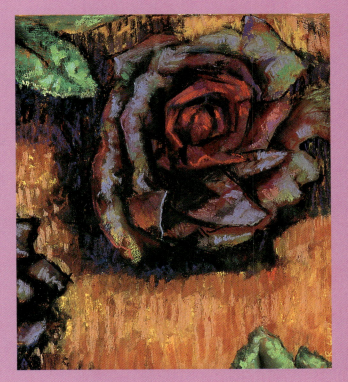

Richard **LOPEZ**
Radicchio
1996

Der Künstler lebt und arbeitet in Südkalifornien, was sich in dem intensiven Licht in seinen Bildern widerspiegelt. Ans Abstrakte grenzende Nahaufnahmen von Blüten und Pflanzen sind ein Legat der Fotografie an die Malerei. Eine der ersten Malerinnen derartiger Kompositionen war Georgia O'Keeffe (1887–1986), die diese Idee vermutlich von dem Fotografen Paul Strand (1890–1976) übernahm, mit dem sie liiert war. Radicchio, heute als Salat beliebt, ist mit der Wegwarte verwandt und hat auffallend dunkelrote Blätter.

Säen, Teppich aus dem Elsaß
15. Jahrhundert

Ein Bauer führt eine von einem Pferd gezogene Egge, ein zweiter sät. Der Teppich gehört zu einer Serie von Monatsdarstellungen. Im Gegensatz zu der ähnlichen Szene aus dem *Bedford-Stundenbuch* (*Oktober, siehe S. 50*) handelt es sich hier um die Darstellung des Novembers.

Arthur **MELVILLE**
Kohlgarten
1877

Auch dieses Werk mit seinem tiefen Vordergrund ist von der Fotografie beeinflußt. Die ländliche Idylle steht im Widerspruch zu der Tatsache, daß England zu der Zeit, in der das Bild entstand, die führende Industriemacht der Welt war.

Aussaat und Ernte

> »Flach bedecket und leicht den goldenen Samen die Furche,
> Guter, die tiefere deckt endlich dein ruhend Gebein.
> Fröhlich gepflügt und gesät! Hier keimet lebendige Nahrung,
> und die Hoffnung entfernt selbst von dem Grabe sich nicht.«

JOHANN WOLFGANG VON GOETHE (1749–1832)

Camille **PISSARRO**
Die Ernte (Ausschnitt)
1882

Zu Beginn der 80er Jahre des 19. Jahrhunderts geriet
Pissarro (1830–1903) in eine stilistische Krise. Entgegen
des Titels ist keine Kornernte dargestellt, sondern das
Errichten eines Heuschobers. Bei dem Vergleich mit
einem früheren Werk Pissarros (*siehe S. 56–57*) fällt auf,
daß hier ein wesentlich größeres Gewicht auf menschliche Aktivitäten gelegt wurde. Der riesige Heuschober
zwingt den Betrachter, sich auf das Tun der Figuren im
Vordergrund zu konzentrieren.

Sennedjem und seine Frau bei der Arbeit, Ägypten
19. Dynastie, 1297–1185 v. Chr.

Das Gemälde stammt aus dem Grab eines hohen Beamten der Ramessidenzeit. In gewisser Hinsicht ist das, was es wiedergibt, höchst unwahrscheinlich – der Besitzer des Grabmals und seine Frau pflügen und säen in ihren besten Gewändern. Die Ägypter waren überzeugt, daß das Leben nach dem Tode mehr oder weniger dem Leben im Diesseits gleichen würde. Von daher sind viele Alltagsaktivitäten in der Grabkunst (Reliefs, Malereien) dargestellt. Andererseits war das Bestellen des Bodens eine heilige Handlung – die Basis ihrer Gesellschaft. Möglicherweise liegt darin der Grund, daß Sennedjem und seine Frau sich in dieser Form porträtieren ließen.

Paul CÉZANNE
Sommer
1859–1862

Es handelt sich um eines von vier Jahreszeitenbildern, die Cézanne (1839–1906) für die Diele seines Elternhauses Jas de Bouffan malte. Zu der Zeit, in der er die Wandgemälde ausführte, stand er am Anfang seiner künstlerischen Laufbahn. Sein Vater hatte darauf bestanden, daß er an der Universität von Aix-en-Provence Jura studierte. 1861 verbrachte er fünf Monate in Paris und kehrte danach, von seinen mangelnden technischen Fähigkeiten entmutigt, nach Hause zurück. Was hier auf künftige Größe hindeutet, ist nicht die ungeschickt gezeichnete Figur, sondern das Beiwerk – der Obstkorb, die aufgeschnittene Melone und die Kornähren.

Aussaat und Ernte

» Wie der Gärtner,
so der Garten. «

THOMAS FULLER (1732)

Unterricht in einem
Kräutergarten, Brügge
1473–1483

Die Miniatur stammt aus einem Manuskript, das in Flandern für den englischen König Eduard IV. illuminiert wurde, der von 1461 bis 1470 und von 1471 bis 1483 regierte. Eduards Schwester Margarete war die Gemahlin Karls des Kühnen, des Herzogs von Burgund, und durch sie hatte Eduard Zugang zu den Werkstätten der flämischen Buchmaler. Die Miniatur gehört zu einem frühen Werk über die Theorie der Landwirtschaft.

Vincent **VAN GOGH**
Die roten Weinberge
1888

Das Bild ist während des Aufenthaltes van Goghs (1853–1890) in Arles entstanden, in das er im Februar 1888 von Paris übersiedelte. Die Traubenpflücker arbeiten im Licht der untergehenden Sonne, die die ganze Szene rot überhaucht; im Hintergrund wird Heu gemacht. Diese Details beweisen, daß das Bild vor Oktober entstanden sein muß – somit vor der Ankunft Gauguins (1849–1903), denn dann wäre die Weinlese bereits beendet gewesen. Hier ist ersichtlich, in welchem Maße es van Gogh gelang, Landschaft mit eigenen Gefühlen zu durchtränken – ein deutlicher Gegensatz zu Simon Benings unpersönlicher Darstellung des gleichen Sujets (*siehe S. 64*).

KAPITEL 3

Kunst kontra Natu

»Ein Garten unser England ist mit Fluren und
mit Hecken, Beeten und Gebüsch, gar stattlich a
mit Statuen auf Terrassen, umringt von stolzen
doch des Gartens Pracht ist mehr, als je das Aug mag

RUDYARD KIPLING (1865–1936)

John Singer **SARGENT**
Springbrunnen in Generalife
um 1910–1920

August **MACKE**
Garten mit Teich
(Ausschnitt)
1912

DAS ANLEGEN EINES GARTENS bedeutet unweigerlich, daß der Gärtner nicht nur mit der Natur arbeitet, sondern in gewisser Hinsicht auch gegen sie. Anschaulich ist dies in den sogenannten »knot gardens«, die in der elisabethanischen Zeit die Terrassen großer englischer Herrenhäuser schmückten. In den Gärten wurden Rabattenpflanzen in streng geometrische und vielfach verschlungene Muster gezwungen, die den zeitgenössischen Ornamentstichen und Stickmustern entsprachen. Wo das Pflanzenmaterial für die Zwecke des Gärtners zu störrisch war, wurde statt dessen farbiger Kies verwendet. In anderen Fällen erfüllten die strengen Formen einen weiteren, praktischen Zweck: die verschiedenen Beete wurden mit Heil- und Küchenkräutern sowie Gemüse in unterschiedlichen Farben und Strukturen bepflanzt. Auf die Spitze getrieben wurde die Unterwer-

Kunst kontra Natur

Ian **GARDNER**
*Levens Hall
(Ausschnitt)*
1973

fung der Natur durch den noch heute weit verbreiteten Brauch, geeignete Bäume und Sträucher wie etwa Buchsbaum zu phantasievollen und streng geometrischen Formen zu beschneiden oder ihnen die Gestalt von Tieren zu verleihen.

Dieses Prinzip der Gartengestaltung beruhte auf der Vorstellung, daß ein Garten im Grunde nur eine Erweiterung des Hauses und ihm somit untergeordnet war. Auch nachdem die Gärten nicht mehr von allen Seiten umschlossen waren und sich in die sie umgebende Landschaft ausdehnten, blieb das Streben nach Symmetrie bestehen. Die berühmten Gärten der Spätrenaissance in Italien – die der Villa Lante in Bagnaia (1564 begonnen), der Villa Farnese in Caprarola (1587 vollendet) und der Villa d'Este in Tivoli (1550) – illustrieren die Herrschaft des Menschen über die Natur. Architektonischer Dekor wie kleine Pavillons, Sta-

Vincent
VAN GOGH
*Garten des
Hospitals in Arles
(Ausschnitt)*
1889

Kunst kontra Natur

Ernest Arthur
ROWE
Der East Court von Montacute House (Ausschnitt)
um 1900

tuen und Springbrunnen spielten eine große Rolle. Inspiriert wurden diese Gärten auch vom Garten des römischen Kaisers Hadrian (117–138 n. Chr.), der gleichfalls in Tivoli liegt. Er hat versucht, in seiner Anlage manche der vielen Wunderwerke nachzubilden, die er auf seinen zahlreichen Reisen gesehen hatte.

Erstaunlicherweise hat Hadrians Garten einiges mit japanischen Tempelgärten gemeinsam, denn auch dort ist das Bemühen, berühmte Sehenswürdigkeiten auf kleinem Raum nachzubilden, von großer Bedeutung. Eine der Eigentümlichkeiten dieser Gärten ist es, ein Material durch ein anderes zu ersetzen – geharkter Sand für Wasser ist das bekannteste Element. Die Verkleinerung des Maßstabs wurde in Japan mit der Schaffung von Miniaturgärten in flachen Schalen bis zum Extrem getrieben. Sie enthalten Bonsais, klein gehaltene und in ungewöhnlichen Formen gezogene Bäume.

Alfred
PARSONS
Teich im Garten von Raku-Raku-Tei, Hikone (Ausschnitt)
um 1900

Kunst kontra Natur

Bonsais werden erstmals in einer japanischen Schriftrolle aus dem Jahr 1309 erwähnt; die Idee jedoch stammt aus China.

Das genaue Gegenteil dieser japanischen Miniaturgärten ist die Anlage, die André Le Nôtre (1613–1700) für Ludwig XIV. in Versailles schuf. Dennoch liegt diesen beiden Gartenformen ebenso wie den italienischen Renaissancegärten dasselbe Prinzip zugrunde: der Garten als eine Art Bild, etwas, zur Betrachtung. Nach wie vor ist er ein Produkt des kreativen Impulses. Er feiert nicht die Natur, sondern ihre Unterwerfung unter die Gesetze der Ästhetik. Aber in einer Hinsicht unterscheidet sich der Garten von Le Nôtre von früheren Gärten. Indem er Grenzen verschleiert, erweckt er die Illusion, daß das dem Gärtner zur Verfügung stehende Land unendlich sei. In dieser Hinsicht ist der Garten von Versailles ein Spiegelbild der grenzenlosen Macht des Sonnenkönigs Ludwig XIV.

Mutter und Kinder in einem Garten, chinesisch um 1850

Thomas **ROBINS**
Der Gemüsegarten von Charlton Park (Ausschnitt)
Mitte des 18. Jahrhunderts

Englische Gärten waren streng geometrische Anlagen, bis Lancelot »Capability« Brown (1715–1783) in der zweiten Hälfte des 18. Jahrhunderts die Gartengestaltung revolutionierte. Ein in rechteckige Beete unterteilter Gemüsegarten grenzt an einen Ziergarten mit einem Teich.

August **MACKE**
Garten mit Teich
1912

Macke malte einen Garten im Stil des frühen 20. Jahrhunderts mit einem rechteckigen Teich, beschnittenen Buchsbaumhecken und einem mit Rankpflanzen überwucherten Spalier. Die Kühnheit seines Pinselduktus kontrastiert reizvoll mit der Formstrenge der Anlage.

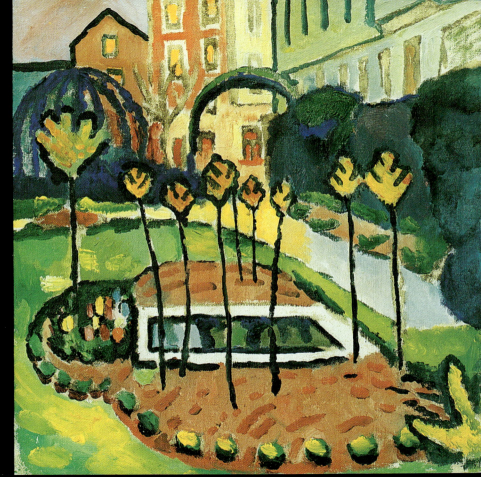

Kunst kontra Natur

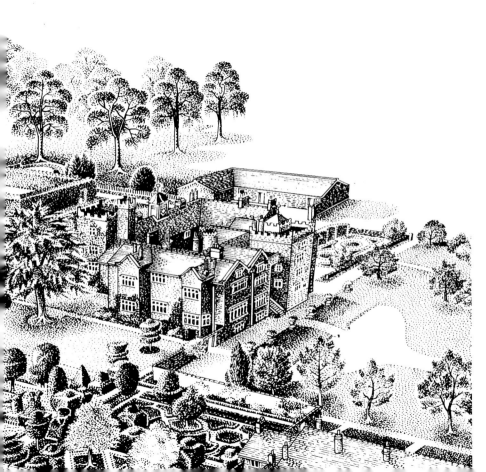

Chris **BROUGHTON**
Levens Hall, Gesamtansicht, Cumbria
1995

Levens Hall stammt aus der elisabethanischen Zeit, aber der dazugehörige Garten wurde im frühen 18. Jahrhundert angelegt. Er ist vielleicht der am besten erhaltene formstrenge Garten aus der Epoche, bevor »Capability« Brown und seine Kollegen das Aussehen der englischen Gärten von Grund auf änderten. Die Anlage ist zwar gegliedert, aber nicht symmetrisch. Berühmt sind die in allen nur erdenklichen Formen beschnittenen Bäume und Sträucher. Mit dieser detaillierten Zeichnung dokumentiert Chris Broughton die jüngsten Verbesserungen und Neuerungen im Garten von Levens Hall.

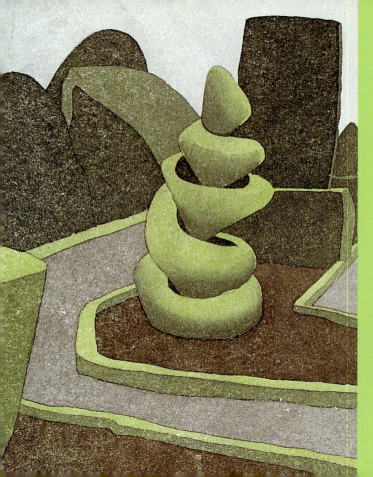

»Träume und der Menschen
flüchtige Phantasien
Und alles, was Glaube schafft
und Liebe fordert
Furchtbare, wunderliche, hehre
und beglückende Formen.«

PERCY BYSSHE SHELLEY (1792–1822)

Ian GARDNER
Levens Hall
1973

Detailstudie von einer der Eiben, die in Form einer Spirale beschnitten wurden – und damit in Gegensatz zu den von der Natur geschaffenen Formen tritt. Der Künstler hat sich hier der traditionellen englischen Aquarelltechnik mit sorgfältig übereinander aufgetragenen Lavierungen bedient.

Kunst kontra Natur

Larry SMART
Der Gärtner
1986

Eibe und Buchsbaum wurden nicht nur in geometrische Formen gezwungen, sondern auch so beschnitten, daß sie die Gestalt von Vögeln oder anderen Tieren annahmen. Die Pflanzen in Kübeln lassen darauf schließen, daß diese merkwürdigen Gebilde den Winter an einem besser geschützten Ort verbringen sollten.

Kunst kontra Natur

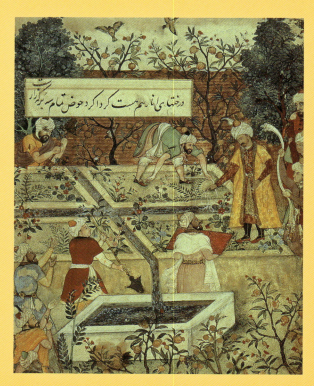

Babur plant einen Garten, Mogul
um 1589–1590

Babur (1483–1530), der Begründer der Moguldynastie, war bekannt für seine Liebe zu Gärten. Diese nach seinem Tod entstandene Miniatur aus seiner »Autobiographie« zeigt ihn, wie er mit seinem Architekten (der ihm mit einer Zeichnung in der Hand gegenübersteht) einen neuen Garten in der Nähe der indischen Stadt Jalabad plant. Mit den Wasserrinnen, die die Fläche in Rechtecke unterteilen, ist diese Anlage typisch für die persischen und indischen Gärten jener Zeit. Variationen davon finden sich auf persischen Teppichen.

Vincent **VAN GOGH**
Garten des Hospitals in Arles
1889

Während seines Aufenthaltes in Arles wurde van Gogh mehrmals in das dortige Hospital eingeliefert. Den Hospitalgarten mit seinen geometrischen Beeten, die einen runden Teich umgeben, hat er, worauf auch die noch fast kahlen Bäume deuten, im April 1889 gemalt – kurz vor seiner freiwilligen Übersiedlung ins Hospital von San-Rémy-en-Provence, in dem er zwölf Monate blieb und dessen Garten er gleichfalls als Bildthema aufgriff.

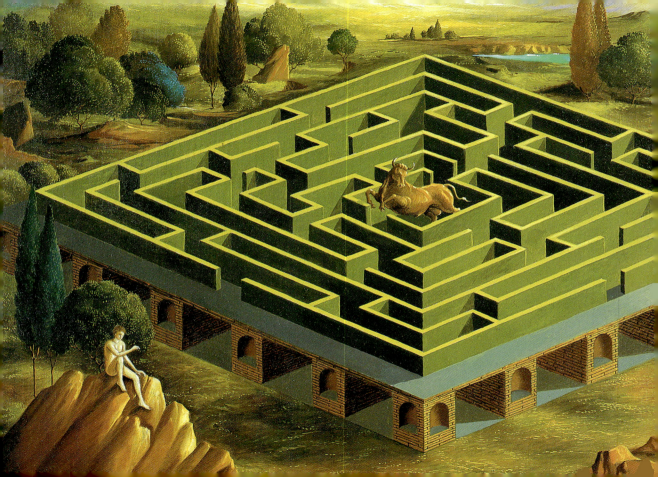

Kunst kontra Natur

*»... endlich eröffnet der Garten, vollendet,
dem Blick seine Wunder, seine grünen Alleen.
Gefangen im sprießenden Labyrinth, beirrt,
wandert das eilige Auge ...«*

JAMES THOMSON (1700–1748)

Salvo **RUSSO**
Lasimisio
1989

Der italienische Künstler Salvo Russo (geb. 1954) bietet eine visionäre Version der Labyrinthe, die häufig Bestandteile von formstrengen Gärten waren. Das Labyrinth besteht aus beschnittenen Eibenhecken, die von einer Stützmauer umgeben sind. Der Stier im Zentrum ist eine Anspielung auf Minotaurus, den der griechische Held Theseus der Legende nach im Labyrinth von Knossos auf Kreta aufspürte und tötete. Die frühesten Labyrinth-Darstellungen erscheinen auf kretischen Münzen.

Kunst kontra Natur

Stefano di **STASIO**
Gefährliche Lektüre
1987

Die in ein Buch vertiefte Gestalt steht in einem symbolischen Graben: der Mensch verunstaltet die Erde – und damit die Natur – schon durch seine Schritte. Über dem Lesenden hängen Gegenstände, die wie Folterwerkzeuge aussehen, darunter ein Rad, das Attribut der heiligen Katharina. Die Szenerie beschreibt eine für große, gegliederte Gärten typische Allee, aber der Lesende ignoriert die Richtung, die die Bäume vorgeben.

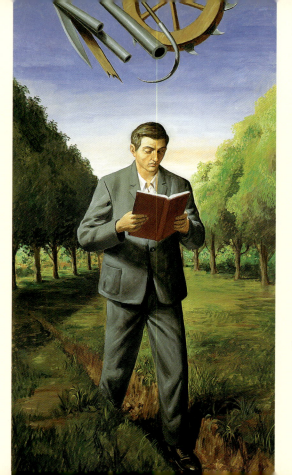

»Ein Garten muß gepflegt und bekleidet werden wie der Leib.«

HERBERT (1640)

Mutter und Kinder in einem Garten, chinesisch
um 1850

Dieses Bild ist charakteristisch für die Werke, die um die Mitte des 19. Jahrhunderts in China für den europäischen Markt geschaffen wurden. Perspektive und Sitten wurden von Europa übernommen, der Garten dagegen ist mit seinen gepflasterten Terrassen, Topfpflanzen und kleinen Pavillons typisch chinesisch. Jeder dieser Pavillons war ein Ruhepunkt, von dem aus ein anderer, sorgfältig umrahmter Teil des Gartens bewundert werden konnte.

Kunst kontra Natur

vorhergehende Seite
Alfred **PARSONS**
*Teich im Garten von
Raku-Raku-Tei, Hikone
(Ausschnitt)*
um 1900

Hikone liegt am Ufer des Biwasees in Japan und ist ein Ausflugsort, der sowohl für seine landschaftliche Schönheit als auch für seine Zuchtperlen berühmt ist. Im Hintergrund dieses um die Jahrhundertwende entstandenen Gemäldes eines typisch japanischen Gartens sind einige angemessen gekleidete Figuren zu erkennen. Die eindeutig an die europäische Malerei angelehnte Technik hebt die Ähnlichkeit mit Monets (1840–1926) berühmtem Garten in Giverny hervor.

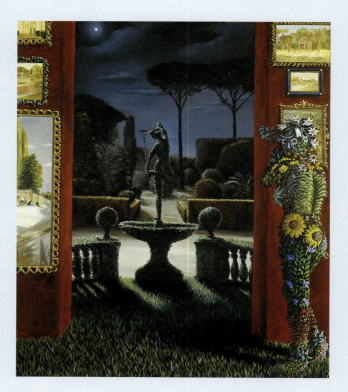

Lithian **RICCI**
*Römischer Garten
der Villa Medici*
1988

Die Villa Medici wurde 1574 bis 1580 erbaut. Sie gehörte früher der Familie Medici; heute ist sie Sitz der Französischen Akademie in Rom. Lithian Ricci rahmt einen Ausschnitt des Gartens mit Stellschirmen, auf denen – im Miniaturformat – weitere Gärten zu sehen sind. Rechts steht ein mythologisches Ungeheuer, dessen Körper im Stil von Arcimboldo (*siehe S. 272*) aus Blumen zusammengesetzt ist.

Kunst kontra Natur

Lithian **RICCI**
Im Herzen des Gartens
1996

Lithian Ricci erlaubt sich hier ein visuelles Wortspiel: Die Frau bietet ihrem männlichen Gefährten ein symbolisches Herz dar. Beide Figuren sitzen auf Blütenthronen in einem typisch italienischen Garten mit Treppen, beschnittenen Hecken und Springbrunnen. Im Vordergrund gerade noch sichtbar liegt ein Plan, der darauf hindeutet, daß der Garten aus konzentrischen Arealen besteht und die Figuren nahe dem Zentrum, dem »Herz« des Gartens, sitzen, das durch den Springbrunnen unmittelbar hinter ihnen markiert wird.

Kunst kontra Natur

Ernest Arthur **ROWE**
Campsea Ashe, Suffolk
um 1900

Das Aquarell zeigt den Versuch, die Formstrenge eines Gartens wie dem von Levens Hall mit der inzwischen modern gewordenen üppigen Bepflanzung zu kombinieren. Die beschnittenen Hecken schützen Rabatten mit zahlreichen, von hohen Stockrosen überragten Blumen.

David **LIGARE**
Stilleben mit Rosen und Pfeil
1999

Der amerikanische Künstler David Ligare (geb. 1945) hat sich hier von der Landschaft nahe der kalifornischen Stadt Salinas inspirieren lassen, in der er lebt. Er stellt die in einer Vase gefangenen Blumen zu der weiten Landschaft in Kontrast, die sich hinter der Fensterbank erstreckt. Der Pfeil ist ein Attribut des Sonnengottes Apoll, des Herrschers über das ganze Panorama.

Kunst kontra Natur

Kupferstich nach
Jacques **RIGAUD**
*Die Pavillons im Garten
von Versailles*
1794

Der auf dem Höhepunkt der Französischen Revolution (die von Robespierre angeführte Schreckensherrschaft endete erst im Juli 1794) gedruckte Kupferstich dient der Erinnerung an die Pracht des Gartens von Versailles zur Zeit Ludwigs XV. Wie in den etwas früher entstandenen italienischen Gärten liegt auch hier der Akzent auf Symmetrie und Formstrenge.

Kunst kontra Natur

Kunst kontra Natur

Arthur **MELVILLE**
Der italienische Garten
um 1870

Um die Mitte des 19. Jahrhunderts waren in England Bauwerke in einem aus der Spätrenaissance übernommenen »italienischen« Stil als Alternative zur Neugotik sehr beliebt. Auch in den Gärten fanden sich italienische Stilelemente; allerdings prangten sie wie hier in reichem Blumenschmuck, für den in den Vorbildern kein Raum gewesen wäre.

»Zuerst schuf Gott der Allmächtige

einen Garten …

Er ist die größte Erfrischung

der menschlichen Seele.

Ohne ihn sind Häuser und Paläste

nichts als grobe Handarbeit.«

FRANCIS BACON (1561–1626)

Lithographie nach Albert **TOLLER**
Ziergarten einer Vorstadtvilla
um 1880

Diese Lithographie belegt, wie sich im 19. Jahrhundert Variationen des Gartens im italienischen Stil über ganz Europa verbreiteten und zu einem der Objekte wurden, mit Hilfe derer das Großbürgertum seinen Wohlstand demonstrierte.

Kunst kontra Natur

Ernest Arthur **ROWE**
Der East Court von Montacute House
um 1900

Montacute House in der englischen Grafschaft Somerset, von 1588 bis 1601 erbaut, ist ein hervorragendes Beispiel für die etwas willkürliche Einbeziehung von Motiven aus der Antike in die elisabethanische Architektur. Als dieses Aquarell entstand, war das Haus erst kurz zuvor restauriert worden, und zwar von Lord Curzon (1859–1925), der 1898 zum Vizekönig von Indien ernannt und nach dem Ersten Weltkrieg englischer Außenminister wurde. Der Garten belegt Curzons Sinn für Üppigkeit; bei den Rabatten ist der Einfluß der Gartenarchitektin Gertrude Jekyll (1843–1942) erkennbar.

Luigi **BAZZANI**
In einem pompejanischen Hof
um 1900

Hier versucht ein italienischer Künstler, dessen Stil dem von Alma-Tadema (*siehe S. 145*) ähnelt, seiner Vorstellung vom Leben der Menschen in Pompeji Ausdruck zu verleihen; die südöstlich von Neapel gelegene Stadt wurde beim Ausbruch des Vesuvs im Jahre 79 n. Chr. verschüttet.

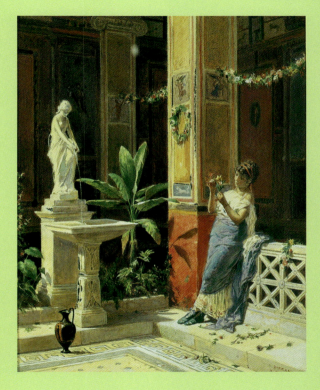

Kunst kontra Natur

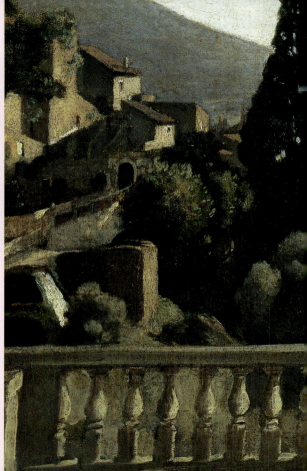

F. Scott **HESS**
Die Flucht des Nachtgärtners
1995

Elemente des italienischen Gartens wie die Stechpalmen im Hintergrund tragen zur Beschwörung einer unheimlichen Atmosphäre bei, die durch den gequälten Ausdruck des Mannes unterstrichen wird.

Jean-Baptiste **COROT**
Der Garten der Villa d'Este in Tivoli
1843

Wie für Corot (1796–1875) typisch, zeigt er nur einen kleinen Ausschnitt des Gartens und lenkt den Blick des Betrachters auf das pittoreske Häusergewirr der Stadt im Hintergrund.

Kunst kontra Natur

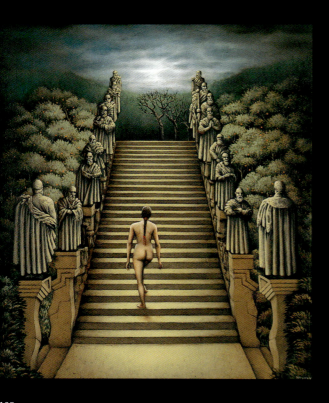

Roberto **MARQUEZ**
Akt, eine Treppe hinaufsteigend
1999

Dieses Bild ist eine Paraphrase zu Marcel Duchamps (1887–1968) berühmtem Werk *Akt, eine Treppe hinabsteigend* (1912), einer der Ikonen der modernen Kunst. Strenge Gestalten in Mönchsgewändern säumen die Treppe, und eine von ihnen hat den Kopf gewendet, um die nackte Frau mißbilligend zu mustern.

Robert **BISSELL**
Außen herum
1996

Die beschnittene Hecke hat eine unnatürlich blutrote Farbe und trennt zwei natürliche Feinde – den an ihrer Außenseite entlangrennenden schwarzen Hund und das hellwache und ein wenig selbstzufrieden wirkende Kaninchen im Innern.

KAPITEL 4

Sammelleidenschaft

*»Kaiserkron und Päonien rot
die müssen verzaubert sein,
denn Vater und Mutter sind lange tot,
was blühen sie hier so allein?«*

JOSEPH VON EICHENDORFF (1788–1857)

Vincent **VAN GOGH**
Schwertlilien (Ausschnitt)
1889

Sammelleidenschaft

GÄRTEN HABEN IHR AUSSEHEN im Laufe der Jahrhunderte ständig verändert. Dafür waren neu entdeckte Pflanzen ebenso verantwortlich wie die gezielte Weiterzüchtung bereits bekannter Arten. Bereits zur Zeit der Römer blühte der Handel mit neuen Pflanzen, und schon damals wurden Versuche unternommen, durch Kreuzung die Farben der Blüten zu verändern und die Blütezeiten zu verlängern.

Das Interesse an allem, was fremdartig und selten war, fand seinen Ausdruck in den »Kunst- und Wunderkammern« der Renaissance, in denen adlige Sammler ihre Schätze zur Schau stellten. Der Gipfel der Sammelleidenschaft war die »Tulpomania«, die die Holländer im 18. Jahrhundert ergriff. Tulpenzwiebeln wurden zu Objekten fieberhafter Spekulationen, bis der Markt schließlich zusammenbrach und viele der Spekulanten ruiniert waren. In dieser

Hunt **SLONEM**
*Cattleya
(Ausschnitt)*
1991

Charles
CURRAN
*Chrysanthemen
(Ausschnitt)*
1890

hektischen Zeit erhielten Künstler den Auftrag, Bücher mit Tulpen in den erwünschten Farben und Sorten zu illustrieren. An der Wende zum 20. Jahrhundert grassierte bei Neureichen eine ähnliche Leidenschaft für Orchideen. Diese Pflanzen – selten, schwierig zu kultivieren und oft aus exotischen Ländern importiert – wurden zu Statussymbolen und gleichzeitig, zumindest bis zu einem gewissen Grade, zu Symbolen der Dekadenz des Fin de siècle.

Ein faszinierender Aspekt beim Sammeln von Pflanzen bestand in der Leidenschaft für das Monströse und scheinbar Absurde. Pflanzen wurden nicht ihrer Schönheit wegen kultiviert, sondern wegen ihres symbolischen Wertes, so zum Beispiel bestimmte Pilze und Kakteen, weil sie einem Phallus glichen. Von der Alraune mit ihrer gegabelten Wurzel glaubte man, daß sie der Figur eines Mannes ähnelte. Angeblich schrie die Pflanze, wenn man sie aus der Erde zog, und wer sich

Kitagawa
UTAMARO
Szene I
um 1797

Sammelleidenschaft

nicht die Ohren zuhielt, konnte durch diesen Schrei getötet oder wahnsinnig werden. Die einzig sichere Methode, eine Alraune zu gewinnen, bestand darin, sie bei Mondschein von einem schwarzen Hund herausziehen zu lassen, den man an die Pflanze gebunden hatte. War die Wurzel erst aus dem Boden geholt, konnte sie als Liebeszauber, als Schlafmittel und zum Herbeiführen einer Schwangerschaft verwendet werden.

Die Alraune ist beispielhaft für Pflanzen, deren Bedeutung auf einer gewissen Ähnlichkeit mit dem Menschen beruhte. Vor dem Aufkommen der modernen Wissenschaft basierten alle Theorien über die Eigenschaften von Pflanzen ausschließlich auf ihrem Aussehen. Der Nutzen oder Schaden, der mit einer Pflanze verbunden war, wurde nicht anhand von kontrollierten Experimenten beurteilt; man war überzeugt, daß die Pflanze durch ihr Aussehen eine

Sammeln der Frucht der Alraune
frühes 15. Jahrhundert

James **COLLINSON**
Der Gärtnerjunge (Ausschnitt)
Datum unbekannt

Botschaft über ihre Nützlichkeit oder Schädlichkeit vermittelte. Diese Einstellung herrschte weltweit, sogar in Kulturen wie der chinesischen, wo der Mensch nicht als Mittelpunkt des Universums galt. In der traditionellen chinesischen Medizin werden Pflanzen und Heilkräuter noch heute häufig ihrem Aussehen entsprechend eingesetzt. – Unter diesem Gesichtspunkt wurde die Welt als ein einziges System aus okkulten Analogien betrachtet, derer man sich zum Guten wie zum Bösen bedienen konnte. Zwischen dem Gärtner und der Hexe bestand kein sonderlich großer Unterschied.

Eine wissenschaftliche Klassifikation der Pflanzen nach Gattungen entwickelte erst der schwedische Naturforscher Carl von Linné (1707–1778) in *Systema Naturae* (1735) und *Species Plantarum* (1753). Obwohl er keiner der großen Kolonialmächte angehörte, ist doch auch seine Arbeit von den Entdeckungen in diesem Zusammenhang beeinflußt.

Pierre-Auguste
RENOIR
*Das Treibhaus
(Ausschnitt)*
um 1874

Sammelleidenschaft

Martin **JOHNSON HEADE**
Orchidee mit zwei Kolibris
um 1890

Die amerikanischen Künstler entwickelten nur sehr zögerlich Methoden zur Wiedergabe von Naturphänomenen, die außerhalb des europäischen Erfahrungsbereiches lagen. Martin Johnson Heades (1819–1904) detaillierte Darstellungen von Orchideen in ihrer natürlichen Umgebung vermitteln dem Betrachter ein Gefühl für die Exotik und Einzigartigkeit dieser Blüten. Seine Bilder sind wie Nahaufnahmen, die vor der eigentlichen Entwicklung dieser fotografischen Technik entstanden.

Hunt **SLONEM**
Catelaya
1991

Die Darstellung einer Orchidee in einem vergoldeten Rahmen vermittelt etwas von der gespenstischen Sexualität, die von manchen dieser Pflanzen ausgeht. Es gibt sehr viele Arten von Orchideen – Experten schätzen ihre Zahl auf etwa 35 000. Zum Aspekt der Sexualität: Der Begriff »Orchidee« ist von dem griechischen Wort für Hoden abgeleitet, was sich allerdings nicht auf die Form der Blüten bezieht, sondern auf die der Wurzelknollen.

Henry **WALLIS**
Ecke eines fernöstlichen Gartens
19. Jahrhundert

Es könnte sich um eine Detailstudie für ein größeres Gemälde handeln, aber auch um eine Ölskizze, die der Künstler zu seinem eigenen Vergnügen gemalt hat. Letzteres ist für viele Künstler aus der zweiten Hälfte des 19. Jahrhunderts nachgewiesen, darunter auch für Lord Leighton (1830–1896). Gemälde dieser Art waren praktisch unverkäuflich, weil ihnen ein spezielles Sujet fehlte, aber heute sind die ungezwungenen Skizzen begehrte Sammlerobjekte.

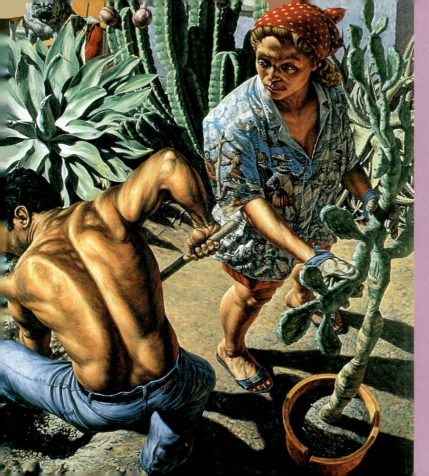

Sammelleidenschaft

»Muskathyazinthen –
Ihr blühet einst
in Urgroßmutters Garten;
Das war ein Platz, weltfern,
weit, weit dahinten.«

THEODOR STORM (1817–1888)

F. Scott **HESS**
Ihr Garten
1990

Hess (geb. 1955) findet auch in Alltagssituationen sinnliche Aspekte. Hier dienen Kakteen und Sukkulenten als Anspielungen. Die Frau widmet sich den Pflanzen und läßt dabei den Körper ihres Gärtners nicht aus den Augen.

Sammelleidenschaft

David **WILLETS**
Das Mohnfeld
1999

Ein beinahe abstraktes Bild, entstanden aus der genauen Beobachtung des Lebenszyklus der Pflanzen. Sowohl die kurzlebige Mohnblüte als auch die Samenkapsel, die nach dem Abfallen der Blütenblätter zum Vorschein kommt, sind hier in fast geisterhafter Form vorhanden.

Pierre-Auguste **RENOIR**
Das Treibhaus
um 1874

Von allen Impressionisten war Renoir (1841–1919) vermutlich derjenige, der sich vom Leben der Neureichen am stärksten angezogen fühlte – möglicherweise da er zugleich derjenige war, der aus den ärmlichsten Verhältnissen stammte. Die Komposition gibt einen üppigen Großbürger-Garten mit wuchernden Teerosen wieder, die überaus beliebt waren, und ein Symbol des Wohlstandes: ein Treibhaus für empfindlichere Gewächse.

Sammelleidenschaft

*»Süß wie die Primel,
die unter den Dornen
hervorlugt.«*

OLIVER GOLDSMITH (1728–1774)

Lesley **FOTHERBY**
*Primeln in einem Treibhaus
(Ausschnitt)*
20. Jahrhundert

Pflanzenliebhaber begeistern sich für Primeln, weil mehr als 500 Arten mit Blüten in vielen verschiedenen Farben existieren. Zu den gewöhnlich in Treibhäusern kultivierten Arten gehören die Flieder- oder Brautprimel (*Primula malacoides*) und die Chinesenprimel (*Primula sinensis*). Viele andere Arten gedeihen im Freien.

Katsushika **HOKUSAI**
Die achtfache Brücke
1831–1832

Die Japaner liebten es, die Natur an Ort und Stelle zu bewundern. Sowohl Hokusai (1760–1849) als auch Hiroshige (1797–1858) schufen Farbholzschnitte, auf denen sie die Schönheit berühmter Stätten festhielten, und Reisenden wurde nahegelegt, sie aus genau derselben Perspektive zu betrachten wie die Künstler.

Kitagawa **UTAMARO**
*Szene I, Wettstreit von Schönheiten
der Grünen Häuser beim Nikawa-Fest*
um 1797

Eine für einen der Meister des japanischen Farbholzschnitts typische Szene voller Anspielungen. Der Wettstreit findet vermutlich zwischen den beiden prächtig gekleideten Geishas links und den Figuren im Hintergrund statt. Die Kniende hinten rechts ist eine *maiko*, eine Schülerin. Als Zeichen der Kultiviertheit steht im Mittelpunkt ein Miniaturgarten mit zwei Bonsais – einer Zwergkiefer und einer Zwergkirsche. Bonsais sind sowohl in Japan als auch in der westlichen Welt begehrte Sammelobjekte.

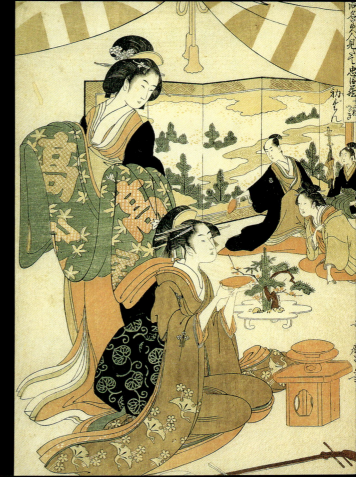

Sammelleidenschaft

»Die Luft ist blau, das Tal ist grün,
Die kleinen Maienglocken blühn.«

LUDWIG HEINRICH CHRISTOPH HÖLTY (1748–1776)

Jane **LOUDON**
Vergißmeinnicht und
Butterblumen
1842

Dies ist ein Blatt aus *The Ladies Flower Garden,* einem der im 19. Jahrhundert überaus populären illustrierten Werke, die speziell für eine weibliche Leserschaft geschaffen und den Damen vermutlich von ihren Verehrern geschenkt wurden. Die in diesen Werken abgebildeten Blumen scheinen in erster Linie im Hinblick auf ihre sentimentalen Beiklänge hin ausgewählt worden zu sein.

Chu Hing **WAH**
Drei Blumentöpfe
1996

Der chinesische Aquarellmaler Chu Hing Wah lebt und arbeitet in Hongkong. Er bedient sich sowohl moderner als auch traditioneller Techniken. Das Blatt ist eine Illustration des chinesischen Brauchs, Pflanzen getrennt in Töpfen zu kultivieren, anstatt sie auf einer Rabatte zu kombinieren.

Sammeln der Frucht der Alraune
frühes 15. Jahrhundert

Eine Illustration aus einem »Gesundheitsbuch«, aus der hervorzugehen scheint, daß die Alraune zu jener Zeit noch ein weitgehend legendäres Gewächs war. In der Regel war es nicht die Frucht, sondern die Wurzel der Alraune, die die Menschen begehrten.

»Geh hin, den Stern im Sturz zu halten
und zeug mit der Alraun ein Kind,
sag, wer des Teufels Huf gespalten
und wo vergangne Jahre sind.«

JOHN DONNE (UM 1571–1631)

»Und ich bin überzeugt: Jede Blume genießt die Luft, die sie atmet.«

WILLIAM WORDSWORTH (1770–1850)

Dorothy **HENRIQUES WELLS**
Wild Banana
1996

Das Aquarell gilt mit der Paradiesvogelblume einer auf Jamaika häufig kultivierten Zierpflanze. Sie erhielt ihren Namen auf Grund einer gewissen Ähnlichkeit mit den leuchtend bunt gefärbten Paradiesvögeln, die in den Regenwäldern von Neuguinea, Nordaustralien und der Molukken leben.

Sammelleidenschaft

Charles **CURRAN**
Chrysanthemen
1890

Nach der Öffnung Japans für den europäischen Handel um die Mitte des 19. Jahrhunderts breitete sich eine Welle der Begeisterung für alles Japanische in Europa aus. Chrysanthemen kamen in Mode und blieben es bis zum Beginn des 20. Jahrhunderts.

»Schließlich erreichten sie die lange, funkelnde Reihe der Gewächs- und Treibhäuser.«

ELIZABETH GASKELL (1810–1865)

James **COLLINSON**
Der Gärtnerjunge
Datum unbekannt

Das Aquarell legt dar, welchen hohen Rang die Gärtnerei in England zur Zeit Königin Viktorias einnahm. Trotz seines Berufs ist der Junge elegant gekleidet, und die Art, auf die er die wertvollen Topfpflanzen trägt, zeugt von Selbstbewußtsein. Die beiden Pflanzen sind eine Strauchpäonie (*Paeonia suffruticosa*) und eine Schönmalve (*Abutilon vitifolium*), beides Arten, die zu jener Zeit in Treibhäusern kultiviert wurden.

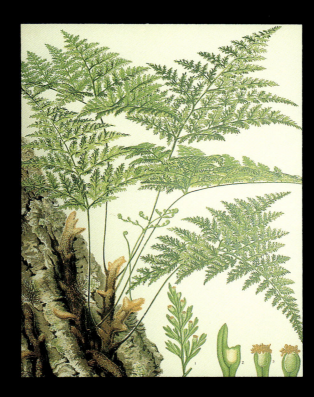

Marianne **ARNBACK**
Spiralpflanzen
1996

Vorbild für diese Formen waren eindeutig Farnwedel, doch die Künstlerin verleiht ihnen mystische Bedeutung. Sie beschreibt ihre Arbeit als »Malen eines Fensters in die Natur«. Hier stiften natürliche Formen eine Verbindung zwischen Phantasie und Realität.

David **BLAIR**
Hasenfußfarn
um 1880

Es handelt sich um eine Tafel aus *European Ferns*, einem der für das 19. Jahrhundert typischen botanischen Werke mit farbigen Illustrationen. Geschulte Botaniker und Amateure wetteiferten bei der Klassifikation der vielen verschiedenen Arten miteinander.

Sammelleidenschaft

»Gehe aus mein Herz und suche Freud

in dieser lieben Sommerzeit

an deinen Gottes Gaben.«

PAUL GERHARDT (1607–1676)

Alfred **PARSONS**
Ein Garten an der Themse
Datum unbekannt

Das Aquarell gibt einen Eindruck von der Art, in der in England im 19. und zu Beginn des 20. Jahrhunderts Gärten bepflanzt wurden. Die unzähligen verschiedenen Sorten, darunter Rittersporn, Schwertlilien und Lavendel, sind als Spiegelbild der damaligen Größe des britischen Empire aufzufassen.

John **NAVA**
Stilleben mit Tulpen
1996

Das realistische Stilleben zeigt Tulpen, die man heute in jedem Blumengeschäft kaufen kann. Dennoch ähneln sie den Sorten, die auf dem Höhepunkt der »Tulpomania« begierig gesammelt wurden.

Sammelleidenschaft

*»Die Königin der Zwiebel-
gewächse, deren Blüte herrlich
von Gestalt ist und überaus
reich und bewundernswert
in ihrer Farbe.«*

THOMAS HAMMER (1612–1669)

Barbara **DIETZSCH**
*Papageientulpe mit Schmetterling
und Käfer*
um 1750

Obwohl kurze Zeit nach der »Tulpomania« entstanden, ist dieses Albumblatt
dennoch ein gutes Beispiel für die
Tulpendarstellungen jener Zeit. Sorten
mit gestreiften Blütenblättern waren
besonders begehrt.

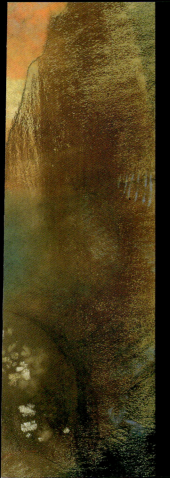

KAPITEL 5

Die Sprache der Blu

»*Sommergrüner Rosengarten,*
sonnenweiße Stromesflut,
sonnenstiller Morgenfriede,
der auf Baum und Beeten ruht.«

DETLEV VON LILIENCRON (1844–1909)

Odilon **REDON**
Ophelia (Ausschnitt)
um 1905–1908

Die Sprache der Blumen

IM 19. JAHRHUNDERT kamen illustrierte Bücher in Mode, die der »Sprache der Blumen« gewidmet waren. Mit ihrer Hilfe konnten junge Männer ihrer Angebeteten Bukette schicken, die ihren Gefühlen Ausdruck verliehen. In ihrer Komplexität aber war den Verfassern dieser Bücher die Geschichte der Symbolsprache der Blumen sicher nicht bekannt. In der griechischen und römischen Antike zum Beispiel waren es nicht bestimmte Arten, sondern Blumen überhaupt, die einen symbolischen Wert hatten – sie waren kurzlebig und von daher Sinnbilder der Vergänglichkeit des Lebens. Deshalb bekränzten sich Menschen bei Festmählern mit ihnen und streuten sie vor der Verbrennung auf den Leichnam eines Verstorbenen.

Bei den holländischen Stilleben des 19. Jahrhunderts waren Blumen, besonders wenn sie über das Bild verstreut

Ghisbert
COMBAZ
*Das Bukett
(Ausschnitt)*
um 1912

Lawrence **ALMA-TADEMA**
Frag mich nicht mehr (Ausschnitt)
1906

waren, wie bei den Griechen und Römern Symbole der Vergänglichkeit. Oft besaßen sie jedoch noch eine andere Funktion: In der holländischen und auch in der italienischen Kunst jener Zeit waren Zyklen verbreitet, die die fünf Sinne illustrierten; Blumen standen hier für den Geruchssinn.

Manche Blumen haben einen spezifischen Symbolgehalt – Lilien sind Sinnbilder der Reinheit und deshalb auf Bildern aus dem Marienleben zu finden; eine Vase voller Lilien ist häufig Bestandteil einer Verkündigung. Die Nelke war das Symbol einer bevorstehenden Hochzeit, und auf Hochzeitsbildern des 16. und 17. Jahrhunderts hält der Mann zum Zeichen seines Verlöbnisses gelegentlich diese Blume in der Hand. Die Sonnenblume fungierte als Emblem der Gunst eines Monarchen; das bekannteste Beispiel hierfür ist das *Selbstbildnis*

Alberto **ABATE**
Vitalia (Ausschnitt)
1993

Die Sprache der Blumen

mit der Sonnenblume von Anthonis van Dyck (1599–1641), auf dem der Künstler außerdem die goldene Kette zur Schau stellt, die sein Gönner, der englische König Karl I., ihm verliehen hatte.

In der Kunst des Fernen Ostens ist der Symbolismus von Pflanzen, Blüten und Früchten noch weitaus vielschichtiger als in der westlichen Welt. Fast alles, was wächst, hat dort einen bestimmten Sinngehalt. In Japan ist der Bambus (neben Kiefer und Pflaume) eines der guten Vorzeichen. In China wird der Bambus wegen seiner Geradheit bewundert und gilt deshalb als Symbol für Rechtschaffenheit. Für manche Meister des Buddhismus ist das Rauschen des Bambus das Zeichen der Erleuchtung, aber ein berühmter chinesischer Mönch erreichte diese durch das Betrachten einer Pfirsichblüte. In Japan ist diese Blüte wie die Lilie in der westlichen Welt ein Symbol der Jungfräulichkeit. Dagegen

Marc **CHAGALL**
*Die Braut
(Ausschnitt)*
1960

Eleanor
**FORTESCUE-
BRICKDALE**
*Könnt ich diesen
kleinen Kopf
haben*
um 1909

ist die Pfirsichfrucht eines der chinesischen Embleme für Unsterblichkeit und gilt als Speise der Unsterblichen.

Eine Folge der verschiedenen, eng miteinander verflochtenen symbolischen Bedeutungen besteht darin, daß in fast jeder Naturdarstellung der klassischen chinesischen und japanischen Kunst Untertöne mitschwangen, die der geschulte Betrachter mühelos erkennen konnte. Es waren nicht nur die dargestellten Objekte, die eine Botschaft übermittelten – die Botschaft wurde durch das Vorhandensein scheinbar willkürlich hinzugefügter Objekte noch verstärkt. In der chinesischen Porzellanmalerei wurden Pfirsiche oft mit Fledermäusen kombiniert, Symbolen der Unsterblichkeit, denn sie leben in Höhlen, die der Eingang zum Reich der Unsterblichen sind. Mit diesen Stücken, die als Neujahrsgaben dienten, wünschte man dem Beschenkten Glück.

Jan **BRUEGEL D. Ä.**
Blumenkorb (Ausschnitt)
17. Jahrhundert

Die Sprache der Blumen

»*Ich muß nicht sagen, du warst wahr,*
doch laß mich sagen, du warst schön;
und sie, die einst dein lieblich Antlitz sahn,
was soll'n sie fragen, wenn sie Wahrheit sehn?«

MATTHEW ARNOLD (1822–1888)

Lawrence **ALMA-TADEMA**
Frag mich nicht mehr
1906

Der bebänderte Strauß auf der Marmorbank spielt seine herkömmliche Rolle als Gabe des Liebhabers. Doch der Titel des Bildes deutet den Widerstand der Dame an; er ist ein nicht sinngemäß angewendetes Zitat aus einem berühmten Gedicht von Thomas Carew (1594/95–1639/40): »Frag mich nicht mehr, wo Götter schenken/ Wenn Juni läßt an welke Rosen denken …«

Die Sprache der Blumen

Gina Maria **BERNARDINI**
Seligkeit (Ausschnitt)
um 1950

Sinnbild der Ekstase einer lesbischen Umarmung ist der Strauß aus weißen Margeriten, den eine Frau der anderen überreicht. Der expressionistische Stil unterstreicht die Emotionalität des Gemäldes.

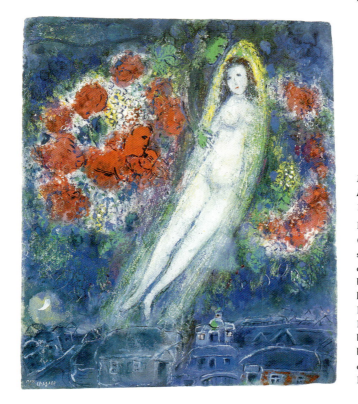

Marc **CHAGALL**
Die Braut
1960

Die späte Gouache Chagalls (1887–1985) ist eine Version seines Lieblingsmotivs, der selig am Himmel schwebenden Braut – ursprünglich ein Sinnbild seiner Liebe zu seiner ersten Frau Bella. Aus den sie umgebenden Blumen löst sich bei genauerem Hinsehen der Kopf des sie küssenden Liebhabers heraus.

Die Sprache der Blumen

Alberto **ABATE**
Vitalia
1993

Abates Arbeiten weisen Anklänge an den Symbolismus auf. Seine *Vitalia* mit einer Lilie und Pfauenfedern in den Händen ist eine Nachfahrin der geheimnisvollen Frauengestalten des Symbolisten Gustave Moreau (1826–1898).

Edouard **MANET**
Olympia
1863

Das Bild löste einen Skandal aus, als es zum erstenmal ausgestellt wurde. Das Bukett, das die dunkelhäutige Dienerin in der Hand hält, läßt darauf schließen, daß es sich bei der Liegenden um eine Kurtisane und bei dem Strauß um den Tribut eines Verehrers handelt.

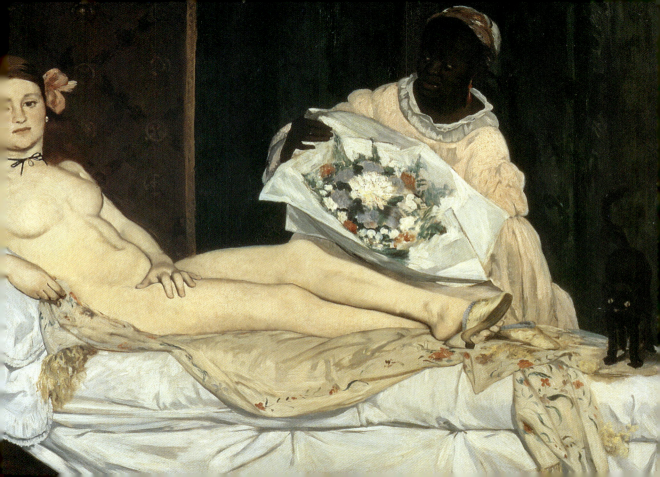

Die Sprache der Blumen

»Die Rose trägt das Blut der Götter
und ist der Blumen Königin;
ihr Antlitz sticht das schönste Wetter
und selbst Aurorens Wangen hin.«

JOHANN CHRISTIAN GÜNTHER (1695–1723)

Nach Henri **LAFON**
Die Braut
1852–1853

Die Braut hält auf diesem Stich aus der Mitte des 19. Jahrhunderts den traditionellen Zweig mit Orangenblüten vor ihren Busen. Der Brautstrauß aus weißen Rosen – Symbol der Reinheit – quillt auf dem Boden aus der Schachtel eines Blumenhändlers.

Die Sprache der Blumen

Anonyme Grußkarte
Die Ansteckblume
um 1900

Eine Frau steckt ihrem Geliebten eine Blume ins Knopfloch. Diese intime Geste ist nicht nur Ausdruck der Liebe, sondern auch eines gewissen Besitzerstolzes. Die blühenden Rosen, die das Paar umgeben, unterstreichen dessen Gefühle füreinander.

Die Sprache der Blumen

Jan van **HUYSUM**
Blumen in einer Terrakottavase
1744

Die Gemälde von Jan van Huysum (1682–1749) stehen am Ende der langen Entwicklung der holländischen Blumenstücke. Obwohl die einzelnen Arten nach Detailstudien exakt gemalt wurden, sollte ein solches Bild vor allem die unendliche Fülle der Natur symbolisieren.

Jan **BRUEGEL D. Ä.**
Blumenkorb
frühes 17. Jahrhundert

Jan Bruegel (1568–1625) hat zahlreiche Blumenstücke gemalt. Wie bei van Huysum (*links*) sind die Blüten mit Hilfe von Einzelstudien nach der Natur detailgetreu wiedergegeben, aber auch dieses Bild soll vielmehr einen Eindruck vom Formenreichtum der Natur vermitteln.

Lawrence **ALMA-TADEMA**
Wenn die Blüten wiederkehren
Datum unbekannt

Lebhafter und spontaner als die meisten Werke von Alma-Tadema (1836–1912), feiert dieses Gemälde die Wiederkehr des Frühlings mit Girlanden aus Narzissen, die zwei weibliche Figuren umschlingen.

Dante Gabriel **ROSSETTI**
Venus Verticordia
1864–1868

Das Gemälde, ein frühes Beispiel für die Halbfiguren, für die Rossetti später bekannt wurde, zeigt die »Göttin« als heidnische Version einer christlichen Märtyrerin, versehen mit einem Heiligenschein und einem auf die eigene Brust gerichteten Pfeil. Die Rosen, die sie umgeben, sind das florale Äquivalent zu ihrer Schönheit.

Die Sprache der Blumen

Elsie **BUNGE**
Frau mit weißen Magnolien
(Ausschnitt)
um 1950

Die von Matisse (1869–1954) beeinflußte argentinische Künstlerin benutzt hier einen Strauß aus weißen Blüten als Symbol für modische Schlichtheit. Obwohl das Bild erst in den 50er Jahren entstanden ist, läßt es auch Einflüsse des Art deco erkennen, eines Stils, der sich in Südamerika lang anhaltender Beliebtheit erfreute.

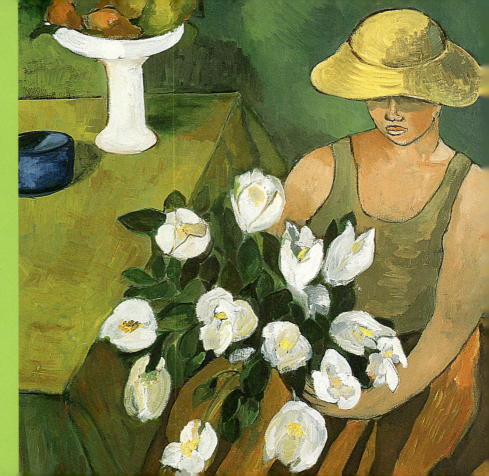

*»Den Kontakt mit Blumen
zu verlieren ... ist die schlimmste
Form der Vereinsamung.«*

ALBERT CAMUS (1913–1960)

Ghisbert **COMBAZ**
Das Bukett
um 1912

Die Dame, in die Betrachtung eines Rosenstraußes versunken, ist nach der Mode gekleidet, die der französische Couturier Paul Poiret (1879–1944) vor dem Ersten Weltkrieg kreierte. Poiret kombinierte den Empire-Stil des frühen 19. Jahrhunderts mit Details, vor allem mit Farben, die er den Ballets Russes entlehnte, die damals in Paris Triumphe feierten.

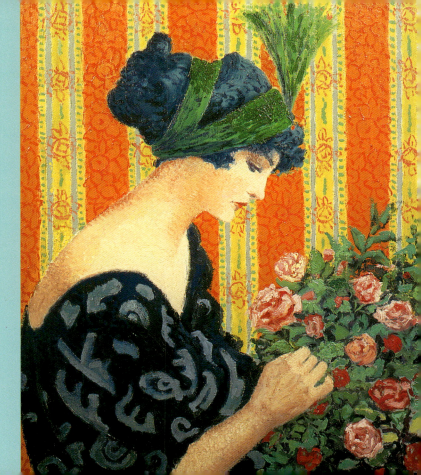

Die Sprache der Blumen

Lawrence
ALMA-TADEMA
Ein römischer Garten
1878

An diesem relativ frühen Werk von Alma-Tadema fällt eine merkwürdige Mischung von Kostümen auf. Die sorgenvoll blickende Frau und das Kind, das sie umarmt, sind nach der Mode um 1870 gekleidet, während die Frau, die hinter der Säule steht, das Gewand einer Römerin der Antike trägt. Mohn, Rosen und Sonnenblumen scheinen von Tod und Sterblichkeit zu sprechen.

Lily **SALVO**
Die Pforte des Verlangens
1998

Eine riesige Rose fungiert als Pforte zu einer Welt der Träume. Durch das Betrachten der Blume gelangt die Träumende in unbekannte Bereiche.

Stefano di **STASIO**
Glückliche Stunden
1996

Gegenstand des Bildes ist ein Träumer oder Visionär, der an einem offenen Fenster steht. Eine Rosengirlande zieht sich über den Nachthimmel und durch ein weiteres Fenster hinter ihm. Eine ähnliche Girlande umschlingt seinen Arm. Alles deutet auf eine Liebe hin, die erfüllt ist oder bald erfüllt werden wird.

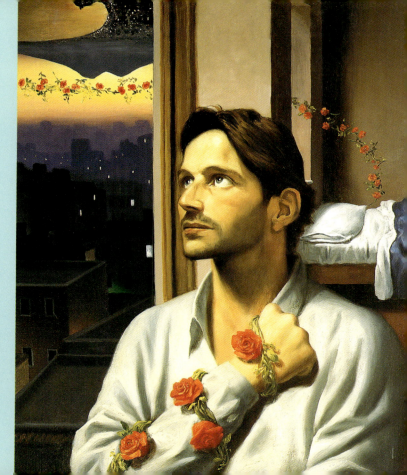

Die Sprache der Blumen

ICHIMYOSAI
Biene und Päonie
19. Jahrhundert

Die Päonie oder Pfingstrose, in China »Königin der Blumen« genannt, gilt als Glückssymbol. In seinem Stil geht das Bild auf die »Vogel- und Blumen«-Bilder des Kaisers Hui Tsung zurück, der von 1100 bis 1126 regierte.

CH'ING-DYNASTIE
Pfirsichblüten
19. Jahrhundert

Die Pfirsichfrucht war eines der chinesischen Symbole für Unvergänglichkeit, doch auf dieser Zeichnung sind die Blüten um ihrer selbst willen dargestellt. Der realistische Stil mit den klaren Umrissen deutet darauf hin, daß das Blatt nicht für den chinesischen, sondern für den europäischen Markt bestimmt war.

Lithian **RICCI**
Der Blumensohn
1998

Zwei gekrönte Figuren halten eine – im Stil von Giuseppe Arcimboldo (um 1527–1593) aus Blumen bestehende – Kindergestalt über einen Bach. Der Hintergrund, ein Bild im Bild, zeigt die Niagarafälle. An den Wänden rinnen Regentropfen oder Tränen herab. Alle diese Elemente vereinigen sich zu einer Allegorie der Fruchtbarkeit.

Die Sprache der Blumen

»Meine Schwester, liebe Braut,
du bist ein verschlossener Garten ...
Du bist gewachsen wie ein Lustgarten
von Granatäpfeln mit edlen Früchten.«

HOHESLIED SALOMO 4,12–13

Joseph-Marie **VIEN**
*Ein griechischer Jüngling krönt seine
Geliebte mit Blumen*
1773

Vien (1716–1809) war einer der Begründer des französischen Klassizismus. Der Jüngling, der hier seine Geliebte krönt, symbolisiert das Trachten nach Schlichtheit und Natürlichkeit. Inspiriert wurde das Thema von dem Philosophen und Schriftsteller Jean-Jacques Rousseau (1712–1778).

Benozzo **GOZZOLI**
*Engel beim Blumenpflücken
in einer himmlischen Landschaft*
um 1460

Das in der Frührenaissance in Florenz entstandene Gemälde ist eine poetische Darstellung des Paradieses, in der die Rosen pflückenden Engel als Verkörperungen der Glückseligkeit aufzufassen sind. Der Künstler hat sich bewußt für Rosen entschieden, weil sie eines der Symbole der Jungfrau Maria sind.

Nymphenburger Porzellan
um 1760–1765

Detail von einem Eßservice, das für den Kurfürsten von Bayern, den Schirmherrn der Nymphenburger Manufaktur, geschaffen wurde. Vorbild für die elegant modellierten Tulpen und Rosen waren unter anderem Gemälde von Jan van Huysum (*siehe S. 152*).

Die Sprache der Blumen

Stefania **FABRIZI**
Wüstenrose
1995

Eine Variante der Idee, die Lily Sa von in *Die Pforte des Verlangens* (siehe S. 160) umgesetzt hat. Die Wüstenrose, aus scheinbar unfruchtbarem Boden wachsend, ist hier das Symbol unwahrscheinlicher oder unerwarteter Perfektion.

Lawrence **ALMA-TADEMA**
Die Rosen des Heliogabal
1888

Das Gemälde thematisiert eine Legende um den römischen Kaiser Heliogabal, der von 218 bis 222 n. Chr. regierte. Danach ließ er Rosenblätter auf seine Gäste herabregnen, die daran erstickten. Es handelt sich um eines der angesehensten Werke von Alma-Tadema (1836–1912).

Die Sprache der Blumen

John Atkinson **GRIMSHAW**
Der Pfarrgarten, Königin der Lilien
1877

Sowohl das weiße Kleid der Frau als auch die weißen Lilien, die sie in der Hand hält, sind Symbole weiblicher Reinheit. Auf vielen Darstellungen der Verkündigung finden sich ähnliche Blumen – der Künstler stellt sich hier offensichtlich in diese Tradition.

Thomas Falcon **MARSHALL**
Maigirlanden
1873

Der Erste Mai ist seit langem der Tag, an dem die Menschen dem Frühling huldigen. Dieser Brauch stammt vermutlich aus vorchristlicher Zeit und enthält möglicherweise noch heute Überreste heidnischer Rituale. Zu den Fruchtbarkeits-Riten gehören grüne Zweige und Blumengirlanden, die in einer Prozession mitgeführt werden.

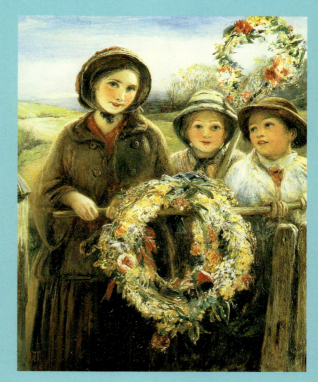

Die Sprache der Blumen

In ihrem Gesicht ist ein Garten schön,
drin Rosen und weiße Lilien blühn;
es ist wie ein himmlisch Paradies
das überfließt von Früchten süß,
von Kirschen, wie auf keinem Markt …

Und diese Kirschen umrahmen frei
östliche Perlen in zwiefacher Reih,
die sind, wenn im Lachen sie enthüllt,
wie Rosenknospen, mit Schnee gefüllt.«

THOMAS CAMPION (1567–1620)

Eleanor **FORTESCUE-BRICKDALE**
Könnt ich diesen kleinen Kopf haben
um 1909

Stilistisch lehnt sich die Profildarstellung an ähnliche Porträts aus dem Italien des 15. Jahrhunderts an. Die in ein solches Porträt einbezogene Nelke besagt, daß es anläßlich eines Verlöbnisses gemalt wurde. Im 15. und 16. Jahrhundert war es jedoch gewöhnlich der Mann, der die Blume in der Hand hielt.

Giovanni Battista **SALVI**,
genannt **SASSOFERRATO**
Madonna
Mitte des 17. Jahrhunderts

Das Werk von Sassoferrato (1609–1685) spiegelt die Atmosphäre der Frömmigkeit, die im 17. Jahrhundert in Rom herrschte. Das Sujet der von einem Blumenkranz umgebenen Madonna – eine Anspielung auf die Schönheit und Reinheit der Dargestellten – war jedoch nicht auf Werke Sassoferratos oder der Künstler im Umkreis von Rom beschränkt. Auch Rubens (1577–1640) und andere Künstler haben Madonnen, die von Blumengebinden umkränzt sind, gemalt.

Die Sprache der Blumen

»Denn alles Fleisch ist wie Gras und
alle seine Herrlichkeit ist wie des Grases
Blume. Das Gras ist verdorrt und
die Blume abgefallen.«

I PETRUS 1,24

Ägypten
Totenbuch des Ani
um 1250 v. Chr.

Auf diesem zu einem Totenbuch gehörenden Papyrus tragen der Schreiber Ani und seine Frau Zeremonial-Girlanden und bieten den Göttern Opfer dar, darunter Büschel von Papyrusblüten. In Gräbern gefundene Überreste von echten Girlanden beweisen, daß Blumen bei den ägyptischen Bestattungsritualen eine wichtige Rolle spielten.

Hunt **SLONEM**
Cattleyas
1992

KAPITEL 6

Natur und Reisen

»Der Mai ist gekommen, die Bäume schlagen aus,
da bleibe, wer Lust hat, mit Sorgen zu Haus!
Wie die Wolken dort wandern am himmlischen Zelt,
so steht auch mir der Sinn in die weite, weite Welt.«

EMANUEL GEIBEL (1815–1884)

DIE REISELUST DER EUROPÄER veränderte das Aussehen der Gärten. Schon die Kreuzzüge legen Zeugnis ab von der Rastlosigkeit und dem Expansionsdrang des Menschen. Das gleiche gilt für die Reise von Marco Polo (1254–1324) nach China, obwohl er sich einer bereits bestehenden Karawanenstraße bediente. Aber tiefgreifende Neuerungen brachte erst das Zeitalter der Entdeckungen, das mit der Überquerung des Atlantiks durch Kolumbus (1451–1506) im Jahre 1492 begann. Seine Fahrten eröffneten den Europäern völlig neue Horizonte, eine Begleiterscheinung war die Einführung der Kartoffel, die in vielen Ländern Europas rasch zum Grundnahrungsmittel wurde. Auch die Reisen des Portugiesen Vasco da Gama (um 1469–1524) trugen dazu bei, das Spektrum der bekannten und in europäischen Gärten kultivierbaren Pflanzen erheblich zu vergrößern.

William
HAVELL
*Gartenszene an
der Braganza-
küste, Rio de
Janeiro
(Ausschnitt)
um 1830*

William
DANIELL
*Südostansicht der
Bergfestung von
Bijaigaib, Bihar
(Ausschnitt)
um 1830*

Natur und Reisen

Die Einfuhr exotischer Arten hatte einige nicht vorhersehbare Folgen. Anfangs wurden Pflanzen um ihrer selbst willen gesammelt, und ihr Wert lag in ihrer Seltenheit. Das galt auch für das gleichzeitig einsetzende Sammelinteresse an exotischen Muscheln und Mineralien. Doch dann begannen Gärtner, sich eingehender mit den klimatischen Bedingungen zu beschäftigen, die diese Pflanzen zum Gedeihen brauchten. Eine bestimmte Pflanze wachsen zu lassen war nicht sonderlich schwierig, wohl aber, sie zum Blühen zu bringen oder dazu, daß sie Früchte trug. Kaum ein Europäer betrachtete Urwälder oder Wüsten als wünschenswerten Lebensraum, aber um die Neuerwerbungen erfolgreich zu kultivieren, waren exotischen Pflanzen entsprechende Bedingungen zu verschaffen. Dazu mußten in einigen Fällen spezielle Gebäude konstruiert werden. Die frühesten dieser Gebäude, die Orangerien, wurden im 16. Jahrhundert errichtet und

John Frederick
LEWIS
*Im Garten des Bei
(Ausschnitt)*
1865

waren ziemlich primitive Gebilde aus Planken und Sackleinen. Sie sollten die Orangen in Regionen schützen, die zu kalt für den Anbau waren. Später entwickelten sich die Orangerien zu palastähnlichen Bauten, wie sie beispielsweise in Versailles zu sehen sind.

Eine bescheidenere Variante der Orangerie war das Glashaus. Als Glas für Fenster allmählich in größeren Formen und preiswerter gehandelt wurde, wählte man zur Unterbringung kälteempfindlicher Pflanzen leichtere, von einem Gerüst getragene Konstruktionen. Aus dem einfachen Glashaus wiederum ging das Treibhaus hervor, das fast ausschließlich aus Glas bestand und auf tropische Temperaturen aufgeheizt werden konnte. Es kam um die Mitte des 19. Jahrhunderts in Gebrauch. Die großen Gewächs-

Tofat **AL-AHRAR**
*Zwei Prinzessinnen
in einem Garten,
Buchara
(Ausschnitt)*
155

Hank **PITCHER**
*Point Conception
(Ausschnitt)*
1998

Natur und Reisen

häuser, die der englische Architekt Joseph Paxton (1801–1865) in Chatsworth (Derbyshire) 1840 und 1850 für den Herzog von Devonshire baute, waren Modelle für den Kristallpalast, der anläßlich der Londoner Weltausstellung von 1851 errichtet wurde. Das zweite von Paxton für den Herzog von Devonshire gebaute Gewächshaus war für eine Seerosenart bestimmt, die *Victoria regia* aus Südamerika, die seinerzeit als eines der größten Blütenwunder der Welt galt. Sie im eigenen Land zu kultivieren war für einen Engländer nicht nur ein Zeichen ungeheuren Reichtums – den der Herzog eindeutig besaß –, sondern auch Ausdruck des Ausmaßes des britischen Empire. Die Pflanze war 1835 von dem deutsch-britischen Forschungsreisenden Robert Hermann Schomburgk (1804–1865) im damaligen British-Guayana entdeckt worden und ist noch heute die größte bekannte Seerose.

Carlo
BERTOCCI
*Giotto
(Ausschnitt)*
1989

Natur und Reisen

»Aber der majestätische Strom floß weiter,
heraus aus den Nebeln
dieses flachen Landes.«

MATTHEW ARNOLD (1822–1888)

Norton **BUSH**
Tropischer Dunst
1879

Erst gegen Ende des 19. Jahrhunderts versuchten amerikanische Landschaftsmaler vermehrt, Szenerien darzustellen, die sich von den Vorbildern, die sie in Europa fanden, von Grund auf unterschieden.

Exemplarisch hierfür ist dieses Werk Bushs, bei dem es sich um eine von den Everglades in Florida inspirierte Phantasielandschaft zu handeln scheint. Bush verleiht ihr eine traumartige Atmosphäre. Von vergleichbaren Werken ließen sich in den 50er und 60er Jahren des 20. Jahrhunderts die Illustratoren von Science-Fiction-Romanen inspirieren – dieses Bild hat Ähnlichkeit mit einigen der seltsamen Welten, die der Autor J. G. Ballard (geb. 1930) ersann.

Natur und Reisen

Hank **PITCHER**
Point Conception
1998

Pitcher lebt in Santa Barbara, und die Pazifikküste, an der diese kalifornische Stadt liegt, gehört zu den Sujets, die er bevorzugt malt. Diese Ansicht vermittelt einen Eindruck von der Schönheit und Weitläufigkeit der Küstenregion.

Natur und Reisen

William **HAVÈLL**
Gartenszene an der Braganzaküste, Rio de Janeiro (Ausschnitt)
um 1816

Der englische Künstler William Havell besuchte Rio de Janeiro, die damalige Hauptstadt von Brasilien, zu der Zeit, in der der portugiesische Kronprinz Jão (später König Johann VI.) dort weilte. Jão war 1808 nach der Besetzung Portugals durch Napoleon nach Brasilien geflüchtet und kehrte erst 1821 in seine Heimat zurück. Havells Darstellung eines Außenbezirks von Rio de Janeiro spiegelt sowohl die durch europäische Augen gesehene Fremdartigkeit des Landes als auch dessen Bestreben, »europäischer« zu werden. Die Komposition beruht auf jenen Traditionen, die auch Claude Lorrains Ansichten der römischen Campagna (*siehe S. 215*) prägten.

Natur und Reisen

»Wer einen Garten liebt, liebt auch ein Treibhaus. Dort blühen in Wärme und Geborgenheit exotische Pflanzen, ohne sich eines weniger zuträglichen Klimas bewußt zu sein.«

WILLIAM COWPER (1731–1800)

*Wintergarten, Blatt aus der Reihe
»Grand Théâtre Nouveau«, Epinal*
um 1880

Im 18. und 19. Jahrhundert war die französische Stadt Epinal für ihre Massenproduktion von billigen Drucken, die »Imageries d'Epinal«, berühmt. Dieses Blatt ist eine eher naive Darstellung eines Gewächshauses für tropische Pflanzen und zugleich ein Beweis für die Faszination, die von allem Exotischen ausging.

Frank **ROMERO**
Fiestapalmen
1992

Ein amüsanter dreidimensionaler Tribut an einen allgegenwärtigen Bestandteil der südkalifornischen Landschaft zeigt sich in dieser Skulptur. Romero greift damit auf das 18. und frühe 19. Jahrhundert zurück, als geschnitzte Palmen ein beliebter Zierrat waren.

Wes CHRISTENSEN
Eck in der neuen Welt
1994

Eck (Alec) Finlay ist der Sohn von Ian Hamilton Finlay, dem schottischen Bildhauer, der in Stonypath in der schottischen Grafschaft Lanarkshire einen berühmten Garten schuf. Christensen (geb. 1949) versetzt ihn hier in den vollkommen andersartigen Kakteengarten der Huntington Library in Pasadena.

»... die Menschen müssen lernen, die edleren und selteneren Pflanzen zu lieben.«

MARGARET FULLER (1810–1850)

Natur und Reisen

Salvatore **PULVIRENTI**
Ohne Titel
1995

Zur Beschwörung dieser Landschaft genügen dem Künstler einige simple Elemente – eine Topfpflanze, ein Kieselstein und ein Brett auf einem Tisch sowie seltsam geformte Felsblöcke. Das Arrangement auf dem Tisch zerlegt die Art von Ansichten, die Menschen bewundern, in ihre minimalistischen Komponenten und fordert den Betrachter zum Nachdenken über sie auf.

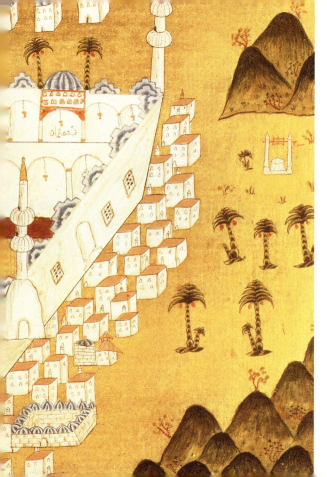

Natur und Reisen

»Der Tag in seiner Glut,
mit der Palme im Streit;
die Nacht in ihrem Schweigen,
die Sterne zur Stille bereit.«

MATTHEW ARNOLD (1822–1888)

Ansicht von Medina und der Moschee
des Propheten Mohammed
persisch?
Datum unbekannt

Beim Blick auf diese karge Wüstenlandschaft mit der von kahlen Hügeln und einigen Palmen umgebenen Stadt Medina wird verständlich, aus welchem Grund Gärten und fließendes Wasser in der islamischen Kultur eine große Rolle spielen.

Natur und Reisen

»O Liebe, welche Stunden waren dein und mein
in Ländern südlicher Pinien und Palmen,
in Ländern der Palme, der Orangenblüte,
des Ölbaums, der Aloe, Mais und Wein.«

LORD ALFRED TENNYSON (1809–1892)

Tofar **AL-AHRAR**
Zwei Prinzessinnen in einem Garten, Buchara
1568

Die Miniatur fordert zu einem Vergleich zwischen der Schönheit der beiden jungen Frauen und der des formstrengen Gartens auf, in dem sie sich befinden. Buchara liegt in Usbekistan; Ende des 16. Jahrhunderts hatte es den Gipfel seiner politischen und kulturellen Bedeutung erreicht.

Lawrence **ALMA-TADEMA**
Nichtsahnende Rivalinnen
1893

Alma-Tadema (1836–1912) versucht, eine Reise durch Raum und Zeit zu gestalten. Von der Terrasse mit dem in einem Kübel blühenden Oleander schweift der Blick aufs Meer – in der Phantasie des Künstlers das Mittelmeer. In den beiden Frauengestalten sind Römerinnen der Antike zu erkennen.

Natur und Reisen

Natur und Reisen

Sydney **PARKINSON**
zugeschrieben
Brotfrüchte
um 1769

Die botanische Zeichnung entstand an Bord der *Bounty*, ungefähr 20 Jahre vor der berüchtigten Meuterei. Das Schiff beförderte Brotfruchtbäume von Tahiti nach Westindien. Die Zeichnung ist als Hinweis darauf zu verstehen, wie Pflanzen einer Region in andere Weltgegenden umgesiedelt wurden – eine Folge des ständig wachsenden Dranges nach Erforschung und Kolonisierung fremder Länder.

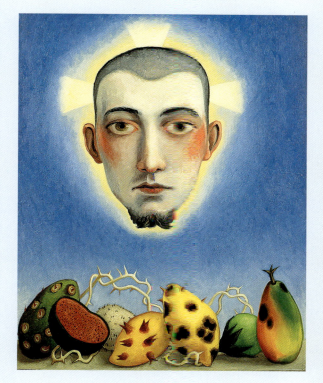

Carlos **FORNS BADA**
Indische Feigen
1996

Indische Feigen sind die Frucht einer Kaktusart, die ursprünglich nur in der westlichen Hemisphäre heimisch war, heute aber auch in Australien und Südafrika wächst. Die am häufigsten vorkommende Art, der Feigenkaktus, wird vorwiegend in Mexiko kultiviert. Forns Bada (geb. 1963) scheint die Stacheln hier mit der Dornenkrone Christi gleichzusetzen.

Natur und Reisen

Albert **BIERSTADT**
Kalifornische Mammutbäume
um 1860

Mammutbäume in Kalifornien können mehr als 100 Meter hoch und bis zu 4000 Jahre alt werden. Früher galten sie als die ältesten Organismen auf der Erde; inzwischen mußten sie diesen Titel jedoch an die Grannenkiefer abgeben.

Carlo **BERTOCCI**
Giotto
1989

Der Titel von Bertoccis (geb. 1946) Bild ist vermutlich als eine Huldigung an den Maler Giotto (1266–1337) aufzufassen. Die Komposition deutet darauf hin, daß die vier Jungen im Vordergrund im Begriff sind, eine Reise anzutreten. Der eingetopfte Lorbeerbaum, der auf der Mauer zwischen ihnen steht, besagt offenbar, daß es sich um eine Reise zu künstlerischem Ruhm handelt.

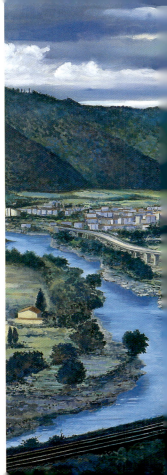

Natur und Reisen

Georges **CLARIN**
Der Pfauengarten
frühes 20. Jahrhundert

Diese phantasievolle Darstellung des Lebens in einem Harem erinnert an die Entwürfe, die der russische Künstler Leon Bakst (1866–1924) für Sergei Diaghilews Ballets Russes schuf, insbesondere für das grandiose Ballett *Scheherasade* (1910). Die umjubelten Aufführungen ließen die Begeisterung für alles Orientalische, die das ganze 19. Jahrhundert hindurch in Europa geherrscht hatte, neu entflammen.

John Frederick **LEWIS**
Im Garten des Bei
1865

Lewis (1805–1876) unternahm ausgedehnte Reisen durch den Nahen Osten und setzte seine Eindrücke malerisch penibel um. Die dargestellte Szene jedoch kann der Künstler unmöglich mit eigenen Augen gesehen haben – eine unverschleierte Frau oder Konkubine eines hohen türkischen Beamten, die in einem Privatgarten Blumen arrangiert.

folgende Seite
Edward Augustus
INGLEFIELD
Die Blue Mountains, Jamaika
1879

Inglefield (1820–1894) war einer jener zahlreichen britischen Offiziere, die zugleich begabte Amateurkünstler waren. Ihrem Bemühen haben die Engländer des 19. Jahrhunderts die ersten Eindrücke von der landschaftlichen Vielfalt des britischen Empire zu verdanken. Diese Darstellung der Blue Mountains auf Jamaika gibt die üppige Vegetation der Region naturgetreu wieder. Die abgelegenen Gebiete der Insel sind noch heute beinahe unverändert; allerdings tragen Frauen auf dem Weg zum Markt nicht mehr eine Tracht wie hier dargestellt.

*» Wegen des Lebens,
das ihm innewohnt,
liebte er fast alles Lebendige,
vor allem aber Bäume. «*

PHILIP EDWARD THOMAS (1878–1917)

Ando **HIROSHIGE**
Ahorn in Mama
1857

Folgen von Ansichten berühmter Sehenswürdigkeiten waren in Japan um die Mitte des 19. Jahrhunderts sehr beliebt und wurden sowohl von Hiroshige als auch von seinem Rivalen Katsushika Hokusai (1760–1849) geschaffen. Dieser Farbholzschnitt stammt aus der Folge »100 Ansichten von Edo« (Edo ist der alte Name von Tokio). Die Ahornbäume wurden vermutlich in erster Linie wegen ihres dekorativen Aussehens kultiviert.

Dorothy
HENRIQUES WELLS
Poinciana
um 1990

Der Flamboyant (*Poinciana regia, Delonix regia*) stammt aus Madagaskar, ist inzwischen aber über viele tropische und subtropische Regionen verbreitet. Besonders gut gedeiht er in Westindien und auf den Bahamas. Dieses herrliche Exemplar wurde von einer zeitgenössischen jamaikanischen Künstlerin gemalt. Im Hintergrund des Aquarells ragen die Blue Mountains auf.

Natur und Reisen

Natur und Reisen

Albert **BIERSTADT**
Die Majestät der Berge
um 1860

Bierstadt (1830–1902) bereiste Regionen von Amerika, die damals noch nicht besiedelt waren. Er schuf zahlreiche Gemälde, die seinen Zeitgenossen einen neuen und romantischen Eindruck von der landschaftlichen Schönheit des nordamerikanischen Kontinents vermittelten, die damals nur relativ wenige Menschen mit eigenen Augen gesehen hatten.

William **DANIELL**
Südostansicht der Bergfestung von Bijaigaib, Bihar
um 1830

Der Künstler stellt sich selbst beim Zeichnen im Schatten einer von zwei indischen Dienern gehaltenen Markise dar. Sein älterer Bruder Thomas (1794–1840), der gleichfalls malte und ihn auf all seinen Reisen begleitete, zielt auf einen vorbeifliegenden Vogel.

Natur und Reisen

Kendhal Jan **JUBB**
Vier Zitronen
1998

Eine ungewöhnliche Kollektion von Pflanzen hat die Künstlerin auf diesem Gemälde zusammengestellt. Exotische Bromelien und Halyconia aus Hawaii sind mit Zitronen kombiniert, die in Südeuropa kultiviert werden.

Henri **ROUSSEAU**
Urwaldlandschaft mit untergehender Sonne –
Neger, von einem Jaguar angefallen
um 1909

Die Urwaldszenen Rousseaus (1844–1910) sind fast ausschließlich Produkte seiner Phantasie. Die Anregungen zu ihnen stammten vermutlich von der Pariser Weltausstellung von 1889 und Besuchen im Jardin des Plantes. Rousseau selbst behauptete, er hätte als einer der Soldaten von Kaiser Maximilian in Mexiko gekämpft. Rousseaus Phantasien zeigen, wie sehr die Menschen von den exotischen Landschaften fasziniert waren, die die Forscher des 18. und 19. Jahrhunderts entdeckt hatten.

Natur und Reisen

José Maria **VELASCO**
Ein kleiner Vulkan in Mexiko
1887

Velasco (1840–1912) bediente sich der Stilmittel der europäischen Landschaftsmalerei des 17. und 18. Jahrhunderts, aber die Landschaften, die er porträtierte, sind unverwechselbar exotisch. Hier deutet der Vulkan auf die in Mexiko immer latenten Gefahren hin.

Hank **PITCHER**
Pyramid Peak
1998

Pyramid Peak liegt in der Nähe der kalifornischen Stadt Santa Barbara. Die Gipfel des Berges gestaltet Pitcher auf eine Art, daß sie wie antike Pyramiden wirken. Die tropischen Blumen am Strand akzentuieren das beeindruckende Panorama.

209

KAPITEL 7

Arkadische Landschaften

*»... sie natürliche natürliche Schönheit zeigen und
die natürlichen Mängel jeder Situation verbergen ...«*

HUMPHREY REPTON (1752–1818)

David **LIGARE**
*Landschaft mit Diana und Aktäon
(Ausschnitt)*
1996

Arkadische Landschaften

EINE DER LITERARISCHEN QUELLEN für das Ideal des vollkommenen Gartens war die Bibel, eine weitere, insbesondere seit dem späten 17. Jahrhundert, die Schriften der Antike, vor allem die *Idyllen* des hellenistischen Dichters Theokrit (um 300–260 v. Chr.). Sie erzählen von Schäfern, Schäferinnen und Waldnymphen und hatten einen lang anhaltenden Einfluß auf die europäische Literatur. So knüpfte zum Beispiel Vergil mit seinen 42 bis 39 v. Chr. entstandenen *Eklogen* unmittelbar an Theokrit an, ebenso Milton mit *Lycidas* (1638).

David **LIGARE**
Landschaft mit Diana und Aktäon (Ausschnitt)
1996

Der Schauplatz von Theokrits Hirtengedichten ist Sizilien, eine Gegend, die die Künstler des 17. Jahrhunderts nur selten aufsuchten. Die Stadt, die sie anzog, war vielmehr Rom, und Rom war von der Campagna umgeben, einer Tiefebene, die für eine so nahe bei einer großen Stadt liegende Region überraschend einsam war. Sie war berüchtigt für Räuberbanden

Arkadische Landschaften

Edward
BURNE-JONES
*Der Palasthof,
aus dem Zyklus
»The Briar Rose«
(Ausschnitt)*
1890

und Wegelagerer und lieferte Salvator Rosa (1615–1673) die Anregungen für seine Darstellungen von Banditen, die metaphorischer Ausdruck der Wildheit und Ungebundenheit seiner eigenen künstlerischen Existenz waren. Ausländische Künstler, die in Rom lebten und arbeiteten, sahen die Campagna mit freundlicheren Augen. Der einflußreichste dieser Ausländer war der Franzose Claude Lorrain (1600–1682).

Claude war kein gebildeter Mann – seinem Biographen Joachim von Sandrart zufolge war er Lehrling bei einem Konditor gewesen –, aber er griff die von Theokrit begründete Tradition auf und gab ihr eine neue Form. Seine Ideallandschaften basierten auf Skizzen, die er bei Reisen in die Campagna angefertigt hatte. Es sind von der Antike geprägte Visionen. Darin finden sich auch mythologische und biblische Szenen.

Eugène Samuel
GRASSET
*Junge Dame in
einem Garten
(Ausschnitt)*
frühes 20. Jahrhundert

Arkadische Landschaften

Im Laufe des folgenden Jahrhunderts entstanden, in vielen Fällen von reichen englischen Gönnern gefördert, reale Landschaften mit den hervorstechenden Merkmalen von Claudes Gemälden. Sie wurden geschaffen von Malern wie William Kent (1685–1748), der für Lord Burlington arbeitete (einen Edelmann, der beim Aufkommen des Palladianischen Klassizismus in England eine wichtige Rolle spielte), und Lancelot »Capability« Brown, der seinen Beinamen der Redensart verdankte, daß jeder Ort »capabilities for improvement« (Chancen zur Verbesserung) biete.

Henryk
SIEMIRADZKI
*Rast
(Ausschnitt)*
1896

Pierre **PUVIS DE CHAVANNES**
*Zwischen Kunst und Natur
(Ausschnitt)*
1890

Aber die ländliche Idylle wurde nicht ausschließlich von Claude geprägt, sondern war auch in der frivolen Kunst des Rokoko, die die Herrscherhäuser Europas im 18. Jahrhundert bevorzugten, ein überaus beliebtes Sujet. François Boucher (1703–1770), Hofmaler von Ludwig XV. und Lieblingskünstler

Arkadische Landschaften

seiner Mätresse Madame de Pompadour, schuf sowohl unbeschwerte Schäferszenen als auch frivole Nacherzählungen klassischer Mythen. Die großen Porzellan-Manufakturen jener Zeit – Meißen, Nymphenburg und Sèvres – produzierten Unmengen von kleinen Schäfer- und Schäferinnenfiguren und darüber hinaus Porzellanblüten und Service, bei denen Blüten, modelliert oder gemalt, eine wichtige Rolle spielten. Außerdem wurden aus Porzellan Terrinen und andere Gefäße in Form von Gemüse hergestellt – eine Tradition, die auf den französischen Keramiker Bernard Palissy (1509–1590) zurückgeht. Allerdings treten bei Palissy Schlangen und anderes Getier häufiger als Gartengewächse auf.

Lawrence
ALMA-TADEMA
*Flora – Frühling
im Garten der Villa
Borghese
(Ausschnitt)*
um 1880

Die Idyllen des Rokoko sind seltsame Zwitter. Sie feiern die Idee der »Natürlichkeit« und verbannen gleichzeitig alles in ein Reich der Künstlichkeit.

Arkadische Landschaften

»Aber als die Gesellschaft
die herrlichen Gärten erreicht hatte,
fiel ihre Unsicherheit immer mehr von ihr ab.«

ELIZABETH GASKELL (1810–1865)

Lawrence **ALMA-TADEMA**
*Flora – Frühling im Garten
der Villa Borghese*
um 1880

Eine Szene aus dem zeitgenössischen Alltag ist wiedergegeben – ein für Alma-Tadema (1836–1912) äußerst ungewöhnliches Sujet; in der Regel gab er Themen aus der Antike den Vorzug. Die dargestellte junge Frau scheint Engländerin zu sein, denn sie trägt ein Kleid nach der englischen Mode dieser Zeit.

Henryk **SIEMIRADZKI**
Rast
1896

Dieses Werk stammt zwar von einem polnischen Maler, aber das Dargestellte scheint eher in einer idealisierten Landschaft, in den Ausläufern der italienischen Alpen angesiedelt zu sein. Über das ganze 19. Jahrhundert hinweg strömten ausländische Künstler nach Italien, angezogen sowohl von der Schönheit der Landschaft als auch von den Meisterwerken vergangener Jahrhunderte.

Eugène Samuel
GRASSET
*Junge Dame
in einem Garten*
frühes 20. Jahrhundert

Das von den englischen Präraffaeliten beeinflußte Gemälde beschwört eine Traumwelt, die sowohl klassizistische Elemente aufweist als auch solche aus dem Biedermeier und dem Mittelalter. Das künstlerische Klima, das solche Stilvermischungen ermöglichte, bereitete den Boden für den Anbruch der Moderne, die 1905 mit den Fauves einsetzte.

Auguste **RAYNAUD**
Beim Gießen
spätes 19. Jahrhundert

Der akademischen Kunst des 19. Jahrhunderts war für die Darstellung erotischer Szenen fast jeder Vorwand recht. Hier unterstreicht die Nacktheit der jungen Frau, bei der es sich vermutlich um eine römische Sklavin handeln soll, den sexuellen Symbolismus ihres Tuns.

219

Arkadische Landschaften

vorhergehende Seite
Tito MARCI
Abschied I
1998

Die traditionelle arkadische Landschaft ist auf ihre Grundelemente reduziert – ein Baum, eine flache Küste, Felsbrocken und Berge in der Ferne. Das Gemälde weist zwar zwei Figuren auf, doch scheinen sie in keiner Beziehung zueinander zu stehen. Es könnte von daher als Illustration einer Persönlichkeitsspaltung verstanden werden.

»Den ich pflanzte, junger Baum, dessen Wuchs mich freute, zähl ich deine Lenze, kaum sind es zwanzig heute.«

CONRAD FERDINAND MEYER
(1825–1898)

Robin **PALANKER**
Villa I
1991

An diesem Beispiel zeigt sich, wie das klassische Gartendesign mit seinem Schwerpunkt auf architektonischen Elementen auch bei zeitgenössischen Künstlern weiterhin Anklang findet.

Arkadische Landschaften

Jan van **KESSEL D. Ä.**
Vertumnus und Pomona
Mitte des 17. Jahrhunderts

Die Geschichte von Vertumnus und Pomona erzählt Ovid in seinen *Metamorphosen*. Vertumnus, der Beschützer der Gärten, wirbt in verschiedenen Verkleidungen um Pomona, die Göttin der reifen Früchte. Schließlich erscheint er vor ihr, wie es hier dargestellt ist – als alte Frau verkleidet. Kessel nutzt die Geschichte als Vorwand für eine virtuose Zurschaustellung von Blüten und Früchten.

Arkadische Landschaften

»*Der Lustgarten, jungfräulich im Land,*
kennt keine Regung von Ruf oder Hand.
Keinen Kelch das schlummernde Wasser füllt,
das rastlose Weberschiffchen hält sich still.«

WILLIAM MORRIS (1834–1896)

Edward BURNE-JONES
Der Rosenhof, aus dem Zyklus
»The Briar Rose«
1890

Der Zyklus »The Briar Rose«
erzählt die Geschichte von Dornröschen. Hier schlummern die
Dienerinnen der Prinzessin im
Hof ihres Palastes, umgeben von
einem fast undurchdringlichen
Dickicht aus Kletterrosen, das sie
von der Alltagswelt abschirmt.

225

Arkadische Landschaften

Ubaldo **BARTOLINI**
*Die Heimkehr
der Wäscherin*
1997

Der italienische Künstler Bartolini (geb. 1944) hat den Typ einer imaginären Landschaft geschaffen, die als »Capriccio« bezeichnet wird. Damit greift er auf Künstler wie etwa Paul Bril (1554–1626) zurück, einen Flamen, der fast ausschließlich in Italien arbeitete. Auf diesem Gemälde erhält die Phantasielandschaft durch die Einbeziehung einer einzelnen Figur zusätzliches Gewicht.

Arkadische Landschaften

Jean-Baptiste Camille
COROT
*Blick vom Giardino
di Boboli auf Florenz*
1834

Corots (1796–1875) Panorama von Florenz, auf dem der Dom und der Palazzo Vecchio deutlich zu erkennen sind, ist eine Mischung aus Realismus und Idealisierung. Die Ansicht ist topographisch exakt, aber das goldene Licht, das über der Landschaft liegt, läßt die Ergriffenheit des Künstlers bei diesem Anblick nachvollziehen.

Arkadische Landschaften

Salvo **RUSSO**
Triade
1991

Mit dem Titel »Triade« sind die drei phantastischen Gebilde gemeint, die den größten Teil der Bildfläche einnehmen. Die toskanische Landschaft im Hintergrund erinnert an religiöse Werke von Renaissancemalern wie Fra Bartolommeo (1472–1517).

»Zweimal fünf Meilen
fruchtbares Land
mit Mauern und Türmen
umgürtet sich fand.«

SAMUEL TAYLOR COLERIDGE
(1772–1834)

Salvatore **PULVIRENTI**
Der Zeit entgegen
1998

Die Komposition bedient sich eines Bildes im Bild, und dieses wiederum kontrastiert blühendes neues Wachstum mit Fragmenten antiker Ruinen. Sie intendiert zu zeigen, daß der vollkommene Augenblick immer außer Reichweite bleibt.

Arkadische Landschaften

vorhergehende Seite
Pierre **PUVIS DE CHAVANNES**
Zwischen Kunst und Natur
1890

Das Gemälde ist für den Künstler insofern ungewöhnlich, als die Figuren keine klassischen Gewänder tragen, sondern nach der zeitgenössischen Mode gekleidet sind. Typisch für Puvis ist jedoch die Atmosphäre arkadischer Abgeklärtheit – ein Zustand, den die Industriegesellschaft des späten 19. Jahrhunderts zu schätzen wußte.

»Neuerfundne Lustbarkeiten sind süß, wenn sie sich schmiegen an unsere Füß ...«

WILLIAM WORDSWORTH (1770–1850)

Schäferin
Bow-Porzellan
um 1765

Diese und ähnliche Figuren feierten den Kult ländlicher Schönheit und Unschuld, der um die Mitte des 18. Jahrhunderts weit verbreitet war. Solche Stücke waren ursprünglich Bestandteile üppiger Tafeldekorationen und ersetzten ähnliche Gebilde, die aus Zucker hergestellt worden waren.

Jacques de **LAJOUE**
Orientalischer Garten
frühes 18. Jahrhundert

Lajoue greift hier die Bildidee von Watteaus »ländlichen Festen« auf und versetzt sie in den Orient. Die Szenerie – ein Park mit Statuen – hat eine auffallende Ähnlichkeit mit den Gemälden von Watteau (*siehe S. 38*); hier jedoch ist der Springbrunnen von einem Halbmond gekrönt, und die männlichen Figuren tragen orientalische Kleidung.

Arkadische Landschaften

*»Frühling läßt sein blaues Band
wieder flattern durch die Lüfte;
süße, wohlbekannte Düfte
streifen ahnungsvoll das Land.«*

EDUARD MÖRIKE (1804–1875)

Thomas Matthews **ROOKE**
Die tanzenden Frauen
um 1900

Um die Jahrhundertwende entstanden, zeigt das Gemälde ein die Renaissance nachahmendes Fest im Garten einer toskanischen Villa. Die gesittete Atmosphäre entspricht dabei vollkommen der spätviktorianischen Zeit.

Arkadische Landschaften

Claude Joseph **VERNET**
Die Villa Pamphili
1749

Die von früheren Gärtnern und Architekten geschaffenen großen italienischen Gärten faszinierten die französischen Künstler, die im 18. Jahrhundert nach Italien reisten. Es handelt sich hier um eine nüchterne und exakte Darstellung eines der berühmten Villengärten in den Außenbezirken von Rom.

»Ich bin überzeugt, daß es ebenso viele Arten von Gärten wie von Gedichten gibt.«

JOSEPH ADDISON (1672–1719)

Silvano **D'AMBROSIO**
Wandernde Düfte
1999

Der Bildtitel deutet an, daß der Duft der blühenden Bäume im Zentrum der Komposition die ganze Landschaft durchdringt. Damit wird dem Panorama ein starker emotionaler Überton verliehen.

KAPITEL **8**

Die Gaben der Natur

»Gewaltig endet so das Jahr

mit goldnem Wein und Frucht der Gärten.

Rund schweigen Wälder wunderbar

und sind des Einsamen Gefährten.«

GEORG TRAKL (1887–1914)

Paul **SÉRUSIER**
Stilleben mit Zwiebeln
um 1896

Die Gaben der Natur

Michael
LEONARD
*Kohl, Zwiebeln
und Radieschen
(Ausschnitt)*
1994

NACHBILDUNGEN VON BLUMEN und Früchten in Porzellan und anderen keramischen Materialien machen nur einen kleinen Teil der Begegnungen von Natur und Kunst aus. Das Reizvolle an einer Blüte oder auch nur eines bescheidenen Gemüses in Porzellan – wie etwa der naturgetreue Blumenkohl, der sich als Terrine für Blumenkohlsuppe erweist – liegt nicht nur in der Akkuratesse, mit der das jeweilige Objekt nachgebildet wurde, sondern auch in dem impliziten Kontrast zwischen dem Vergänglichen und dem Beständigen. Dieses Paradox ist bei Imitationen der Pflanzenwelt wesentlich auffälliger als bei der von Tieren; vom menschlichen Bereich ganz zu schweigen. Pflanzen bieten weniger Raum für das Subjektive und lassen kaum zu, daß Stilkonzepte bei der Gestaltung die Oberhand gewinnen. Eine Porzellanfrucht zum Beispiel kann direkt nach dem Original geformt werden.

Die Gaben der Natur

Paul **GAUGUIN**
*Stilleben mit
»Fête Gloanec«
(Ausschnitt)*
1888

In der Malerei liegen die Dinge in diesem Zusammenhang anders. Das Stilleben als eigenständiges Genre fand sich zwar bereits in der griechischen und römischen Kunst der Antike, trat dann aber bis gegen Ende des 15. oder Anfang des 16. Jahrhunderts nicht mehr in Erscheinung. Die Wiederaufnahme begann mit den naturalistisch gemalten Blüten, die der Illustration von Handschriften dienten und überwiegend in der flämischen Stadt Brügge geschaffen wurden. Das früheste eigenständige Stilleben stammt wohl von dem Italiener Jacopo d'Barbari (1504), aber das Genre erlebte seine Blüte nördlich der Alpen.

Viele der frühen Stilleben sollten einen allegorischen Zweck erfüllen und durch die Einbeziehung von Totenschädeln, Kerzen und Stunden-

Michael
WENTZEL
*Stilleben mit Blüten
und Früchten
(Ausschnitt)*
1829

241

Die Gaben der Natur

gläsern auf die Sterblichkeit des Menschen verweisen. Andere Künstler kombinierten Blüten und Früchte aus verschiedenen Jahreszeiten und versuchten, den gesamten Wachstumszyklus in ein Bild zu bannen. Sie legten Skizzenbücher an, in denen sie über den Jahresablauf hinweg das Aussehen der Pflanzen festhielten; danach konnten sie sie zu Arrangements kombinieren, deren Vorkommen in der Realität unmöglich wäre.

Carlo
BERTOCCI
Frömmigkeit
1996

Nur ganz allmählich entwickelte sich das Stilleben zu einer getreuen Wiedergabe dessen, was die Maler tatsächlich vor sich sahen. Dabei wurde eine Besonderheit herausgebildet: das *trompe-l'œil*, das sich auch in der Wandmalerei und Intarsienkunst fand. Der Betrachter sollte dabei so getäuscht werden, daß er das Gesehene nicht für eine Nachbildung hielt, sondern für pure Realität. Ein *trompe-l'œil* kann nur dann erfolgreich sein, wenn die

Henri
ROUSSEAU
Blumen
um 1893

Die Gaben der Natur

Objekte vor einem Hintergrund dargestellt werden, der fast mit der Bildebene identisch ist. Von daher zogen die Maler solcher Bilder es im allgemeinen vor, anstelle von natürlichen von Menschenhand geschaffene Gegenstände darzustellen. Gelegentlich wurden auch Blumengebinde einbezogen; ein an der Wand hängender Kranz ist diesem Zweck natürlich sehr dienlich.

Es gab auch Künstler, die die Formen von Blüten, Früchten und Gemüse zur Darstellung von Menschen und Tieren benutzten. Der berühmteste von ihnen ist der Mailänder Giuseppe Arcimboldo (um 1527–1593), der viele Jahre als Hofmaler von Kaiser Rudolf II. in Prag lebte. Die Kompositionen seiner »Porträts« erfüllen in der Regel einen allegorischen oder symbolischen Zweck; den Winter zum Beispiel stellte er in Gestalt eines aus Wurzelgemüsen zusammengesetzten alten Mannes dar.

Jose **FILLOL**
*Die Orangenernte
(Ausschnitt)*
Ende 19./Anfang
20. Jahrhundert

Die Gaben der Natur

Paula
**MODERSOHN-
BECKER**
*Stilleben mit gelber
Schüssel*
1906

Dieses schlichte Stilleben spiegelt den Einfluß, den die französischen Spätimpressionisten, vor allem Gauguin (1848–1903), auf das Werk von Modersohn-Becker (1876–1907) hatten. Es ist vermutlich in einem Pariser Hotelzimmer nach der Trennung von ihrem Ehemann entstanden und besticht durch eine mit bescheidenen Mitteln erzielte sonnige Atmosphäre.

Michael **WENTZEL**
*Stilleben mit Blüten
und Früchten*
1829

Holländische Gemälde des 17. Jahrhunderts enthielten oft kleine Anspielungen auf die Sterblichkeit des Menschen, zum Beispiel eine Fliege oder Raupe, die gleichzeitig das Einverständnis des Künstlers mit dem Hier und Jetzt symbolisierten. Hier hat der Maler eine Ananas einbezogen, die zur Zeit der Entstehung dieses Bildes noch als sehr exotische Frucht galt.

Die Gaben der Natur

*»Glocken und Zyanen,
Thymian und Mohn.
Ach, ein fernes Ahnen
hat das Herz davon.«*

JOSEF WEINHEBER (1892–1945)

Carlo **BERTOCCI**
Frömmigkeit
1996

Auf den ersten Blick eine Genreszene, jedoch leicht surrealistisch. Ein Kind kniet auf einem auf Blumentöpfen stehenden Stuhl und blickt wie betend auf einen mit Früchten behangenen Zitronenbaum – den Inbegriff der Natur.

Jacquelyn **MCBAIN**
Neue Heiligenscheine
1994

An diesem schlichten, in der holländischen Tradition gemalten Stilleben bestechen die Farbtöne der ungeschälten Orangen und der zur Hälfte geschälten Frucht links, deren Fleisch das Licht einfängt, das es wie einen Edelstein funkeln läßt.

Die Gaben der Natur

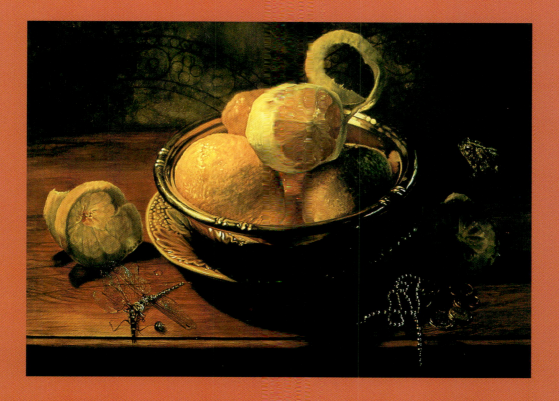

Die Gaben der Natur

Paul **GAUGUIN**
*Stilleben mit
»Fête Gloanec«*
1888

Während seines Aufenthalts in der Bretagne litt Gauguin (1848–1903) oft Hunger. In jüngeren Jahren war er ein wohlhabender Börsenmakler gewesen, hatte den Beruf aber aufgegeben, um sich ausschließlich seiner Kunst widmen zu können. Dieses Stilleben mit seinen Birnen und Brotlaiben strahlt etwas von der Besonderheit eines Festtages aus, an dem sonst unerschwingliche Nahrungsmittel auf den Tisch kommen.

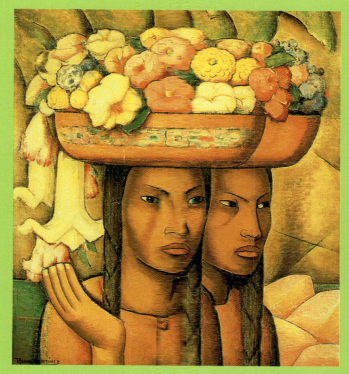

Alfredo **RAMOS MARTINEZ**
Blumenverkäuferinnen
um 1930

Ramos Martinez (1872–1946) porträtiert auf diesem vom Art deco beeinflußten Gemälde umherziehende mexikanische Blumenverkäuferinnen, ein Sujet, das auch seinen Zeitgenossen Diego Rivera (1886–1957) faszinierte.

Die Gaben der Natur

»*Ich, dem so leicht der Hunger nimmt
der Jahreszeiten ganze Schwere –
begrüß das Reife, Süße, Saure,
das Ganze und das Leere.*«

LAURIE LEE (1914–1997)

Paul **GAUGUIN**
Stilleben mit Mangofrüchten (Ausschnitt)
um 1896

Gauguin bediente sich eines Arrangements von Früchten, um den Reichtum der tropischen Natur zu veranschaulichen. Nur wenige der potentiellen Betrachter dieses Bildes in seiner Heimat Frankreich hatten jemals eine Mangofrucht gekostet, denn es existierten keine für die Lagerung notwendigen Kühlvorrichtungen. Auf diese Weise nahm Gauguin gewissermaßen mit der Einzigartigkeit seines Lebens und seinen neuen Erfahrungen.

» Wo immer du wandelst,
sollen Blüten sich öffnen,
und alle Dinge gedeihen,
auf die dein Auge fällt. «

ALEXANDER POPE (1688–1744)

Odilon **REDON**
Blumen in
türkisfarbener Vase
1905

Nachdem er sich mit beeindruckenden Lithographien einen Namen gemacht hatte, ging Redon (1840–1916) Mitte der 80er Jahre dazu über, Blumenpastelle zu malen. Die Blumen sind von einem inneren Feuer erfüllt und erwecken den Eindruck, als strahlten sie Lebenskraft aus.

Henri **MATISSE**
Stilleben mit Blumen
und Obstteller
1947

Diese Schwarzweißzeichnung führt beispielhaft vor Augen, wie Matisse (1869–1954) es fertigbringt, Farbigkeit zu suggerieren, die nicht vorhanden ist. Trotz ihrer Vereinfachung scheinen die Formen voller Leben zu sein, und wir können uns die leuchtenden Farben der dargestellten Objekte mühelos vorstellen.

Die Gaben der Natur

John Singer **SARGENT**
Du sollst nicht stehlen
1918

Während des Ersten Weltkriegs arbeitete Sargent (1856–1925) eine Zeitlang als Kriegsmaler. Es interessierten ihn vor allem Ereignisse am Rande des Kriegsgeschehens, wie das auf diesem Aquarell: zwei Soldaten beim Obststehlen in der Nähe von Arras. Ein Akzent liegt aber auch auf dem Kontrast zwischen den reichen Gaben der Natur und der grausamen Realität des Krieges.

Carl **LARSSON**
Die Apfelernte
frühes 20. Jahrhundert

Die ein wenig sentimentalen Gemälde und Illustrationen des schwedischen Künstlers Carl Larsson (1853–1919) lösten eine Mode der gekünstelten, ländlich angehauchten Schlichtheit aus, die bis heute andauert und auch den zeitgenössischen schwedischen Stil der Innendekoration prägt.

Die Gaben der Natur

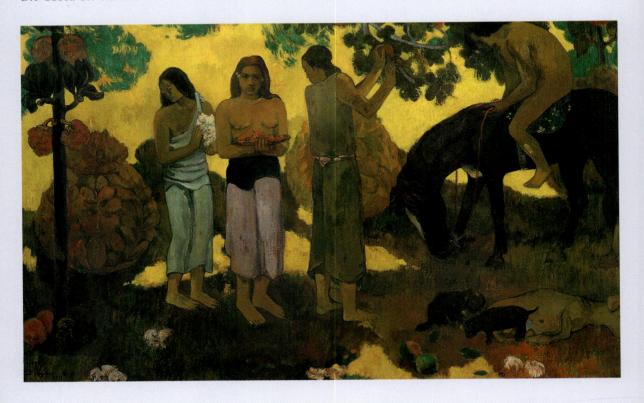

Die Gaben der Natur

Paul **GAUGUIN**
Rupe Rupe (Üppiges Tahiti)
1899

Das Gemälde ist zu einer Zeit entstanden, in der es Gauguin (1848–1903) gesundheitlich sehr schlecht ging und in der seine letzte Schaffensphase begann. Die friesähnliche Komposition strahlt eine gewisse Melancholie aus, ist jedoch zugleich eine Feier der reichen Gaben der Natur. Wie viele Künstler stellt Gauguin eine Verbindung her zwischen den reifen weiblichen Körpern und der Üppigkeit der Natur.

Wes **CHRISTENSEN**
D'où venons-nous?
1990

Der amerikanische Künstler Christensen (geb. 1949) hat einen Teil des Titels von Gauguins bedeutendstem Bild aus seinem Tahiti-Aufenthalt entlehnt: *Woher kommen wir? Wer sind wir? Wohin gehen wir?* Die weibliche Figur auf dem Bild betrachtet Embleme des Todes und des Lebens – eine Kanope (einen altägyptischen Eingeweidekrug) und eine Schüssel mit saftigen Pfirsichen.

Jose **FILLOL**
Die Orangenernte
Ende 19./Anfang 20. Jahrhundert

Etwas geschönt stellt sich hier das Landleben in Spanien dar, einem Land, in dem nur wenige Jahrzehnte nach der Entstehung dieses Bildes ein mörderischer Bürgerkrieg tobte. Bemerkenswert ist die Trennung der Geschlechter in der Komposition: Die Frauen arbeiten auf der einen Seite, die Männer auf der anderen.

ANONYM
Herbst
frühes 19. Jahrhundert

In der bayerischen Volkskunst waren auf die Rückseite von Glasscheiben gemalte Bilder weit verbreitet. Die Technik der oft eher naiven »Hinterglasbilder« wurde insbesondere von den Mitgliedern der Künstlergruppe Der Blaue Reiter aufgegriffen, die zu Beginn des 20. Jahrhunderts selbst mit diesem Medium experimentierten.

Die Gaben der Natur

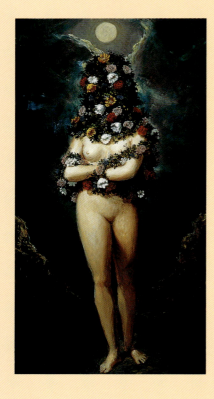

Lucas van **VALCKENBORCH**
Frühling
1595

Porträt, Genre und Allegorie sind in dieser Komposition offensichtlich zur Vereinigung gebracht. Die Dame rechts ist trotz ihrer Schürze elegant gekleidet; allerdings deutet das Schwarz-Weiß ihres Kleides darauf hin, daß es sich um eine Witwe handelt. Das junge Mädchen trägt ein noch kostbareres Gewand. Von daher könnte das Gemälde als Ausdruck der Hoffnung auf eine neue Generation interpretiert werden; vielleicht wurde es anläßlich einer bevorstehenden Hochzeit geschaffen.

Stefano di **STASIO**
Frau
1988

Stefano di Stasio (geb. 1948) stellt die Fruchtbarkeit der Natur in Form einer Allegorie dar: Über einem zum Teil von Blumen verhüllten weiblichen Akt leuchtet ein voller Mond.

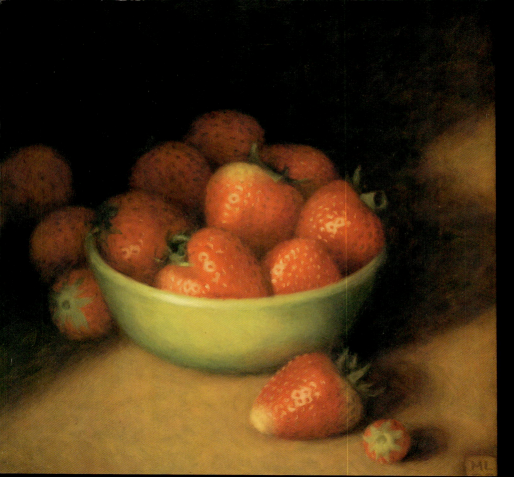

Michael **LEONARD**
Erdbeeren
1993

In diesem schlichten Stilleben kommt die Fähigkeit von Leonard (geb. 1933) bei der Wiedergabe von Farben und Strukturen besonders gut zum Ausdruck. Es ist in eine Reihe zu stellen mit Werken zweier bedeutender Vorgänger: des Holländers Adriaen Coorte (tätig 1683–1707) und des Franzosen Jean-Baptiste Chardin (1699–1779).

Die Gaben der N

> »Pflege den Garten,
> laß ein Beet mich sehn
> von Erdbeeren, den besten,
> die zu Markte stehn.«
>
> **THOMAS TUSSER** (1524–1580)

Carlos **FORNS BADA**
Eliadiuice incuro meto
1996

Der junge Gärtner in seinem mit Erdbeeren gemusterten Pullover ist hier als König der Natur dargestellt. Die Erdbeeren von Leonards Stilleben (*siehe gegenüberliegende Seite*) sind zu bloßen Ornamenten verblaßt. Im 17. und 18. Jahrhundert hätten sich Künstler dieser Idee bedient, wollten sie ein Kostüm für eine Figur in einem Maskenspiel schaffen.

Robert **FURBER**
Dezember
1732

Ein handkolorierter Kupferstich aus einem nach Jahreszeiten geordneten *Catalogue of Fruits*. Alle Früchte – Äpfel, Trauben und Birnen – sind im Text am unteren Rand des Blattes aufgelistet, zusammen mit anderen, nicht eßbaren Früchten wie denen von Erdbeerbaum und Stechpalme.

Robert **BISSELL**
Der Sünde Sold
1996

Der Künstler hat hier eine Anleihe bei früheren Stilleben gemacht, die aus einer Ansammlung von bestimmten Objekten ein *memento mori* schufen. In diesem Fall ist das Konzept jedoch stark vereinfacht umgesetzt: Zwei Wespen fallen über einen Apfel her, aus dem ein Stück herausgebissen ist.

Die Gaben der Natur

Die Gaben der Natur

»*Mein Freund komme in seinen Garten,
und esse seine edlen Früchte.*«

HOHESLIED SALOMO 4,16

Georg **FLEGEL**
Mann und Frau an einem Tisch
frühes 17. Jahrhundert

Dieses Gemälde ist eine Allegorie der Üppigkeit: Obst und Gemüse sind aufgetürmt, die jeweils zu verschiedenen Jahreszeiten reifen. Das Bild hat darüber hinaus eine direktere sinnliche Komponente: Der Mann umarmt die Frau, die einen Korb mit Pfirsichen berührt. Diese Früchte werden ihrer Form wegen oft als sexuelles Symbol angesehen. Aus der Zusammenstellung läßt sich folgern, daß die Frau bereits schwanger ist oder es bald werden wird.

John **NAVA**
Casablanca-Lilien
1999

Die schlichte Vase mit Lilien erstrahlt in einem Licht, das an das »glamour lighting« erinnert. Es wurde in den 30er Jahren in Hollywood für Standfotos entwickelt und läßt hier die Blumen noch realer erscheinen, als sie es ohnehin sind.

RÖMISCHES MOSAIK
Blumenkorb
1. Jahrhundert n. Chr.

Auf Grund seiner Ähnlichkeit mit Werken aus dem 16. und 17. Jahrhundert wirkt dieser dekorative Blumenkorb wesentlich jünger von seiner Entstehungszeit her, als er in Wirklichkeit ist. Die Techniken sind verschieden, doch die Intention war in allen Fällen die gleiche – die Fülle der Natur darzustellen.

Die Gaben der Natur

» Wie herrlich leuchtet
mir die Natur!
Wie glänzt die Sonne!
Wie lacht die Flur!«

JOHANN WOLFGANG VON GOETHE
(1749–1832)

Henri **ROUSSEAU**
Blumen
um 1893

Rousseaus (1844–1910) Blumen sind ebensowenig naturgetreu wie seine Urwaldszenen. Dennoch gelingt es dem Maler, ein Gefühl für die der Natur innewohnende Energie zu vermitteln. Mit der Realität, wie die meisten Menschen sie sehen, mögen diese Blumen nicht viel gemein haben. Doch sie sind überaus präsent, was in erster Linie auf das Empfinden des Künstlers für rhythmische Formen zurückzuführen ist.

Die Gaben der Natur

Giuseppe **ARCIMBOLDO**
Der Frühling
1591

Der Ruhm des manieristischen Künstlers Giuseppe Arcimboldo (1527–1593) beruht auf seinen ungewöhnlichen, protosurrealistischen Gemälden, bei denen meist ein Kopf aus Blumen, Früchten oder anderen Gegenständen zusammengesetzt ist. Viele dieser Werke scheinen als Karikaturen gedacht gewesen zu sein, die die Dargestellten ins Lächerliche zogen. In diesem Falle war der Künstler offensichtlich in einer versöhnlicheren Stimmung: Den Frühling verkörpert der aus Blüten und Blütenblättern zusammengesetzte Kopf einer Hofdame.

Die Gaben der Natur

Martha Mayer
ERLEBACHER
Unheimliche Begegnung
1984

Martha Erlebacher (geb. 1937),
die hauptsächlich durch ihre
Gemälde von klassischen
Figuren bekannt geworden ist,
hat mit diesem aus Gemüse
zusammengesetzten Kopf eine
amüsante Arcimboldo-Variante
geschaffen, deren Haupt-
bestandteil eine grüne Paprika-
schote ist. Der Titel spielt auf
Steven Spielbergs (geb. 1947)
Film *Unheimliche Begegnung der
dritten Art* an.

Die Gaben der Natur

*»Putz ich mich so schön ich will heraus –
Fliegen, Raupen und Blumen sind mir voraus.«*

ISAAC WATTS (1674–1748)

MOGULKÜNSTLER
Blumen
1633–1642

Die Künstler der Moguldynastie illustrierten nicht nur Bücher, sondern schufen auch eigenständige Kompositionen, die in Alben zusammengefaßt wurden. Diese Zeichnung stammt aus einem Album für Dara Shikoh, der seinem Vater Schah Dschahan (1628–1658) auf den Thron folgen sollte, aber von seinem Bruder hingerichtet wurde.

William **MORRIS**
Der Erdbeerdieb
1883

Dies ist der berühmteste von William Morris' (1834–1896) Entwürfen für Textilien und zugleich ein Beleg für seine Begabung, aus einfachen, der Natur entlehnten Elementen vielfach verschlungene Muster zu gestalten.

Die Gaben der Natur

Anthony **HOLDSWORTH**
Zucchini (Ausschnitt)
1995

Bauernmärkte erfreuen sich in den USA zunehmender Beliebtheit, weil die Verbraucher den direkten Kontakt mit den Erzeugern schätzen und davon ausgehen, daß die Ware frischer ist als in den Supermärkten. Holdsworth (geb. 1945) hat mit diesem realistischen Gemälde eine vielen Amerikanern vertraute Szene festgehalten, die zudem auf einen Wandel in der amerikanischen Gesellschaft hindeutet.

Michael **LEONARD**
Kohl, Zwiebeln und Radieschen
1994

Michael Leonards (geb. 1933) Interesse gilt in erster Linie der Schaffung abstrakter Muster aus Masse und Leere innerhalb des rechteckigen Bilderrahmens. Der purpurne Reif auf einigen der Kohlblätter sowie die Rot- und Bronzetöne der Radieschen und der großen Zwiebeln liefern warme Farben. Ähnlich ist es Paula Modersohn-Becker (1876–1907) gelungen, aus schlichten Komponenten ein eindrucksvolles Werk zu schaffen (*siehe S. 244*).

KAPITEL 9

Mein eigenes Fleckchen

»Jeder muß seinen eigenen Garten bestellen«

VOLTAIRE (FRANÇOIS MARIE AROUET) (1694–

Pierre-Auguste RENOIR
*Junge Mädchen in einem Garten
auf dem Montmartre*
1893–1895

Annabel
GOSLING
Der rote Eimer
(Ausschnitt)
1997

DIE AKTIVITÄTEN der großen Pflanzensammler des 18. und 19. Jahrhunderts bewirkten, daß sich die Bandbreite des den Gärtnern zur Verfügung stehenden Pflanzenmaterials erheblich vergrößerte. Auf der anderen Seite hatte dies verheerende Folgen für die Gartengestaltung. Viele Gärten des 19. Jahrhunderts wurden zu einem Konglomerat aus sehr unterschiedlichen, ohne Rücksicht auf das Gesamtbild zusammengewürfelten Pflanzen. Aber es gab auch positive Auswirkungen. Einfuhr und Züchtung neuer Sorten sorgten dafür, daß die Blütezeiten wesentlich verlängert wurde. Während die mittelalterlichen Gärten nur wenige Wochen in Blüte standen, brachten die Gärtner des späten 19. und frühen 20. Jahrhunderts ihre Blumen dazu, fast das ganze Jahr hindurch zu blühen.

In diese Zeit fällt auch eine gewisse »Demokratisierung« des Gärtnerns. Der in vielen englischen Aquarellen festgehaltene

Mein eigenes Fleckchen Erde

Vincent
VAN GOGH
Marguerite Gachet in ihrem Garten (Ausschnitt)
1890

Cottage- oder Hausgarten kam in einer Epoche auf, in der die arbeitende Bevölkerung auf dem Land einen höheren Anteil an Freizeit genießen konnte als zuvor. Für diese Menschen waren die kleinen Gärten, die sie für sich selbst kultivierten, Symbole einer neuen Unabhängigkeit. Angepflanzt wurden in erster Linie Sommerblumen und Stauden – ein Versuch, auf sehr kleinem Raum so viel Farbe und Vielfalt wie möglich unterzubringen.

Das Aufkommen der Hausgärten ging einher mit einer Idealisierung der ästhetischen und gesellschaftlichen Werte, die ihnen innezuwohnen schienen. Anführerin dieser Bewegung war Gertrude Jekyll (1843–1942), eine englische Gartengestalterin, die eng mit dem Architekten Edwin Lutyens (1869–1944) zusammenarbeitete. Die Landhäuser, die Lutyens vor dem Ersten Weltkrieg entwarf, waren der jeweiligen Landschaft angepaßt

Theo **VAN RYSSELBERGHE**
Gartenblumen (Ausschnitt)
Datum unbekannt

Camille **PISSARRO**
Frau bei der Gartenarbeit
um 1890

Ian **GARDNER**
Rotkohl (Ausschnitt)
1996

und zeichneten sich durch »Einfachheit und Geradlinigkeit« aus – Eigenschaften, von denen er behauptete, er hätte sie von Jekyll übernommen. Diese wiederum berief sich auf John Ruskin (1819–1900) und seine Überzeugung, daß sich der Künstler vom genauen Betrachten der Natur inspirieren lassen solle. Jekyll ging es darum, in der geordneten Unordnung des angeblich unkünstlerischen und schlichten Hausgartens die Inspiration für wesentlich anspruchsvollere Entwürfe zu finden.

Um die gleiche Zeit, in der Jekylls Einfluß die Gartengestaltung prägte, wuchs das Interesse an der Geschichte der Gärten, und zwar nicht nur an den verschiedenen Möglichkeiten des Planens und Anlegens, sondern auch in bezug auf die früher verwendeten Gartenwerkzeuge und Anbaumethoden.

Mein eigenes Fleckchen Erde

Die Abwanderung der Bevölkerung vom Land in die Stadt, die um die Mitte des 18. Jahrhunderts mit der beginnenden Industrialisierung eingesetzt hatte, führte zum Aufkommen einer weiteren Gartenform, dem mit dem Hausgarten nahe verwandten Kleingarten, in Deutschland als Schrebergarten bezeichnet. Benannt wurden die Schrebergärten nach dem Arzt und Pädagogen Daniel Gottlieb Moritz Schreber (1808–1861), der sich unter anderem für Nutz- und Erholungsgärten für die Allgemeinheit einsetzte; er schuf Spielplätze, die mit Beeten für Kinder und Gärten für Erwachsene kombiniert waren. Schrebergärten sind im Grunde Hausgärten ohne das dazugehörige Haus, die es Stadtbewohnern ermöglichen, ein kleines Stück Land zu bestellen. Häufig liegt der Schwerpunkt eher auf Nutz- als auf Zierpflanzen, und unter den Mitgliedern der sogenannten Kleingarten-Vereine herrscht oft ein enges und kameradschaftliches Verhältnis.

Pierre-Auguste
RENOIR
*Frau mit
Sonnenschirm
im Garten
(Ausschnitt)*
1873

283

Annabel **GOSLING**
Der rote Eimer
1997

Diese kraftvolle, mit breitem Pinselstrich gemalte und dem Impressionismus verhaftete Studie gestattet dem Betrachter nur einen eng begrenzten Blick in eine Privatsphäre (*siehe auch gegenüberliegende Seite*). In diesem Fall scheint es sich um einen Garten aus dem Mittelmeerraum zu handeln. Die Pflanzen sind nicht detailliert dargestellt, aber es sind offenbar nur Arten mit zähen Blättern, die Hitze und Wassermangel vertragen.

Alfred Jean **CHAGNIOT**
Dame beim Malen in ihrem Garten
um 1930

Als einer ihrer Nachfahren behandelt Chagniot ein Sujet, das die Impressionisten häufig aufgegriffen haben – den im Freien arbeitenden Künstler. Auffallend an diesem Bild sind die makellose Kleidung und der begrenzte Ausschnitt. Die Dame erhebt Anspruch auf ihr Reich, indem sie auf eine Leinwand von eher bescheidener Größe einen Blumenstrauß malt. Als Vorlage dient ihr die auf dem Tisch stehende Vase. Alles ist sorgfältig verkleinert – im Verzicht auf große Ansprüche.

Kate **GREENAWAY**
Mary, Mary, Quite Contrary
1900

Die Farblithographie stammt aus einem der populären Kinderbücher, die Greenaway (1846–1901) illustrierte. In diesem Fall handelt es sich um die Illustration eines in England bekannten Kinderreims: »Mary, Mary, quite contrary/How does your garden grow?« Greenaways Arbeiten sind eine süßlichere Version des Stils von Carl Larsson (*siehe S. 255*). Auffallend ist ihre Vorliebe für nicht mehr zeitgemäße Kostüme. Sie kennzeichnen das Streben nach größerer »Schlichtheit«, das zu Beginn des 19. Jahrhunderts einsetzte und später überraschenderweise in einigen der frühen Ballette von Diaghilew (1872–1929) aufgegriffen wurde.

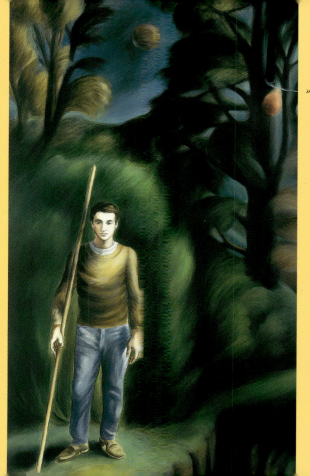

»*Oh, das wachsende Grün …*
Der schwache, süße Duft
des wachsenden Grüns!«

DINAH MULOCK CRAIK (1826–1887)

Angela **VOLPI**
Die Landrunde
1998

Die an den Bäumen hängenden Ballons deuten darauf hin, daß ein ländliches Fest bevorsteht. Allerdings läßt die Arbeitskleidung des jungen Mannes vermuten, daß er nur wenig Zeit dafür erübrigen kann.

> »Aber Peter, der sehr ungezogen war, rannte direkt zu Mr. MacGregors Garten und quetschte sich unter der Pforte hindurch.«

BEATRIX POTTER (1866–1943)

Wes **CHRISTENSEN**
Auf der Suche nach Peter
1992

Der Künstler hat ein seltsames Reich für Beatrix Potters Peter Rabbit geschaffen. Aber wo steckt Peter? In dem mysteriösen Schuppen? Oder verbirgt er sich einfach nur hinter einer der hohen Hecken?

Mein eigenes Fleckchen Erde

Ian **GARDNER**
Rotkohl
1996

Der englische Maler Ian Gardner (geb. 1944), anfangs ein Vertreter der Avantgarde, bevorzugt mittlerweile die aus dem späten 18. Jahrhundert stammende Aquarelltechnik übereinander aufgetragener Lavierungen, so auch auf diesem Blatt. Außerdem genießt er es, in seinem Kleingarten am Rande der Stadt Lancaster zu arbeiten. Die Komposition hebt den gepflegten Zustand hervor, in dem sich die meisten Kleingärten zeigen.

Mein eigenes Fleckchen Erde

*»Und Gott der Herr pflanzte einen Garten
in Eden gegen Osten hin und setzte den
Menschen hinein, den er gemacht hatte.«*

1 MOSE 2,8

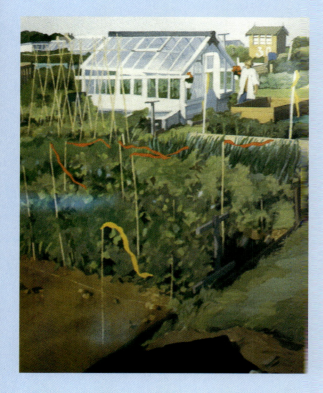

Ian GARDNER
Dune
1996

Eine weiträumigere Ansicht von Gardners Kleingarten. Die flatternden roten Bänder, die in der Komposition Akzente setzen, dienen dem Verscheuchen von Vögeln. In der weiblichen Figur neben dem kleinen Gewächshaus im Hintergrund ist Diane, die Frau des Künstlers, zu erkennen. Der größte Teil der in dem Garten wachsenden Pflanzen ist für ihre Küche bestimmt.

vorhergehende Seite
Maud **NAFTEL**
*Arbeit am Kohlbeet
(Ausschnitt)*
um 1880

Die Größe des Hauses geht über die eines typischen englischen Cottages hinaus. Doch es wirkt eher ungepflegt, als wären seine Bewohner knapp bei Kasse. In gewisser Hinsicht jedoch beruht gerade darauf das Malerische dieser Darstellung.

Theo **VAN RYSSELBERGHE**
Gartenblumen
Datum unbekannt

Rysselberghe (1862–1926) spielt hier mit dem »Drinnen« und »Draußen«. Das junge Mädchen steht in einem Wintergarten, der ein Bestandteil vieler Wohnhäuser des wohlhabenden Bürgertums ist. Es arrangiert Blumen, die vermutlich im Garten gepflückt wurden und in üppiger Pracht vor dem großen Fenster stehen.

Mein eigenes Fleckchen Erde

»Ich habe einen Garten
allein für mich,
überwuchert von Rosen und Lilien,
so dicht, daß es mag dünken dich,
er wäre eine kleine Wildnis.«

ANDREW MARVELL (1621–1678)

Erasmus **RITTER VON ENGERT**
Wiener Hausgarten
1829–1830

Die Darstellung des Hausgartens im Stil des Biedermeier wirkt fast unnatürlich detailgetreu. Nur die hohen Sonnenblumen und Stockrosen scheinen sich gegen die Enge aufzulehnen, in die sie eingepfercht sind. Der Hauptakzent liegt auf der jungen Frau, die, auf einem Stuhl sitzend, gleichzeitig strickt und in der auf ihrem Schoß liegenden Bibel liest.

Mein eigenes Fleckchen Erde

John George **SOWERBY**
Die Buchsbaumsitze
frühes 20. Jahrhundert

Hunderte von Künstlern wählten den typisch englischen Cottage-Garten als Bildthema. In diesem exemplarischen Fall sind zwei Buchsbaumsträucher in das Zentrum des Bildes gerückt, die in Form von Thronen beschnitten wurden. Die Annahme, daß sie tatsächlich zum Sitzen benutzt werden könnten, macht einen Teil ihres exzentrischen, leicht surrealistischen Reizes aus.

Ernest **WALBOURN**
Der Gartenweg
um 1900

In die lange Reihe der Darstellungen des Cottage-Gartens, die englische Künstler Ende des 19. und Anfang des 20. Jahrhunderts malten, gehört auch dieses Werk. Der Garten unterscheidet sich jedoch durch seine Größe; er ist anspruchsvoller und weniger exzentrisch als der von Sowerby (1876–1914) wiedergegebene. Der Pergolabogen und die Sonnenuhr lassen italienische Einflüsse erkennen, aber die gemischte Bepflanzung, in der Rosen dominieren, ist typisch für englische Gärten.

Mein eigenes Fleckchen Erde

»Komm in den Garten, Maud,
Die Nacht, die schwarze Fledermaus, ist fort,
Komm in den Garten, Maud,
Ich bin allein hier an der Pfort' ...«

ALFRED TENNYSON (1809–1892)

Vincent **VAN GOGH**
*Marguerite Gachet in ihrem Garten
(Ausschnitt)*
1890

Marguerite war die Tochter des Arztes Paul-Ferdinand Gachet, bei dem van Gogh wohnte, nachdem er im Frühjahr 1890 das Hospital von Saint-Rémy verlassen hatte. Gachet lebte in dem Dorf Auvers-sur-Oise in der Nähe von Paris. Das Gemälde weist die für van Goghs Spätwerk typischen Stilelemente auf; alles scheint in Bewegung und miteinander verwoben zu sein.

»Leise ist die Musik,
die bezaubern kann;
und die am süßesten
duftende Blüte ist
klein und bescheiden.«

WILLIAM WORDSWORTH (1770–1850)

Annabel **GOSLING**
Die Farm im Juni, Burgund
1997

Eine romantisch verklärte Darstellung eines alten Farmhauses und seiner Umgebung bei herrlichem Sommerwetter. Damit ist genau der Zeitpunkt eingefangen, in der diese Gegebenheit für den Stadtbewohner am anziehendsten ist.

Hubert von **HERKOMER**
Im Garten (Ausschnitt)
um 1890

Der deutsch-englische Maler Herkomer (1849–1914) gehörte wie Lord Leighton (1830–1896) und Alma-Tadema (*siehe S. 141*) zu den »Größen« der akademischen Kunst der viktorianischen Zeit. Mit dem gewählten Sujet weicht er von Werken ab, für die er bekannt war: den Porträts von bedeutenden Persönlichkeiten. Auch die lockere Malweise unterscheidet es von anderen Arbeiten. Die Darstellung weist eine verblüffende Ähnlichkeit mit Bildern Monets (1840–1926) von dem Garten in Giverny auf. Allerdings hätte Monet nicht die theatralisch posierende Frau einbezogen, bei der es sich um eine mit Herkomer befreundete Schauspielerin handeln könnte.

»Lass dir gesagt sein: Halbherzigkeit beim Gärtnern ist strengstens verboten. Man muß seinen Garten LIEBEN, ob es einem nun gefällt oder nicht.«

W. C. SELLAR (1898–1951) **UND R. J. YEATMAN** (1897–1968)

Paul **RANSON**
Fingerhut
1899

Ranson (1862–1909) gehörte zu den Gründungsmitgliedern der Künstlergruppe der Nabis, die 1891 erstmals gemeinsam ausstellten. Das Wort »Nabi« ist hebräisch und bedeutet Prophet, und die Künstler, darunter Bonnard und Vuillard, betrachteten sich als Propheten der Moderne. Ihre Werke sind stark von der japanischen Kunst beeinflußt. Auf diesem Bild kombiniert Ranson japanische Stilelemente mit der Ornamentik des Jugendstils.

Otto **GEBHARDT**
Der Garten
um 1905

Der Stil dieser Lithographie aus einem deutschen Kinderbuch erinnert in der Propagierung der häuslichen Tugenden deutlich an den schwedischen Künstler Carl Larsson (*siehe S. 255*). Eine Mutter schneidet mit ihren Kindern Rosen, eine Idylle, zu der die beiden schwer arbeitenden Gärtner im Hintergrund in auffallendem Kontrast stehen.

Mein eigenes Fleckchen Erde

Mein eigenes Fleckchen Erde

»*Ich würde mich freuen,
wenn der Tod zu mir käme,
während ich Kohl pflanze.
Mich kümmert der Tod
nur wenig, und noch
weniger kümmert mich
die Unvollkommenheit
meines Gartens.*«

MICHEL EYQUEM DE MONTAIGNE
(1533–1592)

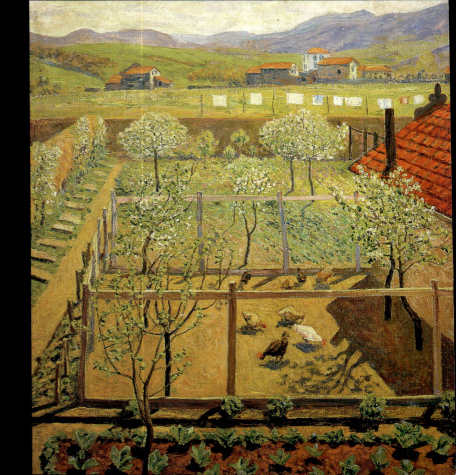

Dario **REGOYOS Y VALDEZ**
Der Hühnerhof
um 1900

Der Reiz des Gemäldes, einer spanischen Variante des Spätimpressionismus, liegt in der Sorgfalt, mit der das sehr kleine Areal beschrieben ist. Offensichtlich erfolgt der Blick darauf aus dem Fenster des Hauses, an das der Garten grenzt.

Carlos **FORNS BADA**
Garten VI
1997

Der spanische Maler Carlos Forns Bada präsentiert hier einen winzigen Terrassengarten, der sich für das trockenheiße Klima, das in vielen Regionen Spaniens herrscht, eignet. Die hitzeresistenten Pflanzen sind zu seltsamen, fast surrealistischen Objekten stilisiert.

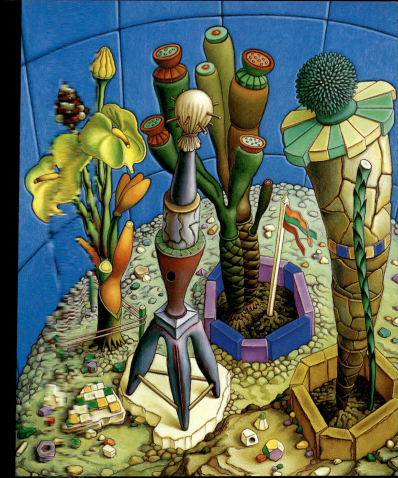

Mein eigenes Fleckchen Erde

Mein eigenes Fleckchen Erde

Kendhal Jan **JUBB**
*Amaryllis
auf der Fensterbank*
1999

Mit dem Fries aus blühenden Amaryllis-Pflanzen demonstriert Jubb (geb. 1957), daß auch Leute, die keinen Garten besitzen, nicht ganz auf die Freuden des Gärtnerns verzichten müssen.

Miriam **ESCOFET**
Grande Rose
1999

Die Künstlerin begreift in diesem *trompe l'œil* das Gärtnern als eine in gewisser Hinsicht heilige Beschäftigung: Das Blatt mit dem Druck einer Fensterrose von einer Kathedrale überspannt sie mit einem Halbkreis aus gebrauchten Blumentöpfen.

Mein eigenes Fleckchen Erde

Paul **CÉZANNE**
Der Gärtner
1905–1906

Als der alternde Künstler dazu überging, anstelle von Landschaften Menschen zu malen, porträtierte er zumeist Arbeiter und Dienstboten. Der Gärtner – offensichtlich stammt er aus der Provence – sitzt in einer Ecke von Cézannes Grundstück auf einem Küchenstuhl.

Charles **ANGRAND**
Im Garten
1885

Der Maler betont die enge Begrenztheit des Gartens, indem er den arbeitenden Mann hinter eine Reihe von Schößlingen plaziert; links wird der Bildraum durch einen Schuppen abgeschlossen. Das Grundstück ist so klein, daß dessen Bearbeitung als Freizeitbeschäftigung dienen mag, worauf auch die flotte schwarze Ledermütze auf dem Kopf des Gärtners hindeutet.

Berthe **MORISOT**
Schulstunde im Garten
1886

Als Berthe Morisot (1841–1895) dieses Bild malte, lebte sie auf Jersey. In dem kleinen Mädchen ist ihre Tochter Julie Manet porträtiert, die später ihre Erinnerungen an die Impressionisten veröffentlichte

August **MACKE**
Wäsche im Garten in Kandern
1907

Der Zaun im Vordergrund signalisiert, daß hinter ihm ein Privatgrundstück liegt. Gleichzeitig macht die Wäsche auf der Leine den Betrachter zu einer Art Voyeur, vor allem da es sich bei den beiden am deutlichsten erkennbaren Stücken um Damenunterwäsche zu handeln scheint.

Mein eigenes Fleckchen Erde

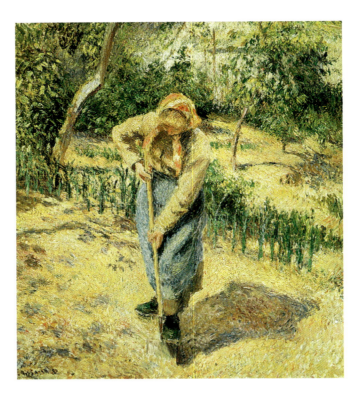

Camille **PISSARRO**
*Frau bei
der Gartenarbeit*
um 1890

Es zeigt sich wiederum, daß Pissarros (1830–1903) Sicht des Alltagslebens realistischer als die der anderen Impressionisten war. Die bäuerlich gekleidete Frau gräbt den schweren Boden eines Küchengartens um; den Hintergrund bildet ein kleiner Obstgarten.

Pierre-Auguste
RENOIR
*Frau mit Sonnenschirm
im Garten*
1873

Die Impressionisten bevorzugten Gärten, die wie dieser von Pflanzen überwuchert waren. Die Blumen im Vordergrund scheinen von dem Versuch zu zeugen, eine Staudenrabatte anzulegen, doch es existiert keine scharf umrissene Grenze zwischen der Rabatte und dem Pfad aus ungemähtem Gras, auf dem die Frau und ihr Begleiter sich befinden.

Mein eigenes Fleckchen Erde

Mein eigenes Fleckchen Erde

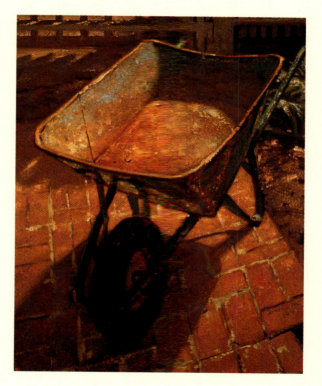

Anthony **HOLDSWORTH**
Schubkarre
1989

Die Konzentration auf einen einzigen, alltäglichen Gegenstand verleiht dem Gemälde eine Magie, die auch die Stilleben kennzeichnet, auf denen Chardin (1699–1779) gewöhnliche Haushaltsutensilien darstellte.

Gartenwerkzeuge
Farblithographie
1890

Diese Illustration aus einem deutschen Kinderbuch stellt die damals gebräuchlichen Gartenwerkzeuge vor. Einige von ihnen werden heute unverändert genutzt; andere, wie der Rasenmäher und die Schubkarre, wurden einem deutlichen Wandel unterzogen.

Mein eigenes Fleckchen Erde

»Pappelblüten, raupenschlank,
fallen auf die Gartenbank.
Strömen hör ich alte Chöre,
Lerche singt durch Nebelflöre.«

WILHELM LEHMANN (1882–1968)

Edouard **MANET**
Gartenbank (Ausschnitt)
1881

Manet (1832–1883) verbrachte, von seiner tödlichen Krankheit gezeichnet, den Sommer 1881 in Versailles. Eines der Symptome seiner Krankheit waren starke Schmerzen beim Laufen. Dieses Gemälde spiegelt die intensive Wahrnehmung seiner plötzlich eingeengten Umwelt.

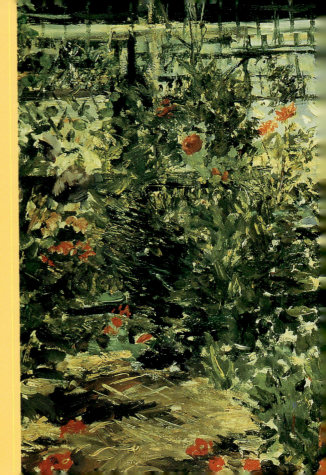

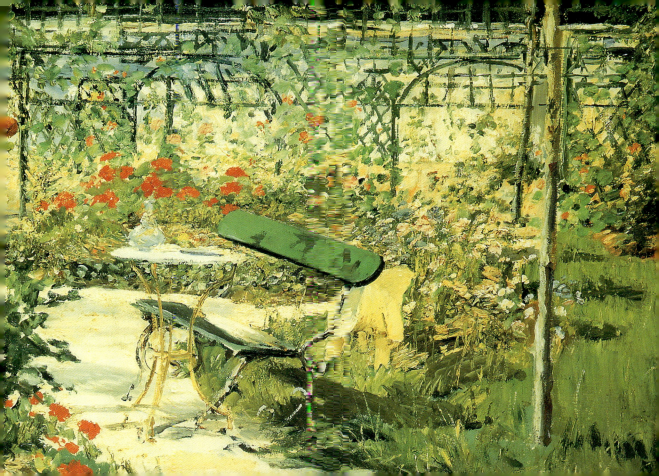

KAPITEL 10

Im Reich der Phanta

»Komm in den totgesagten park und scha

Den schimmer ferner lächelnder gestade

Der reinen wolken unverhofftes blau

Erhellt die weiher und die bunten pfade.

STEFAN GEORGE (1868–1933)

Jan **BRUEGEL D. Ä.**
Flora im Blumengarten
um 1600

Im Reich der Phantasie

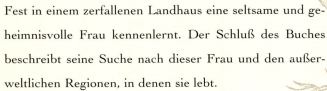

»IMAGINÄRE GÄRTEN mit realen Wegen darin« lautet eine Zeile von Marianne Moore (1887–1972), mit der sie ihr dichterisches Werk charakterisiert. Viele Werke der Literatur können als imaginäre Reiche verstanden werden, zu deren Betrachtung der Leser eingeladen wird. Ein typisches Beispiel hierfür ist *Le Grand Meaulnes* (1913) des französischen Schriftstellers Alain-Fournier (1886–1914). In dem Roman, der auf den Erfahrungen des Dichters aus seiner Kindheit auf dem Lande basiert, wird geschildert, wie der Held, ein Schuljunge, fortläuft und auf einem Fest in einem zerfallenen Landhaus eine seltsame und geheimnisvolle Frau kennenlernt. Der Schluß des Buches beschreibt seine Suche nach dieser Frau und den außerweltlichen Regionen, in denen sie lebt.

Le Grand Meaulnes ist entfernt mit der »Gothic novel« und den Orientphantasien aus dem England des 19. Jahrhun-

MOGUL-KÜNSTLER
Der Riese Zamurrad in einem Brunnen (Ausschnitt)
um 1570

Im Reich der Phantasie

Peter Paul
RUBENS
*Der Liebesgarten
(Ausschnitt)*
um 1630–1632

derts verwandt. Der Roman *Vathek* (1786) von William Beckford (1766–1844) erzählt die Geschichte eines ruchlosen Kalifen, der einen Turm von einer solchen Höhe bauen läßt, daß er von dort aus alle Königreiche der Welt überblicken kann. Bücher dieser Art faszinieren die Leser in erster Linie deshalb, weil ihre Autoren die Welt aus ihrer eigenen Phantasie gewissermaßen neu erschaffen.

Maler erreichen dies sogar noch augenfälliger. In der bildenden Kunst ist es jedoch wesentlich schwieriger, eine Grenze zwischen der Welt der Phantasie und der Wirklichkeit zu ziehen. Wieviel von Claude Lorrains (1600–1682) idyllischen Visionen von der Campagna entspricht der Realität, und wieviel ist arkadische Fiktion? Wir wissen zum Beispiel, daß die Umgebung von Rom zu Claudes

Edward Robert
HUGHES
*Dämmerungs-
phantasien
(Ausschnitt)*
1911

Zeit beinahe verlassen war, nicht nur aus Furcht vor umherstreifenden Banditen und Wegelagerern, sondern vor allem wegen der dort grassierenden Malaria.

Aber es gibt Künstler, deren Werk deutlich zwischen der imaginären und der fiktiven Welt unterscheidet. Niemand käme auf die Idee, Hieronymus Boschs (um 1450–1516) *Garten der Lüste* für eine getreue Wiedergabe von Vorgängen in der Natur zu halten. Die Landschaft bildet den Rahmen für die Darstellung von Versuchung und Sündenfall, aber das eigentliche Thema des Gemäldes sind die gefährlichen Verlockungen der Sinnlichkeit und die Verführungen, denen die Menschen in einer vergnügungssüchtigen Welt ausgesetzt sind.

Als einer von Boschs Nachfolgern ist – so unwahrscheinlich es klingen mag – Antoine Watteau (1684–1721) anzusehen.

Martha Mayer
ERLEBACHER
Flora
(Ausschnitt)
1989

Hans **ZATSKA**
Amor beim Kegeln
(Ausschnitt)
spätes 19. Jahrhundert

Watteau gilt als der Begründer eines neuen Genres, der *fêtes galantes*. Es handelt sich um Bilder, auf denen das gesellige Beisammensein von Personen in einer idealen Landschaft geschildert wird. Meist entspricht deren Kleidung der zeitgenössischen Mode, häufig ist sie aber auch der von Bauern nachempfunden. Dadurch entsteht der Eindruck, daß sich in Watteaus Figuren Edelleute verbergen, die das einfache Leben imitieren.

Wie Bosch betont auch Watteau die Vergänglichkeit irdischer Lüste. Seine *Einschiffung nach Kythera* zeigt eine Gruppe von Menschen in einem Park. Sie sind im Begriff, sich nach Kythera einzuschiffen, der legendären Insel der Liebe, die nur als Farbstreifen am Horizont zu erkennen ist. Das Bild ist von einer derartigen Aura der Melancholie erfüllt, daß es gelegentlich als Abschied von Kythera anstatt des Aufbruchs dorthin interpretiert wurde.

Pierre
CHRISTIAN
*Feentraum
(Ausschnitt)*
1962

Im Reich der Phantasie

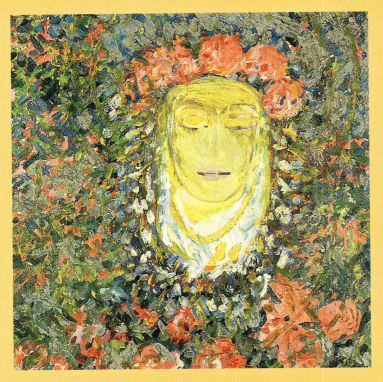

Hunt **SLONEM**
*Die heilige Rosa von Lima
(Ausschnitt)*
1989

Rosa von Lima, die erste Heilige der Neuen Welt, hat sich der Legende zufolge an ihren eigenen Haaren aufgehängt, um sich beim Beten wachzuhalten. Sie wird zumeist mit einer Rosengirlande dargestellt. Hunt Slonem (geb. 1951) geht noch einen Schritt weiter – er umgibt sie mit einem Blumenmeer.

Li **SHAN**
Rouge Nummer I
1989

Der chinesische Künstler hat auf die europäische Tradition der Feenbilder zurückgegriffen und Blumen mit menschlichen Gesichtern versehen. Die Entlehnung dieses Motivs ist charakteristisch für neue Strömungen in der zeitgenössischen chinesischen Kunst.

Amy **SAWYER**
Der sanfte Frühling trägt seine Gaben zu Markte (Ausschnitt)
um 1896

Das vollständige Bild zeigt, wie stark die Künstlerin ihrem Zeitgenossen Edward Burne-Jones (1833–1898) verpflichtet ist. Das Verschwimmenlassen des Gesichts soll möglicherweise nicht nur die Zartheit der Jahreszeit symbolisieren, sondern auch die Undefinierbarkeit der Natur und die Art, auf die sie sich dem Zugriff menschlicher Rationalität entzieht.

Im Reich der Phantasie

»*Die Ros ist ohn Warum,*
sie blühet, weil sie blühet;
sie acht nicht ihrer selbst,
fragt nicht, ob man sie siehet.«

JOHANN SCHEFFLER (ANGELUS SILESIUS)
(1624–1677)

Martha Mayer **ERLEBACHER**
Flora
1989

Das Werk trägt eindeutig die Handschrift Erlebachers (geb. 1937) (*siehe auch S. 275*). Ihre *Flora* wirkt sehr lebendig. Der Gesichtsausdruck des Modells spiegelt Melancholie und Empfindlichkeit ebenso wie die Schönheit der Blütezeit.

Im Reich der Phantasie

»Es gibt Feen unten in unserem Garten.«

ROSE FYLEMAN (1877–1957)

Pierre **CHRISTIAN**
Feentraum
1962

Obwohl lange nach den Feenbildern der viktorianischen Zeit entstanden, bedient sich das Werk der gleichen Elemente wie seine Vorläufer – kleiner geflügelter Wesen und vergrößert dargestellter Blumen.

John George **NAISH**
Mittsommerfeen
um 1886

Wie das etwas später datierte Werk von Simmons (*siehe S. 338*) ist auch dies eines der für die viktorianische Zeit typischen Feenbilder. Auffällig ist vor allem die Mißachtung des Maßstabes. Die winzigen Feen schweben zwischen Blumen, die in extremer Nahsicht wiedergegeben sind; darunter findet sich eine Fuchsie (benannt nach Leonhard Fuchs, einem deutschen Botaniker des 16. Jahrhunderts). Indem sie sich ins Feenreich flüchteten, entzogen sich die Künstler den damaligen Forderungen nach Wirklichkeitstreue.

Im Reich der Phantasie

»Suchst du das Höchste, das Größte?
Die Pflanze kann es dich lehren.
Was sie willenlos ist,
sei du es wollend – das ist's.«

FRIEDRICH SCHILLER (1759–1805)

Amelia M. **BOWERLEY** oder **BAUERLE**
Die Ernte der Kobolde
um 1910

So unbekannt ist diese Künstlerin, daß selbst die Schreibweise ihres Namens nicht feststeht. *Die Ernte ...* scheint vor allem unter dem Einfluß von John Tenniels (1820–1914) Illustrationen zu Lewis Carrolls (1832–1898) *Alice-Romanen* zu stehen. Hier wie dort schwingt der Aspekt des leicht Unheimlichen mit. Bei der Betrachtung der Geschöpfe auf der linken Bildhälfte stellt sich die Frage, ob die reifen Früchte, die sie anbieten, wirklich so harmlos sind, wie sie aussehen.

Im Reich der Phantasie

Antoine **WATTEAU**
*Die Einschiffung nach Kythera
(Ausschnitt)*
1717

Watteaus (1684–1721) möglicherweise berühmtestes Bild – es ist der Inbegriff des Genres, das er herausbildete. Watteaus *fêtes galantes* sind zum Teil von der italienischen *Commedia dell'arte* inspiriert, in der Gesten wichtiger sind als Worte. Doch bei dem Maler erscheint die Gestik stets so vieldeutig wie die Stimmung, die zwischen Fröhlichkeit und Melancholie schwankt. Watteaus Figuren sind in einer Traumwelt angesiedelt, in der sich alles um Liebe und Liebesaffären dreht. Ihr Ausgang ist höchst ungewiß, obwohl die Probleme der realen Welt ausgeblendet sind.

Im Reich der Phantasie

Peter Paul **RUBENS**
Der Liebesgarten
um 1630–1632

Rubens' (1577–1640) Bild stellt eine Allegorie des Ehelebens dar. In den beiden Figuren im Vordergrund rechts sind der Maler und seine zweite Frau, Helene Fourment, porträtiert. Das Gemälde ist ein Vorläufer von Watteaus *fêtes galantes;* gleichzeitig lassen sich Parallelen zu den Illustrationen des altfranzösischen *Rosenromans (siehe S. 346)* finden.

Im Reich der Phantasie

Jan **BRUEGEL D. Ä.** und Hendrik **VAN BALEN**
Flora und Nymphen in einem Park
frühes 17. Jahrhundert

Jan Bruegel d. Ä. (1568–1625) war der zweite Sohn von Pieter Bruegel d. Ä. (1525–1569). Er wurde nur ein Jahr vor dem Tod seines Vaters geboren und spezialisierte sich auf Blumenstilleben und kleinformatige Landschaften. Die Figuren fügte Hendrik van Balen (1575–1632) hinzu, der stark von seinem Zeitgenossen Rubens (1577–1640) beeinflußt wurde. Hier fungieren die mythologischen Figuren van Balens als Blickfang in einer arkadischen Landschaft. Außerdem liefert das Bild einige Hinweise auf die zeitgenössische Gartengestaltung; beachtenswert sind die Pflanzen in Töpfen und Vasen.

Im Reich der Phantasie

MOGULKÜNSTLER
*Der Riese Zamurrad
in einem Brunnen*
um 1570

Diese Miniatur gehört zu einer der ersten Folgen von Illustrationen des *Hamzanama (Die Abenteuer des Amir Hamza)*, die für Akbar den Großen (1542–1605) geschaffen wurden. Die mit fast halluzinatorischer Klarheit wiedergegebene Gartenlandschaft wurde in späteren Werken der Mogulkunst unzählige Male kopiert.

Im Reich der Phantasie

»... so voller Formen steckt die Phantasie,
daß schon das allein phantastisch ist.«

WILLIAM SHAKESPEARE (1564–1616)

Salvo **RUSSO**
Pferd
1990

Das Zauberpferd, das einen Baum auf dem
Rücken trägt, könnte der Phantasie eines
Renaissancekünstlers entsprungen sein.
Die Deutung fällt wesentlich schwerer, als
es bei den Allegorien früherer Jahrhunderte
der Fall ist.

Im Reich der Phantasie

John **SIMMONS**
Die schlafende Titania
1872

Ein für die Feenbilder der viktorianischen Zeit charakteristisches Beispiel, gemalt von einem Künstler, der sich auf dieses Genre spezialisiert hatte. Seine Bilder erinnern an die Werke der Präraffaeliten ebenso wie an die von Heinrich Füßli (1741–1825) – die auf ihrem Lager schlafende Titania weist mehr als nur einen Anflug von Füßlis Sinnlichkeit auf. Auch die Pantomime des 19. Jahrhunderts dürfte dieses Bild mitgeprägt haben.

Elizabeth **SHIPPEN GREEN**
Man nennt mich Sindbad der Grashüpfer
1931

Elizabeth Shippen Green folgte der von Kate Greenaway (1846–1901) begründeten Tradition der Illustration von Kinderbüchern. Diese aus einem amerikanischen Kinderbuch stammende Darstellung – es wurde zwei Jahre nach dem großen Börsenkrach von 1929 veröffentlicht – schildert das Kinderleben noch immer als pure Idylle.

Im Reich der Phantasie

»Tiere sprangen und Vögel sangen im Chor, Bäume wuchsen und Pflanzen schossen hervor.«

RICHARD BARNFIELD (1574–1627)

TURNBULL und **STOCKDALE**
Mit Elfen, Vögeln und Libellen bedruckter Stoff
1929

Mit seinem Ende der 20er Jahre entworfenen Design setzt dieser liebevoll gestaltete, offensichtlich für ein Kinderzimmer vorgesehene Stoff die Tradition fort, die die Feenbilder der viktorianischen Zeit begründet hatten.

Im Reich der Phantasie

Ubaldo **BARTOLINI**
Der Abend insbesondere
1993

Bartolini steht in der Tradition der Maler arkadischer Landschaften aus dem 17. und 18. Jahrhundert. Es liegt nicht in seiner Absicht, Realitäten wiederzugeben, sondern einer Stimmung Ausdruck zu verleihen.

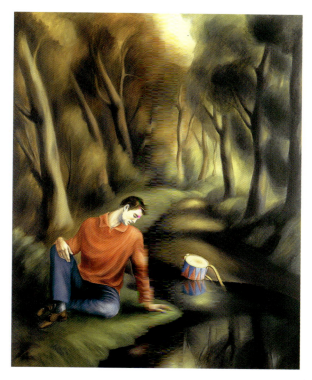

»*Oktoberrose, schöne,*
und letzte Künderin,
Wo sind des Sommers Töne
und seine Lieder hin?«

GEORG VAN DER VRING (1889–1968)

Angela **VOLPI**
Schon aus den Wipfeln
1999

Volpis Narziß scheint, sein Spiegelbild im Wasser betrachtend, von den Geräuschen der Natur so hingerissen zu sein, daß er seine Trommel beiseite gelegt hat.

Im Reich der Phantasie

Hans ZATSKA
Amor beim Kegeln
spätes 19. Jahrhundert

Die Künstler auf dem europäischen Kontinent scheinen sich für das Genre des Feenbildes weit weniger interessiert zu haben als ihre englischen Zeitgenossen. Statt dessen malten sie, insbesondere kurz vor der Jahrhundertwende, eher banale mythologische Bilder. Der idealisierte Garten zeichnet sich bei Zatska durch Detail reiz aus.

Jon SWIHART
Ohne Titel
1991

Die an den Stil von Arcimboldo erinnernde Figur trägt ein mit Blumen geschmücktes Gewand und eines aus Gemüse zusammengesetzten Hut. Swihart wurde offensichtlich von Entwürfen inspiriert, die Künstler des 16. und 17. Jahrhunderts für die Kostüme von Maskenspielen anfertigten.

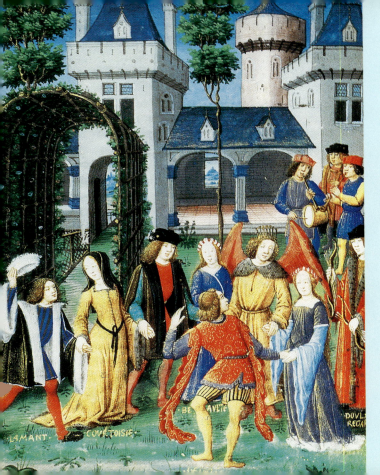

*Der Zaubergarten,
Miniatur aus dem Rosenroman*
frühes 16. Jahrhundert

Der im 13. Jahrhundert von Guillaume de Lorris verfaßte Versroman, aus dem diese Illustration stammt, war eines der populärsten literarischen Werke des Mittelalters. Der *Roman de la Rose* beinhaltet eine Allegorie der Liebe; die handelnden Personen zeichnen sich durch Höflichkeit, Liebe, Schönheit und Freigebigkeit aus.

Paula **MODERSOHN-BECKER**
Die Märchenhexe
um 1901

Mit diesem für sie ungewöhnlichen Gemälde versucht Modersohn-Becker (1876–1907) die Atmosphäre der Märchen der Brüder Grimm bildlich einzufangen. Gleichzeitig dokumentiert die Künstlerin damit ihre Verbundenheit mit der kulturellen Tradition ihres Heimatlandes.

Im Reich der Phantasie

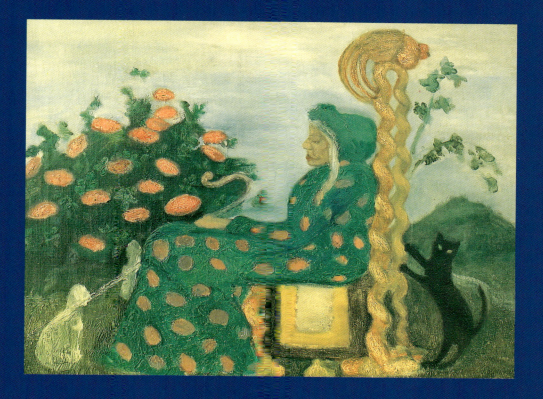

Salvo **RUSSO**
Sagittarius
1973

Eine phantastische Berglandschaft mit einem nackten Reiter und seinem Pferd im Zentrum. Die Komposition erinnert in gewisser Hinsicht an Leonardo da Vincis (1452–1519) *Felsgrottenmadonna*.

Edward Robert **HUGHES**
Dämmerungsphantasien
1911

Das Gemälde steht in der Nachfolge der Präraffaeliten und illustriert die Sehnsüchte einer Gesellschaft, die der Vorherrschaft von Kapitalismus und Imperialismus überdrüssig geworden ist. Rudyard Kipling (1865–1936) und James Barrie (1860–1937) thematisierten auf literarischer Ebene diesen Überdruß.

Im Reich der Phantasie

Annabel **LIVERMORE**
*Mein Garten
bei Tagesanbruch*
1998–1999

Annabel Livermore erscheint nie zu einer Ausstellung ihrer Werke, sondern schickt statt dessen mit zittriger Stimme auf Tonband aufgenommene Ansprachen. Dieses kraftvolle, fast abstrakte Bild evoziert Gedanken über die Wunder der Natur.

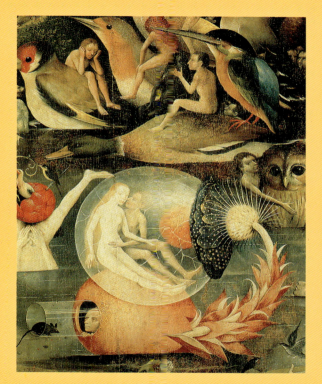

Hieronymus **BOSCH**
*Der Garten der Lüste
(Ausschnitt)*
um 1504

Bosch (1450–1516) steht an der Schwelle des Übergangs vom Mittelalter zur Neuzeit. Sein Gemälde *Der Garten der Lüste* ist eine Warnung vor den Träumen der Menschen in einer vergnügungssüchtigen Welt aber Bosch formuliert diese Warnung in einer Fülle von beeindruckenden und überaus sinnlichen Bildern.

351

Künstlerverzeichnis

ALBERTO ABATE
Seite 141, 148

TOFAT AL-AHRAR
Seite 180, 192

LAWRENCE ALMA-TADEMA
(1836–1912)
In Holland geboren, ab 1873 britischer Staatsbürger. Alma-Tadema, zu seiner Zeit überaus erfolgreich, spezialisierte sich auf historische Szenen, auf Szenen aus der Antike, insbesondere nach dem Besuch von Pompeji im Jahre 1863. Er gab sogar seinem Londoner Haus den Anstrich einer römischen Villa. Seine Gemälde wirken sehr sinnlich, die Requisiten sind zumeist exotischer Natur.
Seite 141, 144–145, 154–155, 158–159, 169, 193, 215, 216

SILVANO D'AMBROSIO
(geb. 1951)
Französischer, in Forli (Italien) lebender Maler, als einer der vielschichtigsten Künstler seiner Generation anerkannt. Er malt Landschaften, Figuren, Interieurs und Stilleben mit der gleichen Intensität. Oft trägt allein die Kraft seiner Pinselstriche das jeweilige Sujet auf der Leinwand.
Seite 237

CHARLES ANGRAND
(1854–1926)
Französischer Maler und Mitbegründer des Salons des Independents im Jahre 1884. Sein Frühwerk ist dem Impressionismus verhaftet, aber nachdem er Seurat kennengelernt hatte, wandte sich Angrand dem Pointillismus zu. Er sagte, seine Landschaften seien »eine intellektuelle Vision der Harmonie«.
Seite 62, 509

GIUSEPPE ARCIMBOLDO
(1527–1593)
Mailänder Maler von unverwechsel-

baren Bildern – von grotesken, aus Pflanzen, Landschaften und Gegenständen zusammengesetzten Darstellungen menschenähnlicher Gestalten. Arcimboldo war Hofmaler unter Rudolf II. in Prag. Die Surrealisten des 20. Jahrhunderts sahen in ihm einen verwandten Geist.
Seite 272

MARIANNE ARNBACK
Seite 152

JOHN ATKINSON GRIMSHAW
(1836–1893)
Englischer, besonders für seine nächtlichen Stadtlandschaften bekannter Maler, dessen Werk zu seinen Lebzeiten populär war und oft imitiert wurde. Er arbeitete vorwiegend in seiner Heimatstadt Leeds und anderen Städten im Norden Englands.
Seite 170

UBALDO BARTOLINI
(geb. 1944)
Italienischer, in Rom und Macerata lebender Künstler. Bis 1979 wurde sein Werk der Konzeptkunst zugerechnet, aber seit 1980 bedient er sich eines stärker bildhaften Stils und malt irreale, rätselhafte und beunruhigende Landschaften.
Seite 226, 342

Künstlerverzeichnis

LUIGI BAZZANI
(1836–1927)
Italienischer Künstler, geboren in Bologna, wo er auch studierte. Nach ausgedehnten Reisen durch Frankreich und Deutschland übernahm er eine Professur an der Universität von Rom. Seine Gemälde sind von einer klassischen Atmosphäre bestimmt.
Seite 105

SIMON BENING
(1483/84–1561)
Sohn des niederländischen Malers Sanders Bening; einer der letzten großen Illuminatoren, deren Zeit mit der Erfindung der Druckerpresse zu Ende ging.
Seite 64

GINA MARIA BERNARDINI
(geb. 1968)
Eine vielseitige amerikanische Künstlerin, die am Rollins College studierte und in vielen Galerien in den Vereinigten Staaten vertreten ist.
Seite 146

CARLO BERTOCCI
(geb. 1946)
Italienischer Maler, der in Florenz lebt und arbeitet; Mitglied der Gruppe Pittura Colta (kultivierte Malerei). Seine Arbeiten sind zeitlose, sensitive und lyrische Visionen, sowohl zeitgenössische Interpretationen der Mythen und Heroen der Vergangenheit als auch Bilder aus dem Alltag, in denen Kindergestalten die Träger seiner Geschichten sind.
Seite 181, 196–197, 242, 246

ALBERT BIERSTADT
(1830–1902)
In Deutschland geborener amerikanischer Maler, der ausgedehnte Reisen durch zu jener Zeit noch unerforschte und unbesiedelte Regionen der USA unternahm. Seine Gebirgsszenen trugen zum Mythos von der überwältigenden Schönheit der amerikanischen Natur bei.
Seite 196, 204

ROBERT BISSELL
(geb. 1952)
In England geborener Fotograf und Künstler, der jetzt in San Francisco lebt und unter Verwendung von Elementen aus Flora und Fauna starkfarbige Allegorien malt. Bei genauerem Hinsehen erweisen sich seine Bilder als Parabeln, die an die englischen Kinderbuch-Illustrationen des 19. Jahrhunderts erinnern.
Seite 51, 109, 265

DAVID BLAIR
Seite 135

HIERONYMUS BOSCH
(um 1450–1516)
Niederländischer Maler, der, obwohl er ein frommer Christ war, auf seinen Gemälden überaus bizarre Themen gestaltete und deshalb im 17. Jahrhundert

von der katholischen Kirche zum Ketzer erklärt wurde. Seine grotesken Phantasien sind historisch schwer einzuordnen, aber seine künstlerischen Fähigkeiten sind ebenso unbestritten wie der Einfluß, den er auf die moderne Kunst hatte.
Seite 51

FRANÇOIS BOUCHER
(1703–1770)
Französischer Maler und Kupferstecher, dessen Werk die Frivolität und Eleganz des französischen Hoflebens zur Zeit des Rokoko am besten wiedergibt und dessen dekorative Gemälde ihn überaus beliebt und erfolgreich machten. Er war der Lieblingskünstler von Madame de Pompadour, der Mätresse König Ludwigs XV., der ihn zu seinem Hofmaler ernannte.
Seite 47

MEISTER VON BOUCICAUT
Seite 60–61

AMELIA M. BOWERLEY ODER BAUERLE
Seite 330–331

Künstlerverzeichnis

CHRIS BROUGHTON
(geb. 1949)
Mitglied einer Gruppe von Künstlern und Schriftstellern, die sich »New Arcadians« nennen und ein Jahrbuch über Gärten und Landschaften herausgeben. Von einer lebenslangen Begeisterung für die Natur getrieben, widmet sich Broughton dem Unterrichten, kommerziellen Aktivitäten und der Ausstellung seiner Werke mit gleicher Leidenschaft.
Seite 84–85

JAN BRUEGEL D. Ä.
(1568–1625)
Flämischer Maler und Zeichner, zweiter Sohn von Pieter Bruegel d. Ä., dem wohl bedeutendsten niederländischen Maler des 16. Jahrhunderts. Im Jahr vor dem Tod seines Vaters geboren und deshalb kaum von ihm beeinflußt. Malte (Blumen-)Stilleben und Landschaften und wurde wegen seines Geschicks im Umgang mit Pinsel und Farbe auch »Samtbruegel« genannt. Er arbeitete oft mit Rubens zusammen und malte für ihn Hintergrundlandschaften, Tiere und Blumen.
Seite 145, 152–153, 318–319 334–335

PIETER BRUEGEL D. J.
(1564–1638)
Flämischer Maler und älterer Sohn von Pieter Bruegel d. Ä. Am bekanntesten für seine Kopien und Imitationen der bäuerlichen Themen seines Vaters.
Seite 52

ELSIE BUNGE
Seite 156

EDWARD BURNE-JONES
(1833–1898)
Englischer Maler, Illustrator und Designer. Ab 1856 Schüler von Rossetti, der ihn am stärksten beeinflußte, obwohl auch Botticelli eine wichtige Rolle spielte. Bevorzugte Themen aus dem Mittelalter und der Mythologie und verabscheute die Moderne, insbesondere den Impressionismus. Sein Werk übte einen starken Einfluß auf den französischen Symbolismus aus.
Seite 213, 224–225

NORTON BUSH
Seite 182

JUDY BYFORD
Seite 14, 30

PAUL CÉZANNE
(1839–1906)
Französischer Maler und zusammen mit Paul Gauguin und Vincent van Gogh einer der Hauptvertreter des Spätimpressionismus. Cézanne gilt allgemein als Vater der modernen Kunst. Ererbter Wohlstand ermöglichte es ihm, das Desinteresse zu ignorieren, mit dem man auf sein Frühwerk reagierte. Erst in den letzten Jahren seines Lebens wurde er von der Avantgarde als großes Vorbild gewürdigt.
Seite 75, 508

MARC CHAGALL
(1887–1985)
In Rußland geborener Maler und Graphiker, Mitglied eines Avantgarde-Kreises in Paris, dem auch Apollinaire, Delaunay, Leger, Modigliani und Soutine angehörten. Sein umfangreiches Werk ist in Frankreich, Deutschland, Rußland und den USA entstanden. Seine frühen Arbeiten spiegeln den Einfluß der russischen Volkskunst und Erinnerungen an das jüdische Dorf in Rußland, in dem er aufwuchs.
Seite 142, 147

ALFRED JEAN CHAGNIOT
Seite 285

WES CHRISTENSEN
(geb. 1949)
Amerikanischer Künstler, der in Los Angeles lebt und arbeitet. Er malt kleinformatige, detaillierte Aquarelle ebenso wie Tafelbilder voller mythologischer Anspielungen, auf denen er den älteren Meistern mit Witz und Parodie seine Reverenz erweist.
Seite 188, 257, 288–289

PIERRE CHRISTIAN
Seite 325, 328

GEORGES CLAIRIN
(1843–1919)
Französischer Maler und einer der

Künstlerverzeichnis

letzten erfolgreichen Vertreter des Orientalismus. War in den 70er Jahren des 19. Jahrhunderts an der Ausgestaltung der Pariser Oper beteiligt.
Seite 198

JAMES COLLINSON
(1825–1881)
Englischer Aquarellmaler, studierte an der Royal Academy in London. Gehörte zu den Präraffaeliten und war für kurze Zeit mit Christina Rossetti verlobt, bevor er sie und die Bruderschaft verließ, um Priester zu werden. Später kehrte er nach London und zur Kunst zurück. Seine Genrebilder zeichnen sich durch Detailtreue und leuchtende Farben aus und weisen starke Anklänge an sein Frühwerk auf.
Seite 114, 131

GHISBERT COMBAZ
(1869–1941)
Belgischer Maler und Graphiker, der sich auf Landschaften spezialisierte. War mit der Tochter des Malers Frans Verhas verheiratet.
Seite 146, 157

JEAN-BAPTISTE CAMILLE COROT
(1796–1875)
Französischer Landschaftsmaler, dem es gelang, den eher klassischen Traditionen der Schule von Barbizon eine neue, poetische Form zu geben. Er stellte mit Erfolg im Pariser Salon aus; sein Werk wurde häufig gefälscht.
Seite 106–107, 227

LUCAS CRANACH D. Ä.
(1472–1553)
Deutscher Maler, Kupferstecher und Holzschneider, war eng mit dem Kurfürsten von Sachsen und dem Reformator Martin Luther verbunden. Seine von Albrecht Dürer beeinflußten zahlreichen Darstellungen weiblicher Akte sind ihrem Typus nach der Gotik verhaftet, aber zugleich Ausdruck einer neuen Weltlichkeit und Sinnlichkeit.
Seite 59

CHARLES CURRAN
Seite 113, 130

WILLIAM DANIELL
(1769–1837)
Englischer Maler und Kupferstecher. Wurde, weil Waise, von seinem Onkel aufgezogen, der mit ihm nach Indien reiste. Seine schönsten Arbeiten erschienen in dem sechsbändigen Werk *Oriental Scenery* und wurden auch in London ausgestellt.
Seite 178, 205

BARBARA DIETZSCH
(1706–1783)
Deutsche Künstlerin, die sich als Blumen- und Tiermalerin einen Namen machte. Typisch für ihr Werk ist der schwarze Untergrund.
Seite 137

ARTHUR DIXON
Seite 14, 36–37

MARTHA MAYER ERLEBACHER
(g b. 1937)
Erlebacher lebt und arbeitet in Pennsylvania, unterrichtet in New York und unternimmt Vortragsreisen durch die gesamten Vereinigten Staaten. Ihre Stilleben mit Früchten, Gemüse und Blumen zeichnen sich durch eine genaue Beobachtung und erfindungsreiche Kompositionen aus.
Seite 273, 322, 327

MIRIAM ESCOFET
(geb. 1957)
Die aus Barcelona stammende Künstlerin lebt heute in England. Ihre Aquarelle und Keramiken sind überaus detailgetreu und bei Ausstellungen in Europa und in den Vereinigten Staaten hoch gelobt worden.
Seite 307

STEFANIA FABRIZI
Italienische Künstlerin, die in Rom geboren wurde, dort studierte und nun dort lebt. Ihr bevorzugtes Thema ist der Mensch. Zu ihren Vorbildern gehören Piero della Francesca, Ingres und der Bildhauer Canova. Ihre Bilder sind von einer starken spirituellen Sehnsucht geprägt.
Seite 158

JOSE FILLOL
Seite 243, 258

GEORG FLEGEL
(1566–1638)
Deutscher Maler, Schüler von Lucas van Valckenborch. Seine frühen Aquarelle mit Tieren, Blumen und Früchten sind von Dürer beeinflußt. Seine Tafel-

bilder zeichnen sich durch die Vielzahl der über die Bildfläche verstreuten Objekte aus und sind typisch für die erste Generation der holländischen Stillebenmaler, von denen sein Stil kaum zu trennen ist. Menschliche Figuren treten in seinen Werken fast nie in Erscheinung.
Seite 266–267

CARLOS FORNS BADA
(geb. 1965)
In Madrid geborener spanischer Maler und einer der führenden Vertreter der spanischen beziehungsweise europäischen figurativen Malerei. Das warme Kolorit läßt die spirituellen und metaphysischen Aspekte seines Werkes miteinander verschmelzen. Seine Bilder haben eine plastische Qualität, sind in Licht gebadet und wirken zeitlos.
Seite 193, 263, 305

ELEANOR FORTESCUE-BRICKDALE
(1871–1945)
Englische Malerin, die sich vor allem als Buchillustratorin einen Namen machte. Sie stellte regelmäßig in der Royal Academy in London aus und erfreute sich

bei den Verlegern von Prachtausgaben großer Beliebtheit.
Seite 142, 172

LESLEY FOTHERBY
(geb. 1946)
Englische Aquarellmalerin und frühere Lehrerin, die heute in Yorkshire lebt. Ausstellungen ihrer Arbeiten bei der Royal Horticultural Society haben ihr zwei Silbermedaillen eingebracht.
Seite 122–123

ROBERT FURBER
Seite 264

IAN GARDNER
(geb. 1944)
Britischer Künstler mit einer langen und ruhmreichen Karriere als Lehrer auf beiden Seiten des Atlantiks, dessen Werke bei Galerien und Sammlern sehr gefragt sind. Sein künstlerisches Hauptinteresse gilt Gärten und Landschaften.
Seite 79, 86, 282, 290, 291

PAUL GAUGUIN
(1848–1903)
Französischer Spätimpressionist, Graphiker und Bildhauer. Sein Ruhm beruht vor allem auf den kraftvollen Bildern, die entstanden, nachdem er 1891 aus Frankreich abgereist war und sich auf Tahiti niedergelassen hatte. Sein mit Aquarellen illustriertes Buch *Noa Noa* beschreibt seine Zeit auf Tahiti; für ihn die einzige Möglichkeit, den bürgerlichen Konventionen zu entfliehen.
Seite 241, 248, 250–251, 256

OTTO GEBHARDT
Seite 303

VINCENT VAN GOGH
(1853–1890)
Holländischer Maler und Inbegriff der romantischen Vorstellung von künstlerischer Besessenheit, Genie und Wahnsinn. Zu seinen Lebzeiten konnte er nur ein einziges Gemälde verkaufen. Das Tempo, in dem er lange Zeit arbeitete, täuschte die Menschen über die beeindruckende Emotionalität hinweg, von der seine Werke durchdrungen sind.
Seite 73, 79, 89, 110–111, 281, 298–299

ANNABEL GOSLING
(geb. 1942)
Englische Künstlerin, deren ausgedehnte Reisen durch Europa und Indien großen Einfluß auf das Kolorit und die Verwendung von Licht haben. Die dichte Atmosphäre ihrer Bilder beruht auf ihrer Faszination vom Licht und der Art, auf die es diese durchdringt.
Seite 280, 284, 300

BENOZZO GOZZOLI
(um 1421–1497)
Florentiner Maler, der das Handwerk eines Goldschmieds erlernte und mit Ghiberti an den Türen für das Baptisterium in Florenz arbeitete. Später war er Gehilfe von Fra Angelico in Rom und Orvieto. Sein Ruhm basiert auf seinem Hauptwerk, den Fresken in der Cappella des Palazzo Medici in Florenz.
Seite 166

Künstlerverzeichnis

EUGÈNE SAMUEL GRASSET
(1841–1917)
Schweizer Maler, Graphiker und Gestalter von Kunstgewerbe, der ab 1871 in Paris lebte. Einer der führenden Vertreter des Jugendstil-Plakats mit einem deutlich ausgeprägten Interesse an der Darstellung von Frauen.
Seite 215, 218

KATE GREENAWAY
(1846–1901)
Englische Künstlerin und Autorin, berühmt für ihre Kinderbuch-Illustrationen. Angeblich löste die Kleidung, in der sie ihre Charaktere darstellte, eine neue Mode aus.
Seite 286

WILLIAM HAVELL
(1782–1857)
Britischer Landschaftsmaler und Begründer der Society of Painters in Watercolour. Autodidakt. 1816 nahm er den Posten des offiziellen Künstlers der britischen Botschaft in China an, reiste aber auch durch Südamerika und Indien.
Seite 178, 184–185

MARTIN JOHNSON HEADE
(1819–1904)
Amerikanischer Künstler, der mit Porträts begann und später zu atmosphärischen Landschaften überging. Reisen nach Mittel- und Südamerika regten ihn zum Malen von Orchideen und Kolibris an, und es entstanden Bilder, auf denen Stilleben und Landschaft verschmolzen.
Seite 116

DOROTHY HENRIQUES WELLS
(Geburtsdatum unbekannt)
Jamaikanische, besonders durch ihre Aquarelle bekanntgewordene Künstlerin. Kennzeichnend für ihr Werk sind die leuchtenden Farben der Karibik

und eine ausdrucksstarke und lyrische Frische.
Seite 129, 203

HUBERT VON HERKOMER
(1849–1914)
In Bayern geborener englischer Maler, der obwohl weitgehend Autodidakt, ein sehr vielseitiger Künstler war. Er malte vor allem Porträts und Bilder mit sozialer Thematik.
Seite 301

F. SCOTT HESS
(geb. 1955)
Hess studierte an der Wiener Kunstakademie und wurde vom Expressionismus beeinflußt. Nach der Rückkehr in seine Heimatstadt Los Angeles malte er erzählerische, von düsteren Stimmungen geprägte Alltagsszenen.
Seite 106, 119

ANDO HIROSHIGE
(1797–1858)
Japanischer Maler und Holzschneider. Experimentierte mit den naturalistischen und westlich beeinflußten Stilen der Nagasaki- und Shijo-Schule, bevor er sich dem Ukiyo-e, den »Bildern der

Fließenden Welt«, zuwandte. Herausragend unter seinen Werken sind die Folgen von Ansichten des Fuji und der Stadt Edo (Tokio).
Seite 262

KATSUSHIKA HOKUSAI
(1760–1849)
Japanischer Maler und Holzschneider

des Ukiyo-e (»Bilder der Fließenden Welt«). Seine Folgen von Landschaftsdarstellungen sind weniger Wiedergaben der realen Welt als vielmehr Bilder aus der inneren Welt des Künstlers. An seinem Werk lassen sich verschiedene Einflüsse und Vorbilder ablesen.
Seite 124

357

Künstlerverzeichnis

ANTHONY HOLDSWORTH
(geb. 1945)
In England geborener amerikanischer Künstler, der heute überwiegend in Mittel- und Südamerika ausstellt und unterrichtet. Hat sich auf die Freilichtmalerei spezialisiert und malt Stadtlandschaften, die sich durch ihr Kolorit und eine dichte Atmosphäre auszeichnen.
Seite 276, 315

EDWARD ROBERT HUGHES
(1851–1914)
Englischer Maler, der an der Royal Academy in London bei Holman Hunt studierte. Besonders bekannt wurde er durch seine romantischen Genrebilder, oft nach Motiven des italienischen Dichters Bocaccio.
Seite 321, 349

JAN VAN HUYSUM
(1682–1749)
Holländischer Maler, neben Rachel Ruysch der berühmteste Blumenmaler seiner Zeit. Die helle Palette und die Offenheit seiner anspruchsvollen Kompositionen setzten Maßstäbe für seine Kollegen. Mit den hellfarbigen Blumen- und Früchtestilleben setzte er sich von seinen Vorgängern ab. Seine Werke wurden über die Grenzen seines Heimatlandes hinaus geschätzt. Er war der letzte bedeutende Vertreter der holländischen Blumen- und Früchtestillebenmalerei.
Seite 152

ICHIMYOSAI
Seite 163

EDWARD AUGUSTUS INGLEFIELD
(1820–1894)
Englischer Amateurmaler und als Marineoffizier Erfinder des Inglefield-Ankers. Er war Präsident der künstlerischen Sektion der Chelsea Naval Exhibition von 1891 und stellte Ölgemälde und Aquarelle in der Royal Academy aus.
Seite 200–201

KENDHAL JAN JUBB
(geb. 1957)
In Montana beheimatete Künstlerin, die die Flora und Fauna ihres Heimatstaates ebenso wie die von Hawaii faszinieren. Sie kombiniert ihre Darstellungen von üppigen Pflanzen und wilden Tieren oft mit seltsamen häuslichen Szenen.
Seite 206, 306

JAN VAN KESSEL D. Ä.
(1626–1679)
Flämischer Stilleben- und Blumenmaler, der die Tradition seines Großvaters Jan Bruegel d. Ä. fortsetzte. Berühmt für seine Blumengirlanden und -arrangements und für seine häufig auf Kupfer gemalten Bilder von Insekten und Muscheln.
Seite 223

FERDINAND VON KNAB
Seite 20–21

JACQUES DE LAJOUE
Seite 255

CARL LARSSON
(1853–1919)
Schwedischer Maler und Graphiker, der auch großformatige Fresken schuf. Sein Ruhm und Einfluß aber beruhen auf den Aquarellen, auf denen er Szenen aus dem Alltagsleben in seiner Heimatprovinz Dalekarlien festhielt.
Seite 255

MICHAEL LEONARD
(geb. 1933)
Nach dem Studium arbeitete Leonard zuerst als Illustrator; seine Gemälde, überwiegend Akte und einige Stilleben, wurden 1972 erstmals ausgestellt. Seit Mitte der 80er Jahre sind die Kompositionen seiner Ölgemälde wesentlich monumentaler geworden.
Seite 240, 262, 277

Künstlerverzeichnis

JOHN FREDERICK LEWIS
(1805–1876)
Englischer Maler vor allem von Aquarellen. Er unternahm ausgedehnte Studienreisen durch den Nahen Osten, die ihn zu detaillierten Szenen aus dem orientalischen Leben anregten. Sein Vater war der gleichfalls weitgereiste Landschaftsmaler und Kupferstecher Frederick Christian Lewis (1779–1856).
Seite 6, 179, 199

LOYSET LIEDET
(um 1420–1479)
Südniederländischer Illuminator, dessen zunehmend gröbere Miniaturen den Niedergang der einst prachtvollen Kunst demonstrieren, aber dennoch von gewissem naivem Charme sind.
Seite 27

DAVID LIGARE
(geb. 1945)
Amerikanischer Künstler, der heute in Kalifornien lebt und arbeitet. Sein der Natur verbundenes Werk huldigt der kalifornischen Landschaft und legt zugleich großen Wert auf Symmetrie und mathematische Proportionen.
Seite 99, 210–211, 212

ANNABEL LIVERMORE
(Geburtsdatum unbekannt)
Eine ältere texanische Malerin, die nie Vernissagen besucht, aber gelegentlich zu diesem Anlaß ein zittrig auf Tonband aufgesprochenes Grußwort schickt. Sie »bewohnt denselben Körper« wie der texanische Bildhauer Jim McGee.
Seite 350

RICHARD LOPEZ
(geb. 1943)
Amerikanischer Künstler lateinamerikanischer Abstammung, der in Südkalifornien lebt und unterrichtet. Aus seinem Werk spricht Sensibilität gegenüber ethnischen Belangen; er porträtiert Wanderarbeiter in einer pazifischen Landschaft und bedient sich dabei einer erdverbundenen Palette, die die Fülle der Natur veranschaulicht.
Seite 67

JANE LOUDON
Seite 126

AUGUST MACKE
(1887–1914)
Deutscher Expressionist, dessen Werk als eine Synthese aus Impressionismus, Fauvismus und Orphismus gesehen werden kann. Er gehörte mit Franz Marc und Wassili Kandinsky der Künstlergruppe Der Blaue Reiter an, aber seine Bilder sind weniger abstrakt als die seiner Kollegen.
Seite 44, 46, 78, 83, 311

EDOUARD MANET
(1832–1883)
Französischer Maler und Graphiker,

der, obwohl als Rebell verschrieen, seine Herkunft aus dem Mittelstand nicht verleugnen konnte. Er fand Bewunderung bei den Impressionisten Monet, Renoir, Bazille und Sisley und später auch bei Cézanne, hielt sich jedoch zumeist abseits und zog es vor, mit Degas, der ihm gesellschaftlich näher stand, zum Rennen zu gehen. Heute gilt Manet als einer der Begründer der modernen Kunst.
Seite 148–149, 316–317

ALEXANDER MANN
(1853–1908)
Schottischer Maler, der in Paris studierte und von den Impressionisten beeinflußt wurde. Später lebte er in England und machte sich mit von Bauern bevölkerten Landschaften einen Namen.
Seite 42, 55

TITO MARCI
(geb. 1966)
Italienischer Künstler, hoch gelobt von dem Kritiker Italo Mussa, der die im Entstehen begriffene Pittura Colta definierte. In den frühen 90er Jahren malte Marci vor allem Selbstporträts, seine

Künstlerverzeichnis

neueren Arbeiten jedoch sind an Giotto erinnernde Landschaften.
Seite 220–221

ROBERTO MARQUEZ
(geb. 1959)
Mexikanischer gegenständlicher Maler, der heute in New Jersey lebt. Themen seiner lyrischen und vieldeutigen Werke sind der Literatur, Oper und Mythologie entnommen. Obwohl oft Vergleiche mit den Symbolisten vom Anfang des 20. Jahrhunderts herangezogen werden, sind seine Arbeiten doch stark seinem kulturellen Erbe verpflichtet.
Seite 108

THOMAS FALCON MARSHALL
(1818–1878)
Englischer Maler von Porträts, Landschaften, Historien- und Genrebildern. Arbeitete in Manchester und Liverpool und wurde 1846 Mitglied der Liverpooler Akademie. Stellte 1839 erstmals in der Royal Academy in London aus.
Seite 171

ALFREDO RAMOS MARTINEZ
(1872–1946)
Mexikanischer Künstler, der in Paris studierte, bevor er sich der Lehre zuwandte und die Escuelas de Pintura al Aire Libre gründete. Künstlerisch bewegte er sich von einem romantischen, europäisch geprägten Stil hin zu einem mexikanischen Realismus, wobei er seine Figuren allerdings immer eher idealisiert darstellte.
Seite 8, 249

HENRI MATISSE
(1869–1954)
Französischer Maler, Graphiker und Bildhauer und Hauptvertreter des Fauvismus. Nach dem Ersten Weltkrieg von ähnlich großem Ansehen wie Picasso. Matisse war ein Visionär im Umgang mit Farbe und Linie. Am großartigsten ist vielleicht die Chapelle du Rosaire in Vence, die sämtliche Aspekte seiner Kunst widerspiegelt – von Buntglasfenstern bis hin zu Meßgewändern.
Seite 253

JACQUELYN MCBAIN
(geb. 1954)
Amerikanische Künstlerin, deren Hauptthema der Mikrokosmos der Pflanzenwelt ist. Mit den räuberischen Insekten zwischen Blüten verweist die Künstlerin

auf beunruhigende Weise auf den Kampf zwischen Natur und Technik und zwischen Mann und Frau.
Seite 247

ARTHUR MELVILLE
(1855–1904)
Schottischer Impressionist. Malte seine frühen Bauernporträts mit gedämpfter Palette, ging aber nach dem Studium an der Academie Julian in Paris zu einem starkfarbigeren Aquarellstil über.
Seite 69, 102

PAULA MODERSOHN-BECKER
(1876–1907)
Deutsche Malerin und Graphikerin.

Gehörte der Künstlerkolonie in Worpswede an, wandte sich aber später von deren sentimentalem Stil ab und entwickelte einen eigenen Stil, der sie zu einer Vorläuferin des Expressionismus machte. Berühmt wurde sie durch die symbolische Verwendung von Farbe, die Vereinfachung und die Energie, von der ihre Werke durchdrungen sind.
Seite 244, 347

CLAUDE MONET
(1840–1926)
Archetyp des impressionistischen Künstlers mit einer Vorliebe für das Malen im Freien. Seine gefeierte Serie von Heuschobern, zu verschiedenen Tageszeiten und bei unterschiedlichen Lichtverhältnissen gemalt, übte auf Zeitgenossen und Nachfolger großen Einfluß aus, ebenso seine Bilder der Seerosen, die in seinem Garten in Giverny blühten.
Seite 40–41

RENAUD DE MONTAUBAN
Seite 27

BERTHE MORISOT
(1841–1895)
Impressionistische französische Malerin.

Entstammte einer sehr kultivierten Familie und war Schülerin von Jean-Baptiste Camille Corot. wurde aber wesentlich stärker von Manet beeinflußt, dessen Bruder sie heiratete. Besonders bekannt ist sie für ihre intimen Familienszenen.
Seite 310–311

WILLIAM MORRIS
(1834–1896)

Englischer Kunstgewerbler, Typograph und Dichter, verheiratet mit Jane Burden, die später das Hauptmodell des Präraffaeliten Rossetti wurde. 1861 gründete Morris die Manufaktur Morris, Marshall, Faulkner & Co., deren Tapetenentwürfe noch heute kommerziell genutzt werden.
Seite 275

MAUD NAFTEL
(1856–1890)

Englische Malerin vor allem von Landschaften und Blumen. Zwischen 1875 und 1896 häufig ausgestellt, unter anderem in der Royal Academy in London.
Seite 292–293

JOHN GEORGE NAISH
Seite 328

JOHN NAVA
(geb. 1947)

Amerikanischer Maler von Akten und Blumen-Stilleben, die Maßstäbe gesetzt haben. Zur Zeit arbeitet er an einem *Abendmahl* für die Cathedral of Our Lady of the Angels in Los Angeles.
Seite 136, 268

ROBIN PALANKER
Seite 222

SYDNEY PARKINSON
(um 1745–1771)

Englischer Zeichner, der bei William Delacour in Edinburgh studierte. Begleitete den Botaniker Joseph Banks 1767 auf seiner Reise nach Neufundland und gehörte von 1768 bis 1771 zur Besatzung von Captain James Cooks *Endeavour*.
Seite 194

ALFRED PARSONS
(1847–1920)

Englischer Maler und Illustrator. War Postbeamter, bevor er an der Akademie von South Kensington studierte, an der er später lehrte. Er malte überwiegend Aquarelle von Landschaften, Szenen aus dem Landleben, Gärten und Pflanzen.
Seite 80, 94–95, 134–135

CAMILLE PISSARRO
(1830–1903)

Französischer Maler und Graphiker. Als Lehrer beeinflußte er sowohl Gauguin als auch Cézanne. Während des Deutsch-Französischen Krieges von 1870/71 flüchtete er nach England und geriet dort unter den Einfluß von Turner und Constable. Er war zeitlebens Sozialist.
Seite 45, 56–57, 70–71, 282, 312

HANK PITCHER
Seite 35, 180, 183, 209

SALVATORE PULVIRENTI
(geb. 1948)

Sizilianischer Maler, der in Rom lebt und arbeitet, dessen Werk aber immer noch stark von seiner Heimat geprägt ist. Sein sensibler Umgang mit der Farbe trägt zur fast surrealen Atmosphäre seiner Bilder bei.
Seite 189, 229

PIERRE PUVIS DE CHAVANNES
(1824–1898)

Besonders an klassischen Themen interessierter französischer Maler und Zeichner, der für viele als Vorläufer des Symbolismus gilt. Bei seinen Landschaften gelang es ihm durch zurückhaltende Pinselführung, die Natur auf fast abstrakte Weise darzustellen.
Seite 214, 250–251

IWAN RABUZIN
(geb. 1921)

Führendes Mitglied einer Gruppe von »Bauernmalern«, die zwischen den beiden Weltkriegen und bis in die 50er Jahre hinein in jugoslawischen Dörfern

Künstlerverzeichnis

zahlreiche Gemälde schufen, die in die Geschichte der naiven Malerei eingegangen sind.
Seite 13, 18

PAUL RANSON
(1862–1909)
Seite 302

AUGUSTE RAYNAUD
Seite 219

ODILON REDON
(1840–1916)
Französischer Maler und Graphiker und einer der Hauptvertreter des Symbolismus. Seine phantasievollen Motive wurden auf seine Begeisterung für die Erzählungen von Edgar Allan Poe zurückgeführt. Die späten Blumenbilder übten starken Einfluß auf Matisse aus, und die Surrealisten betrachteten ihn als ihren Ahnherrn.
Seite 8, 138–139, 252

DARIO REGOYOS Y VALDES
(1857–1913)
Spanischer Maler, Zeichner und Holzschneider. Er studierte in Madrid, unternahm aber später ausgedehnte Reisen

durch Europa und machte Belgien zu seiner zweiten Heimat. Sein Spätwerk ist gekennzeichnet durch ein Gleichgewicht zwischen genauer Beobachtung und lyrischer Gestaltung.
Seite 304

PIERRE-AUGUSTE RENOIR
(1841–1919)
Französischer, eng mit Claude Monet befreundeter Impressionist, dessen Vorliebe für leicht frivole Themen auf die

Meister des Rokoko zurückgeht, die er in Paris studierte. Vermutlich der populärste unter den Impressionisten, dessen Darstellungen von hübschen Kindern, herrlichen Landschaften, Blumen und Frauen bis heute nichts von ihrem Reiz verloren haben.
Seite 43, 65, 115, 121, 278–279, 283, 315

LITHIAN RICCI
(Geburtsdatum unbekannt)
In Rom geborene, heute in Mailand lebende Künstlerin. Nach einem Architekturstudium besuchte sie die Heatherly School of Fine Arts in London. Malt starkfarbige Märchenszenen, die häufig die Grenzen der Leinwand durchbrechen und sich über den Rahmen hinweg erstrecken. Auf diese Weise entstehen faszinierende, oft auch beunruhigende Phantasien.
Seite 96, 97, 164

JACQUES RIGAUD
(1681–1754)
Französischer Künstler, der überwiegend französische und später auch englische Paläste malte.
Seite 100–101

ERASMUS RITTER VON ENGERT
(1798–1871)
In Wien geboren, arbeitete er bis zu einer Italienreise an der dortigen Akademie. Nach seiner Rückkehr war er überwiegend als Restaurator in der Galerie im Belvedere tätig, schuf aber auch einige gute Kopien von Werken alter Meister, Porträts und Historiengemälde.
Seite 295

THOMAS ROBINS
Seite 82

ALFRED ROLL
Seite 10–11

Künstlerverzeichnis

FRANK ROMERO
Seite 187

THOMAS MATTHEWS ROOKE
(1842–1942)
Präraffaelit der zweiten Generation und Anhänger von Burne-Jones, als dessen Gehilfe er bis zum Tod des Künstlers arbeitete. Von Ruskin zu eigenständigem Arbeiten gedrängt, unternahm er Reisen nach Frankreich und Italien, die ihn schließlich seinen eigenen Stil herausbilden ließen.
Seite 254–255

DANTE GABRIEL ROSSETTI
(1828–1882)
Englischer Maler und Dichter, der 1848 zusammen mit Hunt und Millais die Präraffaelitische Bruderschaft gründete. Der Tod seiner Frau Elizabeth Siddall traf ihn schwer, und die Frauengestalten, die sein Werk dominieren, spiegeln oft ihre verführerische Schönheit. Für andere standen seine Geliebte Jane Morris, die Frau des Schriftstellers und Gestalters William Morris, und eine weitere Geliebte, die robuste und üppige Fanny Cornforth, Modell.
Seite 155

HENRI ROUSSEAU
(1844–1910)
Französischer Maler und Prototyp des naiven Künstlers. Autodidakt, der erst spät in seinem Leben zu malen begann und kurze Zeit von der Avantgarde gefeiert, von anderen aber verspottet wurde. Er malte unter anderem Urwaldszenen in außergewöhnlich leuchtenden Farben, was seinen einfältig wirkenden, zweidimensionalen Figuren eine dekorative und fast theatralische Aura verlieh. Während Gauguin in die Südsee reiste, blieben Rousseaus Erfahrungen auf die Treibhäuser von Paris beschränkt. Den Beinamen »der Zöllner« erhielt er in Anlehnung an seinen bürgerlichen Beruf.
Seite 207, 242, 271

ERNEST ARTHUR ROWE
(1862–1922)
Maler von zumeist italienischen Landschaften und Gärten, der häufig wegen seiner Detailbesessenheit kritisiert wurde.
Seite 80, 98, 104

PETER PAUL RUBENS
(1577–1640)
Flämischer Maler, Zeichner und Diplomat und der unbestrittene Meister des

Barock nördlich der Alpen. Übte wegen der Vielzahl seiner Sujets einen starken Einfluß auf nachfolgende Künstler aus, aber Constable zollte vermutlich zu Recht seinen Landschaften das höchste Lob.
Seite 321, 333

SALVO RUSSO
(geb. 1954)
Italienischer Maler, der in Catania lebt und dort an der Accademia di Belle Arti lehrt. Er verschmilzt seine ihm bewußten Vorbilder – die Kunst der Gotik, die Pittura metafisica und den Surrealismus – zu bemerkenswert kühnen Kompositionen.
Seite 28–29, 90–91, 228, 337, 348

THEO VAN RYSSELBERGHE
(1852–1926)
Belgischer Maler, Zeichner und Bildhauer, Schüler von Jean-François Portaels, dem Direktor der Akademie der Schönen Künste in Brüssel. Unternahm zahlreiche Reisen. 1896 lernte er Whistler und Seurat kennen; sein Spätwerk ist vom Spätimpressionismus beeinflußt.
Seite 221, 294

JOHN SINGER SARGENT
(1856–1925)
Amerikanischer Maler, Sohn reicher, kosmopolitischer Eltern und berühmt für seine Porträts von Persönlichkeiten der vornehmen Gesellschaft. Der Schriftsteller William Starkweather beschreibt ihn treffend als »Amerikaner, in Italien geboren, in Paris zur Schule gegangen, der wie ein Deutscher aussieht, wie ein Engländer redet und wie ein Spanier malt«.
Seite 76–77, 254

Künstlerverzeichnis

GIOVANNI BATTISTA SALVI, GENANNT SASSOFERRATO
(1609–1685)
Italienischer, nach seinem Geburtsort benannter Künstler. Malte vor allem religiöse Bilder in einem süßlichen, an Perugino erinnernden, bewußt nichtbarocken Stil. Über sein Leben ist fast nichts bekannt, die meisten seiner Arbeiten sind undatiert.
Seite 173

LILY SALVO
Seite 7, 160

AMY SAWYER
Seite 526

PAUL SÉRUSIER
(1844–1927)
Französischer Maler und Kunsttheoretiker. Unter dem Einfluß von Gauguin malte er anfangs symbolistische Bilder, bis er dann zusammen mit Bonnard und Vuillard die Künstlergruppe der Nabis gründete. 1921 schrieb er das *ABC de la Peinture*, in dem er sich mit den Grundlagen von Farben und Proportionen auseinandersetzte. Sein Ruhm beruht eher auf seinen theoretischen Schriften als auf seinem künstlerischen Werk.
Seite 238–239

LI SHAN
(Geburtsdatum unbekannt)
In Schanghai lebender chinesischer Maler, dessen Werk der »politischen Popkunst« zuzurechnen ist, aber mehr Phantasie und weniger politische Kommentare enthält als die Arbeiten seiner Kollegen.
Seite 325

ELIZABETH SHIPPEN GREEN
Seite 359

HENRYK SIEMIRADZKI
(1843–1902)
Polnischer Maler, bekannt geworden durch Szenen aus der klassischen Antike und der frühchristlichen Zeit. Seine monumentalen Kompositionen sind von Dramatik und Pathos erfüllt, lassen aber dekorative Details erkennen.
Seite 214, 217

JOHN SIMMONS
Seite 338

HUNT SLONEM
(geb. 1951)
Amerikanischer Maler, der in New York in seiner geräumigen Wohnung eine Voliere hat, deren Bewohner ihn zu seinen Darstellungen tropischer Vögel inspirieren. Sein ganzes Werk ist inhaltlich und farblich von den Schönheiten der exotischen Natur geprägt.
Seite 7, 112, 117, 176, 324

LARRY SMART
(Geburtsdatum unbekannt)
Englischer Künstler, der im Nahen Osten aufwuchs und an der Croydon School of Arts studierte. Zu seinen Arbeiten gehören Fresken für George Harrison und vier Weinetiketten für eine Supermarktkette. Er äußerte, daß seine Kindheitserinnerungen an den Nahen Osten sein Werk ebenso beeinflußt haben wie ein längerer Aufenthalt in Marrakesch.
Seite 87

NANCY SMITH
Seite 53

JOHN GEORGE SOWERBY
(1876–1914)
Englischer Landschaftsmaler, der in der Royal Academy in London ausstellte.
Seite 296

Künstlerverzeichnis

STEFANO DI STASIO
(geb. 1948)
Italienischer, in Rom lebender Maler. Sein Werk war anfangs stark von der Malerei der Renaissance geprägt, ist inzwischen aber freier geworden. Heute wird er den Anachronisti zugerechnet, die ihre Inspiration in der italienischen Geschichte suchen.
Seite 92, 161, 260

EDWARD STOTT
(1859–1918)
Seite 66

GEORGE STUBBS
(1724–1806)
Englischer Maler und Kupferstecher, insbesondere für seine Pferdebilder berühmt. Der Durchbruch gelang dem weitgehend autodidaktischen Künstler mit seinem 1766 veröffentlichten Buch *The Anatomy of Horses*. Zu seinen Lebzeiten in erster Linie als großartiger Chronist des Pferdesports gefeiert; heute wird ihm der gleiche Rang zuerkannt wie Reynolds und Gainsborough.
Seite 54

JON SWIHART
(geb. 1954)
Kalifornischer Künstler, bekannt geworden durch allegorische Gemälde, auf denen er narrative Elemente mit einem scharfen Auge für Details kombiniert und gleichzeitig den alten Meistern seine Reverenz erweist.
Seite 345

ALBERT TOLLER
Seite 105

KITAGAWA UTAMARO
(1753–1806)
Seite 115, 125

LUCAS VAN VALCKENBORCH
(um 1530–1597)
Angehöriger einer berühmten niederländischen Familie von Landschafts- und Genremalern. Unternahm ausgedehnte Reisen durch Italien.
Seite 260–261

JOSE MARIA VELASCO
(1840–1912)
Bedeutendster mexikanischer Landschaftsmaler des 19. Jahrhunderts. In seinem umfangreichen Werk spielte zunächst sein Heimatland die Hauptrolle, aber spätere Arbeiten zeugen von einer Erweiterung des Blickfeldes.
Seite 208

CLAUDE JOSEPH VERNET
1714–1789)
Einer von drei namhaften französischen Künstlern aus derselben Familie. Bedeutender Landschaftsmaler, der etwas sentimentale, aber zu seiner Zeit überaus populäre, stark idealisierte Bilder

malte. Erhielt von König Ludwig XV. den Auftrag, die wichtigen französischen Häfen zu malen.
Seite 256

STEFANO DA VERONA
(um 1375–1451)
Italienischer Maler, arbeitete wahrscheinlich in der Lombardei. Sein Werk ist der Spätgotik zuzuordnen. Die frühen Gemälde wirken flach und rein dekorativ, aber in einem späteren Lebensabschnitt fand er zu einem naturalistischeren, stärker erzählerischen Stil.
Seite 15, 23

JOSEPH-MARIE VIEN
(1716–1809)
Französischer Maler und nach eigener Ansicht Begründer des Klassizismus. Gewinner des prestigeträchtigen Prix de Rome. Sein Klassizismus wurde jedoch mit Argwohn betrachtet, weil er zur Sentimentalität neigte und dazu, seine Bilder mit pseudo-antiken Requisiten zu überladen. Napoleon ernannte ihn nach dem Ende der Revolution zum Senator und ließ ihn nach seinem Tod im Pantheon beisetzen.
Seite 5, 165

Künstlerverzeichnis

ANGELA VOLPI
Seite 287, 343

CHU HING WAH
(Geburtsdatum unbekannt)
In Hongkong lebender chinesischer Künstler, der versucht, einen von westlichen Künstlern wie Matisse beeinflußten Modernismus mit alten chinesischen Traditionen zu kombinieren.
Seite 127

ERNEST WALBOURN
(Daten unbekannt)
Kaum bekannter englischer Künstler, der in der Royal Academy in London fünf Gemälde ausstellte.
Seite 297

HENRY WALLIS
(1830–1916)
Englischer Maler, Schriftsteller und Sammler. Er spezialisierte sich auf Porträts von Figuren aus der Literatur und Szenen aus dem Leben früherer Künstler. Seine historischen Genrebilder deuten darauf hin, daß er stark von der Präraffaelitischen Bruderschaft beeinflußt wurde, obwohl er ihr nie angehörte.
Seite 118

JOHN WILLIAM WATERHOUSE
(1849–1917)
Englischer Maler stark romantisch geprägter Gemälde, von den Präraffaeliten beeinflußt, unterschied sich aber durch seine kraftvolle Pinselführung in technischer Hinsicht erheblich von ihnen.
Seite 43, 47

ANTOINE WATTEAU
(1684–1721)
Hauptvertreter des Rokoko, Begründer der *fêtes galantes* (Szenen der höfisch-galanten Gesellschaft) und am meisten gefeierter Maler seiner Generation in Frankreich. Kam 1702 nach Paris; 1719/20 Reise nach England. Stand zunächst unter dem Einfluß italienischer und flämischer Malerei. Die verträumten, idyllischen, romantisch verklärten Landschaften auf vielen seiner Gemälde wurden ebenso zu einem Stilmerkmal wie die Verwendung blasser, durchscheinender Farben. In seinem Werk sind darüber hinaus auch einige Porträts und Motive aus dem Soldatenleben zu finden.
Seite 38, 352

MICHAEL WENTZEL
Seite 241, 245

DAVID WILLETTS
(geb. 1939)
Englischer Maler, dessen Hauptthema die endlosen Zyklen von Zeit und Raum innerhalb der natürlichen Welt sind. Seine Motive findet er in drei Bereichen – der Erde, ihrem Tier- und Pflanzenreich –, die er in ständig variierten Szenen von Veränderung, Zerfall und Erneuerung darstellt.
Seite 120

HANS ZATSKA
(1859–1945)
Seite 322, 344–345

Bildnachweis

AKG LONDON 25, 103, 186, 217, 244, 252, 258, 259, 311, 312, 318–319, 344, 347 / Altes Nationalarchiv für Kunst & Geschichte, Berlin 20, 286, 303, 314 / Alte Nationalgalerie, Berlin 295 / Biblioteca di San Marco, Venedig 64 / Cason del Buen Retiro 304 / India House Office Library 274 / Kunsthandel, Berlin 83 / Kunstmuseum, Basel 207 / Erich Lessing 38, 165, 167, 272 / Jean Louis Nou 32 / Musée des Beaux-Arts, Orleans 248 / Musée du Petit Palais, Genf 62 / Musée du Petit Palais, Paris 73 / Musée Nat. de l'Hôtel de Cluny, Paris 24 / Museum am Ostwall, Dortmund 46 / Museum der Bildenden Künste, Leipzig 245 / Prado, Madrid 351 / Privatsammlung, Schweiz 65 / Sammlung Thyssen-Bornemisza 313 / Staatliches Kunstmuseum, Bukarest 52 / Tate Gallery, London 271 / Vatikan Museum, Rom 269;

ALBERMARLE GALLERY, LONDON / Miriam Escofet 307 / Annabel Gosling 284, 300;

MARIANNE ARNBACK 132;

BRIDGEMAN ART LIBRARY, LONDON / New York 205 / Ashmolean Museum, Oxford, GB 131, 158–159, 234–235 / Museo D'Arte Moderno di ca Pesaro, Venedig, Italien 253 / Musée des Beaux-Arts, Rouen, Frankreich 230–231, 233, 309 / Chris Beetles Ltd., London, GB 94–95, 122–123 / Bibliothèque de L'Arsenal, Paris, Frankreich 26 / Bibliothèque Nationale, Paris, Frankreich 60–61, 128 / Bibliothèque Royale de Belgique, Brüssel, Belgien 19 / Birmingham Museums & Art Gallery, GB 118 / Bonham's, London, GB 137, 301 / City of Bristol Museum & Art Gallery, Avon, GB 193, 224–225 / British Library, London, GB 50, 74, 202 / British Museum, London, GB 174–175 / Barh-le Collection, Zürich, Schweiz 58 / Musée Carnavalet, Paris, Frankreich 150 / Cheltenham Art Gallery & Museums, Glos, GB 82 / Chester Beatty Library and Gallery of Oriental Art, Dublin, Irland 190–191 / Christie's, London, GB 36–37, 47, 121, 196, 250–251, 260–261, 278–279, 294 / City Museum & Art Gallery, London, GB 53 / Musée Conde, Chantilly, Frankreich 35 / Russell-Cotes Art Gallery & Museum, Bournemouth, GB 155, 172, 226 / David David Gallery, Philadelphia, USA 204 / Musée d'Orsay, Frankreich 40, 149, 298–299 / Galerie L'Ergastere, Paris, Frankreich 302 / Earl of Pembroke Collection, Wilton House, GB 173 / Fine Art Society, London, GB 65 / Fitzwilliam Museum, Cambridge University, GB 125 / J. Paul Getty Museum, Malibu, CA, USA 110–111 / Giraudon, Musée des Beaux-Arts, Besançon, Frankreich 17 / Harris Museum & Art Gallery, Preston, Lancashire, GB 170, 199 / Eremitage, St. Petersburg, Rußland 346 / Imperial War Museum, London, GB 254 / Kunsthistorisches Museum, Wien, Österreich 39 / Lindley Gallery, Prag 208 / National Gallery, London, GB 349 / Collection of Andrew McIntosh Patrick, GB 69 / Roy Miles Esq 54 / Mogao Caves, Dunhuang, Gansu Provinz, China 59 / Nardoni Gallery, London, GB 138–139 / National Library of Australia, Canberra 194 / Noortman, London, GB 152 / John Noot Galleries Broadway, Worcs, GB 219, 285 / Palazzo Medici-Riccardi, Florenz, Italien 66 / Phillips, The Fine Art Auctioneers, London, GB 93, 134–135, 297 / Prado, Madrid, Spanien 333 / Privatsammlung 31, 34, 48–49, 56–57, 87, 100–101, 104, 116, 130, 145, 151, 154 169, 182–183, 184–185, 192, 216,

367

Bildnachweis

232, 238–239, 255, 266–267, 275, 310–311, 330–331, 334–335, 338, 339 / Puschkin Museum, Moskau, Rußland 75, 237, 256 / Oskar Reinhart Collection, Winterthur, Schweiz 89 / Royal Geographical Society, London, GB 200–201 / Sheffield Galleries & Museums Collections, GB 66 / Sotheby's London, GB 153 / Städelsches Kunstinstitut, Frankfurt am Main 22 / Stapleton Collection 53 / Valley of the Nobles, Theben, Ägypten 72 / Johnny Van Haeften Gallery, London, GB 223 / Victoria & Albert Museum, London, GB 16, 68, 76–77, 88, 124, 126, 163, 264, 336, 340–341 / Waterhouse & Dodd, London, GB 105 / Peter Willi, Hôtel de Ville, Paris, Frankreich / Whitford & Hughes, London, GB 157, 198 / Christopher Wood Gallery, London, GB 98, 102, 171, 292–293, 296, 329;

CHRIS BROUGHTON 84–85;

IAN GARDNER 86, 290, 291;

HANART TZ GALLERY / Chu Hing Wah 127 / Li Shan 325;

BENJAMIN HOLGATE 63, 270;

MICHAEL LEONARD 262, 276;

DAVID LIGARE 99, 210–211;

ANNABEL LIVERMORE 350;

LIZARDI/HARP GALLERY, Los Angeles / Robert Bissell 51, 109, 265 / Wes Christensen 188, 257, 288–289 / Martha **Mayer** Erlebacher 273, 327 / Scott Hess 106, 119 / Anthony Holdsworth 276, 315 / Kendhal Jan Jubb 206, 306 / Richard Lopez 67 / Jacquelyn McBain 247 / John Nava 136, 268 / Robin Palanker 222 / Hank Pitcher 33, 183, 209 / Frank Romero 187 / Hunt Slonem 2, 117, 176–177, 324 / Jon Swihart 345;

IL POLITICO / Silvano d'Ambrosio 237 / Ubaldo Bartolini 226, 342 / Carlo Bertocci 197, 246 / Carlos Forns Bada 195, 263, 305 / Tito Marci 220–221 / Salvatore Pulvirenti 189, 229 / Lithian Ricci 96, 97, 164 / Salvo Russo 28, 90–91, 228, 337, 348 / Lily Salvo 160 / Stefano Di Stasio 92, 161, 260 / Angela Volpi 287, 343;

DAVID SQUIRES 133;

SUPERSTOCK 18, 146, 328 / Musée des Arts Décoratifs, Paris, Frankreich 218 / Museo Castelvecchio, Verona, Italien, Canail Photobank, Mailand 23 / Christie's Images 249, 316–317 / The Grand Design, Leeds 30 / Kactus Foto, Santiago, Chile 156;

VERJO / Alberto Abate 148 / Stefania Fabrizi 168;

DOROTHY HENRIQUES WELLS 129, 203;

DAVID WILLETS 120;

RIVA YARES GALLERY / Roberto Marquez 108;

DACS 2000, 2, 40, 117, 147, 176–177, 253, 324.

DANKSAGUNG
Der Dank des Autors gilt Massimo Caggiano und Arnaldo Romani Brizzi von Il Politico.

TEXTNACHWEIS
für die folgenden Zitate:
»But Peter, who was very naughty …« aus »The Tale of Peter Rabbit« von Beatrix Potter. © bei Frederick Warne & Co., 1902, 1987, mit freundlicher Genehmigung von Frederick Warne & Co.; »There are fairies …« von Rose Fyleman mit freundlicher Genehmigung von The Society of Authors; »I, with as easy hunger take …« von Laurie Lee mit Genehmigung von Peters Fraser & Dunlop Group; »Take it from us …« aus »Garden Rubbish« von W. C. Sellar und R. J. Yeatman mit freundlicher Genehmigung von J. Quick und B. Yeatman.

Trotz intensiver Recherchen war es uns nicht in allen Fällen möglich, die Rechteinhaber der Abbildungen oder Zitate ausfindig zu machen. Berechtigte Ansprüche werden selbstverständlich im Rahmen der üblichen Vereinbarungen abgegolten.

Heidelore Kluge
Hildegard von Bingen – Ernährungslehre

Hildegard von Bingen
Heidelore Kluge

Ernährungs-lehre

MOEWIG

Hinweis: Die Ratschläge und Empfehlungen dieses Buches wurden von Autor und Verlag nach bestem Wissen und Gewissen erarbeitet und sorgfältig geprüft. Dennoch kann eine Garantie nicht übernommen werden. Eine Haftung des Autors, des Verlags oder seiner Beauftragten für Personen-, Sach- oder Vermögensschäden ist ausgeschlossen. In allen medizinischen Fragen ist der Rat des Arztes maßgebend.

Originalausgabe
© by VPM Verlagsunion Pabel Moewig KG, Rastatt
Alle Rechte vorbehalten
Printed in Germany 1998
ISBN 3-8118-4695-7

Inhalt

Hildegard von Bingen –
eine Pionierin der modernen Ernährungslehre — 7

So ernährte man sich im Mittelalter — 11

Leib und Seele gehören zusammen — 15

Wie entstand Hildegards Ernährungslehre? — 17

Vom bewußten Essen — 19

Vier Elemente, vier Säfte — 22

Die Lebensmittel der Hildegard-Küche — 24
  Getreide 24 • Gemüse 29 • Früchte 45 • Fleisch 58
  Fisch 68 • Honig, Eier und Milcherzeugnisse 69
  Die Würzkräuter der heiligen Hildegard 72

Was Hildegard noch nicht kannte — 89

Achten Sie bei Ihrer Ernährung auf die Tageszeit! — 91

Ernährung im Einklang mit den Jahreszeiten — 95

Kleiner Ernährungskalender für das ganze Jahr — 97
  Januar 97 • Februar 100 • März 101 • April 103
  Mai 105 • Juni 106 • Juli 108 • August 108
  September 109 • Oktober 110 • November 111
  Dezember 113

Welche Getränke empfiehlt Hildegard von Bingen? — 115
  Wein 116 • Bier 117

Auch das Fasten gehört zu einer gesunden Ernährung 119

Hildegard von Bingen – Kurzbiographie 123

Register 125

Hildegard von Bingen – eine Pionierin der modernen Ernährungslehre

HILDEGARD von Bingen war nicht nur eine Mystikerin, die Äbtissin eines Klosters, Beraterin von Kaisern und Königen, sondern auch Forscherin und Naturwissenschaftlerin. Entsprechend verbindet sich in ihren Werken eine tiefe Gläubigkeit mit einer genauen Beobachtungsgabe. Obwohl sie zu ihrer Zeit noch nichts über Vitamine, Eiweiße und andere Inhaltsstoffe unserer täglichen Nahrung wissen konnte, erfaßte sie durch Beobachtung und Intuition, welche Nahrungsmittel dem Menschen zuträglich oder schädlich sind.

Ihre Systematik – etwa die Unterscheidung in kalte und warme Speisen (siehe im Kapitel „Vier Elemente, vier Säfte", Seite 22) – ist eine andere als die heute bei uns gebräuchliche, in den meisten Fällen aber durchaus nachvollziehbar. Bei manchen Lebensmitteln mögen allerdings die Meinung Hildegards und die der modernen Ernährungswissenschaftler weit auseinandergehen. Hier kann nur empfohlen werden, nach dem eigenen Körpergefühl zu gehen und selbst nachzuspüren, was einem guttut und was nicht.

Hildegard war nie Dogmatikerin – im Gegenteil: Ihr wichtigster Leitspruch war der von der *discretio*. Das bedeutet, daß der Mensch in allem, auch in der Ernährung, *das rechte Maß* halten soll. Schon der griechische Arzt Hippokrates empfahl: „Die Nahrungsmittel sollen unsere Heilmittel sein – unsere Heilmittel sollen die Nahrungsmittel sein." Dies ist ein Leitspruch, den wir uns immer bewußt machen sollten – immerhin ist ein großer Prozentsatz der Erkrankungen in unserer westlichen Zivilisation ernährungsbedingt.

Hildegard von Bingen hat kein spezielles Werk über die Ernährungslehre geschrieben. Aber in vielen ihrer Bücher finden sich detaillierte Hinweise zur Ernährung von Gesunden und Kranken, mitunter sogar Kochrezepte.
Dabei hatte sie drei wesentliche Anliegen:

- Die Speisen sollen gesund oder sogar – im Krankheitsfalle – heilsam sein.
- Die Speisen sollen wohlschmeckend sein und den Menschen erfreuen, denn nur ein fröhliches Herz kann Gott in der rechten Weise dienen.
- Die Speisen sollen den Menschen in Einklang mit dem Kosmos – oder in ihren Worten: mit Gott – bringen. Deshalb empfiehlt sie, das Leben auf die Jahreszeiten abzustimmen, auch in der Ernährung.

Hildegard von Bingen weiß als Klosterfrau natürlich auch um die segensreiche Auswirkung des Fastens auf Körper, Seele und Geist – aber auch hier empfiehlt sie das rechte Maß. Übertriebene Askese und Selbstkasteiung können ihrer Meinung nach Gott nicht wohlgefällig sein, denn sie hindern den Menschen daran, hier auf Erden seinen Auftrag frohen Herzens zu erfüllen – nämlich Gott und den Mitmenschen zu dienen.

Die Ernährungslehre der Hildegard von Bingen enthält Elemente, die dem normalen Haushalt vielleicht nicht so vertraut sind – beispielsweise einige Kräuter oder Getreide usw. Andererseits rät sie von verschiedenen Nahrungsmitteln ab, die uns selbstverständlich geworden sind – etwa von Erdbeeren. Mit den Nahrungsmitteln sollte mit der von ihr so stark betonten *discretio* umgegangen werden. Wenn Sie Ihre Ernährung umstellen, wählen Sie am besten den sanften Weg, um so Ihre Familie von den Vorteilen der Hildegard-Küche überzeugen zu können. Stellen Sie die Ernährung langsam um, Schritt für Schritt. In einem späteren Band werden detaillierte Hinweise und Rezepte gegeben, die zeigen, daß die Ernährung nach den Richtlinien Hildegards nicht nur gesund, sondern auch wohlschmeckend und überaus abwechslungsreich sein kann!

So ernährte man sich im Mittelalter

DIE UNS erhaltenen Quellen über die Eßgewohnheiten im Mittelalter beziehen sich in der Hauptsache auf das Leben an den Fürsten-, Königs- und Kaiserhöfen. Dort waren natürlich mehrgängige Speisefolgen üblich, die zu einem großen Teil aus Fleisch – vor allem vom Wild – und Fisch bestanden. Brot gehörte selbstverständlich zu jeder Mahlzeit, da die Kartoffel ja noch unbekannt war. Bereits damals gab es zahlreiche Brotsorten aus den verschiedensten Mehlen, wobei „bei Hofe" natürlich Backwaren aus dem feineren Weizenmehl bevorzugt wurden.

Das Essen war reichlich und üppig und wurde mit Wein und Bier heruntergespült. Frisches Gemüse und Kräuter waren eine willkommene Bereicherung, außerdem waren Früchte als Ergänzung in frischer oder konservierter Form (eingemacht oder getrocknet, oft auch kandiert) beliebt. Insgesamt allerdings wurde an den meisten Höfen nicht nur zuviel, sondern auch zu fett gegessen – daraus entstanden viele ernährungsbedingte Krankheiten, vor allem die Gicht.

Als besonders delikat und luxuriös galten übrigens ausgefallene Fleischarten, die uns heute als ungenießbar erscheinen, z. B. gebratener Schwan oder Pfau. Hildegard empfiehlt sogar als besonders gesundheitsfördernd das Straußenfleisch! Von den Römern war die (Un-)Sitte übernommen worden, alle Gerichte möglichst stark zu würzen – nicht zuletzt, um dadurch zu zeigen, daß man sich die teuren ausländischen Gewürze wie Zimt, Pfeffer, Safran und Nelken leisten konnte. Dabei wurde meistens recht wahllos mit diesen Gewürzen umgegangen, so daß die Gerichte selbst den bescheidensten kulinarischen Ansprüchen unserer Zeit nicht gerecht werden würden.

Anders sah es beim „einfachen Volk" aus, das den überwiegenden Teil der Bevölkerung ausmachte. Die Bauern mußten entweder dem Grundherrn oder dem Kloster, dem sie sich unterstellt hatten, Abgaben in Form von Naturalien und Diensten leisten, so daß ihnen oft genug kaum das Lebensnotwendige übrigblieb. Sie waren froh, wenn es zum täglichen Getreidebrei reichte oder sogar zu einem gebackenen Brot. Beides mußte in schlechten Zeiten mit gemahlenen Eicheln oder mit den mehligen Früchten des Weißdorns gestreckt werden. Als Gemüse gab es im besten Fall Kohlgemüse oder Hülsenfrüchte. Die Gartenkultur, wie wir sie heute kennen, war bei der armen Landbevölkerung des Mittelalters noch so gut wie unbekannt.

Deshalb war man froh, wenn man auf die Schätze der Natur zurückgreifen konnte – auf Wildfrüchte und -gemüse, auf die ersten frischen Kräuter, auf Nüsse und Pilze. Fleisch kam nur selten auf den Tisch. Die Waidgerechtigkeit – das Recht, Wild in den Wäldern zu jagen – lag bei den Grundherren und konnte nur durch Wilddieberei (die schwer bestraft wurde) umgangen werden. Und die Kuh oder Ziege, die ein Bauer eventuell hielt, war in erster Linie zur Milchproduktion da.

Trotzdem ernährten sich die Bauern – wenn sie nicht gerade hungern mußten, weil die Abgaben zu drückend waren oder es eine Mißernte gegeben hatte – wesentlich gesünder als die Fürsten. Getreide, Kräuter, Wildgemüse und -früchte sind auch nach den Erkenntnissen unserer modernen Ernährungswissenschaft eine ideale Grundlage für eine gesunde Ernährung.

Ganz anders sah es in den Klöstern aus. Zum einen wurden dort die vielen Fastentage, an denen man entweder gar nichts oder zumindest kein Fleisch essen durfte, streng eingehalten. Zum anderen waren die Klöster meistens gut mit allen notwendigen Lebensmitteln versorgt – entweder durch die Bauern, die sich in ihre Obhut begeben und so ein leichteres Los hatten als unter der Herrschaft ihrer früheren Grundherren, oder durch eigenen Anbau. Die Gartenkultur war in den Klöstern des Mittelalters schon recht weit entwickelt. Das hatte seinen Grund nicht zuletzt darin, daß man auf die Aufzeichnungen römischer Naturwissenschaftler und Gartenkünstler zurückgreifen und diese erweitern und vervollkommnen konnte.

Die Klöster hatten neben ihrer geistlichen Aufgabe meistens die Pflicht, als Herbergen zu dienen – sowohl für durchreisende Fürsten als auch für reisende Mönche und arme Wanderer. Das bedeutete, daß Küche und Keller immer gut gefüllt sein mußten. Eine weitere Aufgabe der Klöster war die Gesundheitspflege – meistens gab es sogar eine Art Krankenhaus. Da Gesundheit sehr eng mit der richtigen Ernährung verbunden ist, was man damals in diesen Kreisen durchaus schon wußte, wurde viel Wert auf die Auswahl der richtigen und bekömmlichen Nahrungsmittel gelegt. Wie dieses Buch zeigt, hat auch Hildegard von Bingen sich ausführlich mit dieser Thematik beschäftigt. Man kann also die Klöster des Mittelalters als die „Wiege der gesunden Eßkultur" betrachten.

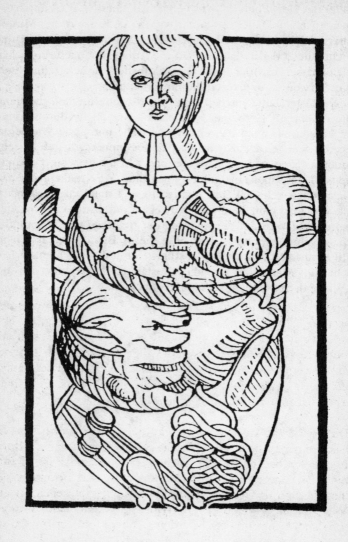

Leib und Seele gehören zusammen

HILDEGARD von Bingen war keine Ökotrophologin (Ernährungswissenschaftlerin), obwohl viele ihrer Anmerkungen zur Ernährungslehre dies fast vermuten lassen könnten. Sie war in erster Linie eine tief religiöse Frau, die alle Bereiche des menschlichen Lebens nur auf ein Ziel hin ausrichtete: Gott besser dienen zu können.

So sieht sie die Ernährung nicht als einseitig physische Angelegenheit an, sondern weiß, daß auch die Seele ernährt werden muß, um den Körper gesund zu erhalten. Diese Wechselwirkung zwischen Körper und Seele ist einer der Kernpunkte ihrer ganzheitlichen Anschauung des Menschen. Diese Erkenntnisse mußten sich die moderne Naturheilkunde und die Psychotherapie erst wieder erarbeiten und mühsam gegen die Schulmedizin durchsetzen.

Wir alle wissen, daß positive Gedanken und Gefühle den körperlichen Zustand positiv beeinflussen können. Nicht umsonst sagt man, daß der Patient sein eigener Arzt sein muß: Nur wenn er den Willen zur Gesundheit aufbringt, wenn er sich mit sich selbst und dem Kosmos, mit Gott eins fühlt, kann ihm medizinisch nachhaltig geholfen werden. Ebenso können natürlich negative Gedanken und Gefühle – Haß, Neid, Eifersucht usw. – den Menschen krank machen.

Die Ernährung kann ebenfalls viel für den Gemütszustand eines Menschen bewirken. Warum – beispielsweise – ist Boris Becker ein begeisterter Bananenesser? Die Banane liefert ihm nicht nur Energien, sondern sie aktiviert auch Hormone, die ihn gelassen und positiv gestimmt in ein Spiel gehen lassen. Viele dieser Stoffe und ihre Wirkungen sind heute wissenschaftlich erforscht – Hildegard von Bingen hat vor Hunderten von Jahren bereits intuitiv einige dieser Eigenschaften erkannt. Wenngleich manches uns heute nicht mehr zeitgemäß erscheint – so war sie doch eine Vorreiterin der modernen ganzheitlichen Sicht des Menschen, nicht zuletzt in der Ernährungslehre.

„Die Seele gleicht dem Feuer, der Körper aber dem Wasser, und beide bestehen gemeinsam, denn der Mensch ist ein Geschöpf Gottes. Der Körper ist voller Verlangen, die Seele aber ist das Schaffende. Deshalb ist die Seele mächtiger als der Körper, weil sie sein Verlangen stillt."

Wie entstand Hildegards Ernährungslehre?

HILDEGARD von Bingen hat kein spezielles Werk zur Ernährung geschrieben. Vielmehr sind alle Angaben in diesem Buch verschiedenen anderen Schriften entnommen, in denen sie darauf eingeht, wie wichtig eine ausgewogene Ernährung für die seelische und körperliche Gesundheit des Menschen ist.

In der Hauptsache wird Bezug genommen auf zwei ihrer wesentlichen Werke:

- *Causae et curae* (Die Ursachen der Krankheiten und ihre Heilung)
  In diesem aus fünf Teilen bestehenden Buch spannt Hildegard einen weiten Bogen von der Erschaffung der Welt über die Beschaffenheit des Menschen (wie etwa dessen Temperamente und Körpersäfte) bis hin zu detaillierten Angaben zu einer gesunden Lebensweise ganz allgemein. Im Anschluß daran geht sie auf die einzelnen Krankheiten ein und gibt dabei auch Ernährungshinweise.

- *Physica* (Naturlehre)
  Dieses Werk besteht aus insgesamt neun Teilen, in denen Hildegard sich mit Pflanzen, Elementen, Bäumen, Edelsteinen, Fischen, Vögeln, Reptilien und anderen Tieren sowie Metallen beschäftigt. Diese werden ebenfalls nach ihrer Zuträglichkeit für die menschliche Gesundheit betrachtet.

Aber natürlich sind nicht nur die naturwissenschaftlichen Schriften der Hildegard von Bingen im Zusammenhang mit der Ernährungslehre wichtig. Auch in ihren theologischen Werken weist sie immer wieder darauf hin, daß das rechte Maß – die *discretio* – wie in allen anderen Lebensbereichen so auch in der Ernährung von größter Bedeutung ist.

So ernähren Sie sich richtig und gesund

OBWOHL Hildegard von Bingen nie ein Kochbuch geschrieben hat, wußte sie doch genau, wie wichtig eine richtige Ernährung für die innere und äußere Gesundheit des Menschen ist.

„Wann auch immer der Körper des Menschen ohne Diskretion ißt oder trinkt oder etwas anderes dieser Art verrichtet, werden die Kräfte der Seele verletzt."

Deshalb finden wir in Hildegards Schriften immer wieder sehr detaillierte Hinweise zur Ernährungslehre. Im Mittelpunkt steht dabei das Prinzip der *discretio*, denn „die Seele liebt das vernünftige Maß, und Essen und Trinken können ihr bei Unmäßigkeit Schaden zufügen".

Genauso wie äußere Ereignisse, seelische Schwierigkeiten usw. uns „auf den Magen schlagen", kann eine falsche Ernährung im Umkehreffekt negative seelische Auswirkungen haben. Dagegen kann eine richtige Ernährung nicht nur die Gesundheit stärken, Krankheiten vorbeugen oder sogar lindern und mitunter heilen – sie kann auch auf unsere Gemütsverfassung positiv Einfluß nehmen.

Wenn Hildegard von Bingen von der *discretio* in der Ernährung spricht, meint sie damit durchaus keine kärglichen Mahlzeiten, sondern eine ausgewogene Ernährung, damit es dem Menschen „nicht an der Freude der Seele ermangele".

Vom bewußten Essen

Wenn Essen mehr sein soll als ein bloßes Lebenserhaltungssystem, wenn es mit Genuß, mit gesundheitlichem Wert für Körper und Seele verbunden sein soll, reicht es nicht aus, möglichst „richtige" Nahrungsmittel zu sich zu nehmen, man sollte diese auch in der richtigen Weise würdigen und genießen.

In der Kantine, bei einem Arbeitsessen oder bei einem kleinen Imbiß zwischendurch wird dies meistens nicht möglich sein. Aber zu Hause, in Ihrem eigenen, ganz privaten Umfeld können Sie die Mahlzeiten ganz bewußt gestalten. Das beginnt schon bei der Zubereitung:

- Selbst wenn es abends Fast food aus der Dose oder aus der Tiefkühltruhe gibt, bereiten Sie das Essen mit Liebe zu.

- Denken Sie dabei daran, daß Sie sich selbst und Ihrer Familie etwas Gutes tun wollen, und zwar nicht nur für den Leib, sondern auch für die Seele.

- Wenn Sie aus Zeitmangel nicht die ganze Mahlzeit selbst zubereiten können, haben Sie vielleicht die Möglichkeit, einen frischen Salat vorweg zu machen oder etwas frisches Obst für den Nachtisch herzurichten.

- Decken Sie den Tisch so schön wie möglich – mit Servietten, Blumen, einer Kerze.

- Lassen Sie sich während der Mahlzeiten nicht stören – vor allem nicht durchs Telefon. Sollte ein unangemeldeter Besucher kommen, legen Sie einfach ein zusätzliches Gedeck auf, so war es auch zu Hildegards Zeit in den Klöstern üblich.

Dazu gibt es ein hübsches Sprichwort: „Fünf waren geladen, zehn sind gekommen. Tu Wasser zur Suppe – heiß alle willkommen."

- Besonders wichtig ist es, daß vor der Mahlzeit ein Augenblick der Stille eintritt. Zum einen ist es nämlich nicht selbstverständlich, daß wir uns zu Tisch setzen und satt zu essen haben, deshalb ist ein Moment des dankbaren Innehaltens durchaus angebracht. Zum anderen müssen Körper und Seele zur Ruhe kommen können, damit die Mahlzeit auf beide auch die richtige Wirkung hat.

- Am besten eignet sich dazu ein Tischgebet. Diese schöne Sitte ist uns modernen Menschen, die oft weder eine religiöse Erziehung noch eine kirchliche Bindung haben, leider abhanden gekommen. Dabei hat dieses Gebet nicht nur einen religiösen, sondern auch einen diätetischen Sinn – nämlich: Körper und Seele vor dem Essen zur Ruhe kommen zu lassen.

- Wenn Sie kleine Kinder haben, wird es Ihnen leichtfallen, diese Sitte einzuführen, die nicht nur den Kindern, sondern auch Ihnen selbst einen Ruhepunkt bietet. Übrigens gibt es auch sehr schöne, nicht religiöse Tischsprüche. (Naturgemäß wird sich die Sitte des Tischspruches mit dem Größerwerden der Kinder verflüchtigen – das ist nun einmal so, und man muß es akzeptieren. Zwang wäre hier das falscheste Mittel.)

- Oft ist es so – weil diese Mahlzeit meistens die einzige gemeinsame des Tages ist –, daß alle zur gleichen Zeit etwas erzählen wollen und dabei das Essen einfach hinunterschlingen. Hier hat sich ein kleiner Trick bewährt: Stellen Sie eine Eieruhr auf den Tisch. Bis der Sand durchgelaufen ist, wird nicht geredet, nur in Ruhe gegessen. Während dieser Zeit kann jeder seine Gedanken sammeln und danach viel ruhiger von seinen Erlebnissen und Problemen erzählen.

- Achten Sie darauf, daß jeder seinen Teller und sein Besteck selbst abräumt, so daß der Tisch auch nach dem Essen wieder einen angenehmen Anblick bietet.

- Und: Wenn es jemandem nicht geschmeckt hat, fragen Sie ihn nach seinen Vorlieben, und richten Sie sich von Zeit zu Zeit nach den Wünschen der Familie. Das gesündeste Essen nützt nichts, wenn es aufgezwungen wird – aber Kompromisse sind immer möglich.

Sie sehen: Auch bei dem „Wie" der Nahrungsaufnahme ist Hildegards Regel vom rechten Maß von größter Bedeutung.

Vier Elemente, vier Säfte

HILDEGARD von Bingen kannte natürlich die Fachbegriffe unserer modernen Ernährungswissenschaft wie Kalorien (oder Joule), Eiweißgehalt, Spurenelemente, Vitamine usw. noch nicht. Alle diese Zusammenhänge wurden viel später entdeckt – teilweise erst in unserem Jahrhundert.

Dafür gab es im Mittealter eine Systematik, die uns heutzutage unbekannt ist. So unterscheidet Hildegard die Nahrungsmittel, aber auch die Beschaffenheit des Menschen nach den vier Elementen:

Feuer = warm,
Luft = kalt,
Wasser = feucht,
Erde = trocken.

Die „trockenen" Menschen beispielsweise sind in Hildegards Kategorien eher dünn und können deshalb Nahrungsmittel vertragen, die einem „feuchten" (etwa lungenkranken) Menschen nicht bekömmlich sind. So ordnet sie jedem Menschen die zu ihm passende Nahrung zu.

Auch die vier Körpersäfte (die *humores*), die schon in der altgriechischen Medizin eine wichtige Rolle spielten, werden von ihr angeführt:

Blut,
Schleim,
gelbe Galle,
schwarze Galle.

In ihren Hinweisen zur Ernährungslehre bezieht Hildegard von Bingen sich hauptsächlich auf Blut und Schleim, die durch eine falsche Ernährung beeinträchtigt bzw. hervorgerufen werden können.

Daß das Blut als „Lebenssaft" sehr wichtig ist und durch eine entsprechende Ernährung gestärkt werden muß, ist uns modernen Menschen geläufig. Mit dem „Schleim", der – laut Hildegard – beispielsweise durch das Essen von Erdbeeren erzeugt wird, wissen wir allerdings weniger anzufangen. Hildegard-Forscher vermuten, daß sie sich dabei auf die lymphatischen Organe des Menschen bezieht. Die Lymphe ist eine klare, farblose bis gelblichweiße Flüssigkeit, die aus den Blutgefäßen austritt, in die Zellzwischenräume gelangt und von dort ins Lymphsystem abgeleitet wird. Sie hat die gleichen Bestandteile wie das Blutplasma und dient dem Transport von Nährstoffen in das Gewebe sowie dem Abtransport von Abfallstoffen.

Obwohl Hildegard von diesen wissenschaftlichen Zusammenhängen noch nichts ahnen konnte, hatte sie doch ein intuitives Wissen über die Aufgabe der Lymphe und warnt deshalb immer wieder vor schleimbildenden Nahrungsmitteln.

Die Lebensmittel der Hildegard-Küche

Getreide

Getreide ist eine der Hauptgrundlagen von Hildegards Ernährungslehre. Es war und ist eines unserer wertvollsten Lebensmittel. Während es im Mittelalter mehr oder weniger die Nahrungsgrundlage zumindest der ärmeren Bevölkerung darstellte, ist es heute eine wichtige Ergänzung unseres Speiseplans. Dabei sollte aber unbedingt das unbehandelte, keimfähige Getreidekorn verwendet werden, das vor der Verwendung jeweils frisch gemahlen wird – entweder im Naturkostladen, im Reformhaus oder in der eigenen Getreidemühle. Wenn Sie diese Möglichkeiten nicht haben oder die Getreideküche erst einmal ausprobieren wollen, können Sie auch fertiggemahlene Vollkornmehle verwenden, die es inzwischen sogar in Supermärkten zu kaufen gibt.

Werfen wir nun einen Blick auf die verschiedenen Getreidearten:

Dinkel
Der Dinkel ist das für die Ernährungslehre der Hildegard von Bingen wichtigste Getreide. Er ist eine Kulturform des Weizens, die wahrscheinlich schon im alten Ägypten angebaut wurde. In deutschen Gebieten war der Dinkel früher ebenfalls sehr beliebt, da er – obwohl nicht sonderlich ertragreich – auch auf kargen Böden und bei rauhen Witterungsbedingungen wächst.

Dinkel enthält reichlich Eiweiß, Kalium, Phosphor und Eisen. Außerdem haben Backwaren und Mehlspeisen, die mit Dinkel hergestellt werden, einen besonders herzhaften, nußartigen Geschmack. Auch Grünkern ist ein Dinkelprodukt. Dafür wird der Dinkel unreif geerntet (daher der Name) und auf speziellen Darren geröstet. So erhält er ein besonders würziges Aroma. Viele leckere Rezepte dazu finden Sie in einem der weiteren Bände, dem *Dinkelkochbuch*. Ganz allgemein können Sie Dinkel genauso wie Weizen beim Kochen und Backen verwenden. Das günstigste Ergebnis erzielen Sie, wenn Sie ein Drittel bis die Hälfte der angegebenen Weizenmenge durch Dinkel ersetzen.

Hildegard betont besonders die Milde und die gute Verträglichkeit des Dinkels:

„Der Dinkel ist das beste Getreide. Er ist warm und fett und kräftig. Er ist heilsam für Fleisch und Blut und er macht den Menschen fröhlich. In welcher Zubereitung man den Dinkel auch ißt, ob als Brot oder in einer anderen Speise – er ist immer gut und mild." (*Physica*)

Gerste

Die Gerste ist eine der ältesten Kulturpflanzen. Besonders bei den Griechen wurde sie sehr geschätzt – diese betrachteten sie als ein Geschenk der Göttin Demeter, der „Getreidemutter". Gerstenbrei und Fladenbrot aus Gerstenmehl gehörten lange Zeit zu den Hauptnahrungsmitteln unserer Vorfahren.

Gerste enthält viele Vitamine und Mineralstoffe, vor allem Kalium, Kalzium, Phosphor und Kieselsäure. Gerstenschleim kann vor allem bei Magen- und Darmerkrankungen eine wirksame Krankenkost sein. Und natürlich werden aus Gerste auch die meisten Bierarten gebraut. In dieser Form ist diese Getreideart laut Hildegard sowohl Gesunden wie Kranken zuträglich. Ansonsten nämlich hält sie die Gerste nicht für besonders empfehlenswert, denn:

„Die Gerste ist kälter und schwächer als andere Feldfrüchte. Wenn sie als Brot oder in Mehlspeisen gegessen wird, schadet sie sowohl Gesunden wie Kranken, eben weil sie nicht solche Kräfte hat wie die übrigen Arten der Feldfrüchte." (*Causae et curae*)

Hafer

Auch Haferbrei war über lange Zeiten hinweg die Alltagsspeise unserer Vorfahren. In England und vor allem in Schottland ißt man heute noch vielfach das morgendliche Porridge, weil es kräftigend nicht nur auf den Körper, sondern auch auf die Seele wirkt. Nicht umsonst sagt man, daß Pferde, die mit reichlich Hafer gefüttert werden, besonders feurig sind.
Hafer enthält reichlich Eiweiß, Kieselsäure, Kalzium, Phosphor und Fluor, außerdem die Vitamine B1, B2, B6, E und das selten vorkommende Biotin (Vitamin H), das sich besonders günstig auf Haut und Haare auswirkt.

Hildegard empfiehlt den Hafer nicht nur als gesunde Kost, sondern auch als natürlichen Stimmungsaufheller:
„Der Hafer ist warm und eine beglückende und gesunde Speise für gesunde Menschen. Er macht ihren Sinn froh und ihren Verstand hell und klar; außerdem wird ihre Gesichtsfarbe davon frisch und ihr Fleisch gesund. Auch Menschen, die etwas schwächlich sind, ist Hafer empfehlenswert und schadet ihnen nicht. Sehr kranken Menschen allerdings ist Hafer nicht so bekömmlich, denn er sucht immer Wärme. Da sehr kranke Menschen aber kalt sind, würde sich der Hafer in ihrem Bauch wälzen und ihnen keine Kraft geben, sondern eher Beschwerden verursachen." (*Physica*)

Hirse

Die Hirse, die über Indien und China nach Europa gelangte, wurde früher auch bei uns angebaut. Da Hirse zum Gedeihen allerdings viel Wärme braucht, wird sie heute vor allem in Afrika, Asien und Südamerika kultiviert.

Selbst geschälte Hirse ist noch ein wertvolles Getreideprodukt, denn im Gegensatz zum Weizen sind ihre Wirkstoffe nicht nur in der äußeren Hülle, sondern im ganzen Korn vorhanden. Von allen Getreidearten enthält die Hirse die meisten Mineralstoffe – so können wir schon mit 50 Gramm Hirse unseren gesamten Tagesbedarf an Eisen decken! Weitere wichtige Inhaltsstoffe sind Magnesium, Kalium, Phosphor und Fluor.

Trotzdem bewertet Hildegard die Hirse nicht besonders positiv:
> „Die Hirse ist kalt und etwas warm. Sie ist für den Verzehr nicht geeignet, weil sie weder Fleisch noch Blut kräftigt. Sie füllt lediglich den Bauch, mindert aber nicht den Hunger, weil sie keinen erquickenden Geschmack hat. Außerdem macht sie das Gehirn des Menschen wässerig." (*Physica*)

Roggen
Roggenbrot war eines der wichtigsten Nahrungsmittel der Kelten, Slawen und Germanen. Die Römer lehnten diese kräftig schmeckende „Barbarenspeise" ab und hielten sich lieber an das helle Weizenbrot, das auch in Deutschland bei Hofe üblich und gewissermaßen ein Statussymbol war. Roggen gedeiht selbst in nördlichen Ländern und in Bergregionen, wo kein Weizen mehr gedeiht.

Roggen enthält in reichem Maße Vitamine des B-Komplexes sowie Mineralien, vor allem Kalium, Phosphor, Fluor, Kieselsäure und Eisen.

Hildegard lobt den Roggen wegen seiner gesundheitlich vorteilhaften Eigenschaften, rät aber vernünftigerweise Kranken und Menschen mit einem schwachen Magen davon ab, weil er für sie zu schwer verdaulich ist:

„Der Roggen ist warm, allerdings kälter als der Weizen, und er hat viel Kraft. Das aus Roggen gebackene Brot ist gut für gesunde Menschen, denn es macht sie stark. Übergewichtige behalten durch Roggenbrot ihre Kraft, ohne dabei zuzunehmen. Menschen, die einen kalten Magen haben und dadurch entkräftet sind, sollten keinen Roggen essen, weil er für sie zu schwer verdaulich ist." (*Physica*)

Weizen
Unser heutiger Weizen entstand aus verschiedenen Wildformen durch Züchtung. Dies gelang allerdings erst in geschichtlicher Zeit, es handelt sich also um eine recht „moderne" Form des Getreides. In Europa kannte man vorher nur Getreidearten, die ein dunkleres Mehl lieferten. Deshalb wurden der mildere Geschmack und die feinere Beschaffenheit der aus Weizen hergestellten Backwaren und Mehlspeisen besonders hoch geschätzt. Außerdem eignet sich Weizen durch seinen hohen Anteil an „Klebereiweiß" besonders gut zum Backen.

Wichtig bei der Verwendung von Weizenmehl ist, daß es naturbelassen ist und die gröberen Kleieanteile nicht ausgesiebt worden sind. Gerade diese enthalten nämlich die wichtigsten Inhaltsstoffe: die Vitamine B1, B2, B6 und Karotin (eine Vorstufe des Vitamins A), außerdem die Mineralstoffe Kalium, Phosphor, Magnesium und Kieselsäure.

Hildegard empfiehlt den Weizen für Gesunde und Kranke gleichermaßen:
„Der Weizen ist warm und eine vollkommene Frucht, in ihm mangelt es an nichts. Das aus Vollkornmehl hergestellte Brot ist gut für Gesunde und Kranke und verbessert deren Fleisch und Blut. Wird aber die Kleie ausgesiebt, so ist das daraus hergestellte Brot kraftloser und schwächer, als wenn es aus dem vollen Korn hergestellt wird." (*Physica*)

Gemüse

Frisches Gemüse ist uns zu allen Jahreszeiten lebensnotwendig. Im Mittelalter hatte man noch nicht die Möglichkeiten, die es heute gibt und die es uns ermöglichen, das ganze Jahr über frisches Gemüse aus aller Herren Länder im Supermarkt um die Ecke zu kaufen. Deshalb hatten die Gemüsearten, die im Frühjahr bis zum Herbst im Garten oder auf dem Feld wuchsen, einen besonders hohen Stellenwert.

Auch wenn uns heute fast alles „verfügbar" ist, sollten Sie sich doch beim Einkauf und beim Zubereiten einige Gedanken machen, wenn Sie sich nach Hildegards Ernährungslehre richten möchten, die ja in den meisten Punkten der modernen Ernährungswissenschaft entspricht:

- Am wertvollsten ist natürlich das Gemüse, das Sie unmittelbar vor der Zubereitung frisch im Garten geerntet haben (und das natürlich weder mit Kunstdünger noch mit Spritzmitteln behandelt wurde!).

- Wenn Sie Gemüse kaufen, achten Sie auf seine Herkunft und beziehen Sie möglichst frisches Gemüse direkt von einem biologisch wirtschaftenden Bauern (viele dieser Landwirte betreiben inzwischen eigene „Hofläden"), aus dem Naturkostladen oder aus dem Reformhaus, das meistens ebenfalls biologisch gezogenes Gemüse bereithält.

- Wenn Sie im Supermarkt einkaufen, achten Sie auf das Herkunftsland, und bevorzugen Sie einheimisches Gemüse.

- Bei der Vorbereitung des Gemüses sollten Sie – wo immer möglich – auf das Schälen verzichten, weil gerade in den Schalen vieler Gemüse die wertvollsten Inhaltsstoffe stecken. Das gilt beispielsweise für Möhren, die nur mit einer Gemüsebürste unter fließendem Wasser gesäubert werden sollten. Schlechte Stellen oder Wurmlöcher werden anschließend mit einem Messer entfernt.

- Als Rohkost genossen, ist das Gemüse meistens am wertvollsten (Vorsicht: Grüne Bohnen dürfen nicht roh gegessen werden, weil sie in ungekochtem Zustand Vergiftungserscheinungen hervorrufen können!), bedeutet aber eine starke Belastung für das Verdauungssystem, die nur wirklich gesunde Menschen gut verkraften. Deshalb sollten Sie Rohkostsalate immer mit einer Marinade anmachen, die ein gutes Pflanzenöl enthält. Rezepte dazu finden Sie in dem Band *Küche aus der Natur.*

- Aber auch gedünstetes Gemüse enthält noch einen Großteil der wertvollen Inhaltsstoffe. Wichtig ist dabei, daß Sie das Gemüse nicht „totkochen", sondern „al dente", also bißfest, auf den Tisch bringen. Am besten garen Sie Gemüse in wenig Wasser, dem Sie etwas gutes Pflanzenöl zugesetzt haben. So bleiben Geschmack und Struktur erhalten.

- Butter, Sahne und Milch sollten Sie erst nach dem Kochen des Gemüses hinzufügen.

Kommen wir nun zu den von Hildegard von Bingen bevorzugten Gemüsen. Einige davon sind uns auch heute vertraut, bei anderen handelt es sich um Wildgemüse, die sich nur in der freien Natur finden.

Gartengemüse

Bohnen
Die Bohnen gehören weltweit zu den wichtigsten pflanzlichen Eiweißlieferanten. Bei uns kennt man nur wenige Arten, während etwa auf südamerikanischen Märkten mindestens

zwei Dutzend verschiedene Sorten angeboten werden. Bohnen sind deshalb so besonders wertvoll, weil einem hohen Eiweiß- und Kohlenhydratgehalt ein sehr niedriger Fettgehalt gegenübersteht. Auch lebenswichtige Aminosäuren sind in Bohnen in reichem Maße enthalten. Vor allem Lysin, das das Knochenwachstum fördert, findet sich in Bohnen reichhaltiger als im Getreide.

Hildegard von Bingen empfiehlt Bohnen als besonders gesunde Nahrung – allerdings nicht die grünen Bohnen, da diese „unreif geerntet werden". Über die getrockneten Bohnenkerne schreibt sie:
„Die Bohne ist warm. Sie ist gut für gesunde und starke Menschen und empfehlenswerter als die Erbse. Wenn Kranke Bohnen essen, schadet dies ihnen kaum, denn sie erzeugt nicht so viel Flüssigkeit und Schleim wie die Erbse. Besonders das Bohnenmehl ist gut und nützlich für den gesunden wie für den kranken Menschen, denn es ist leicht verdaulich. Wer allerdings Schmerzen in den Eingeweiden hat, sollte Bohnen in Wasser unter Beigabe von etwas Öl kochen, die Bohnen herausnehmen und lediglich die warme Brühe trinken." (*Physica*)

Erbsen
Für die Menschen der gemäßigten Klimazonen ist die Erbse heute die wichtigste Hülsenfrucht. Sie hat einen hohen Nährwert durch ihren Eiweiß- und Stärkegehalt und enthält außerdem reichlich Vitamin B und C. Die Erbse gehört zu den ältesten vom Menschen kultivierten Pflanzen überhaupt und hatte eine große Bedeutung für die ersten Ackerbauern.

Hildegard hat keine Bedenken, wenn ein gesunder Mensch Erbsen ißt. Kranken Menschen aber rät sie eher davon ab:
„Die Erbse ist kalt und etwas schleimig. Sie macht die Lunge dämpfig. Für Menschen, die von warmer Natur sind, ist

sie allerdings gut zu essen und gibt ihnen Kraft. Wer aber von kalter Natur und krank ist, sollte keine Erbsen essen, weil sie Schleim in seinem Mund erzeugen. Für alle Kranken ist die Erbse schädlich, und sie enthält keine Kräfte, die die Krankheit austreiben könnten." (*Physica*)

Fenchel
So, wie der Dinkel Hildegards Lieblingsgetreide ist, ist der Fenchel ihr Lieblingsgemüse. Er wird schon auf altägyptischen Papyrusrollen erwähnt und scheint um das gesamte Mittelmeergebiet verbreitet gewesen zu sein. Auch Karl der Große empfahl ihn zum Anbau in Schloß- und Klostergärten in seinem *Capitulare de villis*, in dem er die wichtigsten Heil- und Gemüsepflanzen auflistet.

Fencheltee ist bei uns seit langem als wirksames Heilmittel vor allem gegen Blähungen und Magen-Darm-Beschwerden (hauptsächlich bei Kleinkindern) bekannt. Als Gemüse gewinnt der Fenchel erst seit einigen Jahren wieder den Platz, der ihm durch seinen Wohlgeschmack und Vitaminreichtum zusteht.

Hildegard empfiehlt ihn ohne jede Einschränkung sowohl gesunden wie kranken Menschen:
„Der Fenchel hat eine angenehme Wärme und ist weder von trockener noch von kalter Natur. Auch roh gegessen, schadet er dem Menschen nicht. In welcher Zubereitung er auch gegessen wird – er macht den Menschen fröhlich, vermittelt ihm eine angenehme Wärme und sorgt für eine gute Verdauung." (*Physica*)

Gurken

Die Gurke gehört zu den Kürbisgewächsen. Im alten Ägypten wurde sie schon 2000 Jahre vor unserer Zeitrechnung kultiviert, in Rom wurde sie bereits unter Glas kultiviert. Gurken haben einen geringen Nährwert und enthalten auch nur wenige Vitamine und Mineralstoffe. Ihr ernährungsphysiologischer Wert besteht in erster Linie in einer appetitanregenden und geschmacksverbessernden Wirkung.

Hildegard rät sowohl Gesunden wie Kranken vom Verzehr von Gurken ab, denn:
„Die Gurken sind feucht und kalt und wachsen von der Feuchtigkeit der Erde. Sie bringen die Bitterkeit der Säfte des Menschen in Bewegung. Für Kranke sind sie gänzlich untauglich." (*Physica*)

Kichererbsen

Die Kichererbse könnte man auch als Erbse der Trockengebiete bezeichnen, denn sie ist extrem dürrefest. Deshalb wird sie vielfach in Gebirgsregionen oder in anderen niederschlagsarmen Gebieten angebaut. In Indien beispielsweise ist die Kichererbse die wichtigste Hülsenfrucht überhaupt. Von Rom aus kam sie auch nach Germanien.

Die Kichererbse enthält viel Eiweiß und reichlich Kohlenhydrate bei einem sehr niedrigen Fettgehalt. Die nußartig schmeckenden geschälten und gerösteten Samen sind im Orient und im Mittelmeerraum ein beliebtes Naschwerk. Und heute noch führen die Hirten in Mittelasien stets geröstete Kichererbsen als haltbaren Marschproviant auf ihren Wanderungen mit sich.

Hildegard kann Kichererbsen nur empfehlen – für gesunde wie für kranke Menschen:

„Die Kichererbse ist warm und angenehm, und sie ist leicht zu essen. Sie wird niemals die üblen Säfte dessen vermehren, der sie ißt. Wenn jemand Fieber hat, sollte er geröstete Kichererbsen essen, die bald zu einer Heilung führen." (*Physica*)

Kohl
Es gibt bei uns zahlreiche Kohlsorten, etwa Weiß- und Rotkohl, Rosenkohl, Grünkohl, Blumenkohl und Brokkoli. Manche Arten wurden bereits in der Steinzeit angebaut. Die meisten Kohlsorten werden heute weltweit kultiviert. Beliebt ist der Kohl nicht nur wegen seiner hohen Erträge, sondern auch wegen seines hohen ernährungsphysiologischen Wertes: Kohl enthält neben einem hohen Anteil an Eiweiß und Kohlenhydraten auch zahlreiche Vitamine – man denke nur an den Vitamin-C-Gehalt des Sauerkrautes!

Hildegard macht zum Kohl recht detaillierte Angaben, z. B. daß er nur für gesunde, schlanke Menschen geeignet ist und möglichst nicht zu stark gekocht werden sollte:
„Die Kohlarten sind von feuchter Natur. Der Wirsing ist etwas mehr kalt als warm und ein wenig von trockener Natur. Kohl wächst von der Flüssigkeit des Taus und von der Luft. Der Saft des Kohls ist dem Menschen nicht sehr nützlich. Manchmal werden durch ihn Krankheiten erzeugt, und schwache Eingeweide werden verletzt. Gesunde Menschen, die starke Adern haben, können diese Säfte durchaus bewältigen. Aber fettleibigen und kranken Menschen ist dieser Überfluß an Saft nicht zuträglich, weshalb sie auf Kohl verzichten sollten. Als Mus oder mit Fleisch gekocht sind die verschiedenen Kohlarten ebenfalls schädlich, denn sie vermehren eher die üblen Säfte im Menschen, als daß sie diese vermindern." (*Physica*)

Kürbis

Der Kürbis gehört zu den von Hildegard bevorzugten Gemüsen. Der Speisekürbis, wie wir ihn *heute* kennen, stammt aus dem südlichen Nordamerika, höchstwahrscheinlich aus Mexiko. Aber auch im Mittelmeerraum wurden bereits zahlreiche Kürbisgewächse kultiviert, auf die Hildegard sich wahrscheinlich bezieht.

Das Fleisch ist sehr faserreich und enthält Karotin, die Vorstufe des Vitamins A. Außerdem enthält es Stärke und natürlichen Zucker, ist also überaus nahrhaft, ohne belastend zu sein. Aus Kürbissen lassen sich neben dem Kürbisbrot viele andere leckere und gesunde Speisen zubereiten. In einem späteren Band werden Sie dazu zahlreiche Rezepte finden.

Hildegard empfiehlt den Kürbis ohne Einschränkungen für gesunde und kranke Menschen:
> „Die Kürbisse sind trocken und kalt. Sie wachsen im wesentlichen von der Luft. Sie sind für Kranke und Gesunde gut zu essen." (*Physica*)

Möhren

Die Möhre hat sich aus einer Wiesenpflanze entwickelt. Ihre Wurzel war früher gelb gefärbt. Durch Züchtung entstanden die orangefarbenen, besonders karotinreichen Arten, die wir heute kennen. Die Araber brachten die Möhre nach Spanien, von dort verbreitete sie sich schnell bis nach Mitteleuropa. Zu Hildegards Zeiten wird man also nur die hellen Möhrenwurzeln oder – in seltenen Fällen – die purpurfarbene Art gekannt haben.

Möhren zeichnen sich durch einen hohen Vitamingehalt (Vitamin B, C, vor allem das Provitamin A, das Karotin) und den Mineralstoffreichtum aus, aber auch durch einen relativ hohen Kohlenhydratanteil, insbesondere Zucker. Heute werden Möhren als eine ideale Kindernahrung betrachtet.

Hildegard empfiehlt die Möhre sowohl für die Ernährung von gesunden wie auch von kranken Menschen:
„Die Mohrrübe ist eine Erquickung für den Menschen. Weder nützt noch schadet sie seiner Gesundheit, aber sie füllt den Bauch." (*Physica*)

Pastinaken
Pastinaken wurden bereits in der Antike kultiviert, werden heute aber nur noch selten angebaut. Die weißlichgelben Rüben weisen einen noch höheren Zuckergehalt als Möhren auf, haben aber einen strengeren Geschmack.

In Hildegards Werken stimmen die Texte über Mohrrüben und Pastinaken fast wörtlich überein:
„Der Pastinak ist kalt und eine Erfrischung für den Menschen. Er nützt ihm nicht viel zur Gesundheit noch schadet er ihm. Aber er füllt lediglich den Bauch des Menschen." (*Physica*)

Pilze
Pilze werden wegen ihres Wohlgeschmacks und ihres Eiweißgehalts auch als „pflanzliches Fleisch" bezeichnet. Dabei haben sie nur wenige Kalorien. Noch bis in unsere Zeit wurden Pilze vorwiegend auf Wiesen und in Wäldern gesammelt. Natürlich sind Wildpilze wesentlich schmackhafter als Zuchtpilze, aber leider werden sie durch die in der Luft enthaltenen Schadstoffe (insbesondere durch das Schwermetall Kadmium) besonders stark belastet. Hinzu kommt, daß selbst Jahre nach dem Reaktor-Unglück von Tschernobyl die radioaktive Strahlung sich immer noch auf die Wildpilze auswirkt. Besonders Kindern sollte man deshalb nur Zuchtpilze geben.

Hildegard von Bingen hat sehr ausführlich über die Pilze geschrieben, empfiehlt aber im wesentlichen Pilze, die in der

Nähe von Buchen und Weiden wachsen. Insgesamt lehnt sie den Verzehr von Pilzen eher ab:

> „Die Pilze, die über der Erde entstehen, welcher Art sie auch seien, sind wie Schaum und wie der Schweiß der Erde. Sie können dem Menschen, der sie ißt, mitunter schaden, weil sie in seinem Inneren ebenfalls Schleim und Schaum verursachen können." (*Physica*)

Rettich
Vor mehr als fünf Jahrtausenden war der Rettich bereits im Babylonischen und im Ägyptischen Reich ein wichtiges Gemüse. Es gab damals bereits mehrere Sorten. Die Römer brachten den Rettich in ihre germanischen Besitzungen, wo er um die Zeitenwende bereits weithin kultiviert wurde. Auch Radieschen gehören zu den Rettichgewächsen, entstanden in der uns bekannten Form allerdings erst durch Züchtung Ende des 18. Jahrhunderts. Rettiche sind reich an Vitaminen, Mineralstoffen und Aminosäuren. Da sie verdauungsfördernd und harntreibend wirken, findet man die aus ihnen gewonnenen Säfte auch fertig zubereitet im Reformhaus.

Hildegard weiß um den gesundheitlichen Nutzen des Rettichs und setzt sich deshalb ausführlich mit seiner Wirkung und Zubereitung auseinander:

> „Der Rettich ist mehr warm als kalt. Nachdem er ausgegraben ist, sollte man ihn unter der Erde oder in einem feuchten Keller zwei oder drei Tage liegen lassen, damit das Grün etwas abwelkt. Dadurch wird der Rettich besser verdaulich.
> Rettich macht das Gehirn klar und vermindert die schädlichen Säfte der Eingeweide. Wenn ein starker, fettleibiger Mensch Rettich ißt, ist dies heilsam für ihn, weil es ihn innerlich reinigt. Für kranke und eher magere Leute dagegen kann der Rettich schädlich sein. Wenn ein Kranker Rettich essen will, sollte er diesen zunächst auf einem erhitzten

Stein trocknen und danach zu Pulver zerkleinern. Dieses Pulver sollte mit hellem oder geröstetem Salz und Fenchelsamen gemischt und auf Brot gestreut werden. Dann wirkt der Rettich auch bei Kranken innerlich reinigend und kräftigend." (*Physica*)

Rote Bete

Die roten Bete stammen mit größter Wahrscheinlichkeit vom Mangold ab. Wie die meisten Rübensorten dieser Art wurden sie erst im Mittelalter kultiviert. Sie sind sehr vitaminreich und enthalten natürlichen Zucker sowie wichtige organische Säuren.

Hildegard von Bingen empfiehlt dieses für sie damals noch recht neue Gemüse sowohl für Gesunde als auch für Kranke. Allerdings sollte die rote Bete vor dem Verzehr geschält und gekocht werden.

„Die rote Bete ist mehr warm als kalt, und sie liegt schwer im Magen. Trotzdem ist sie leicht verdaulich. Wer sie roh essen will, sollte sie vorher schälen, weil ihr Grün dem Menschen schädlich ist. Gekocht allerdings ist sie besser als roh, weil sie keine üblen Säfte im Menschen hervorruft." (*Physica*)

Salat

Gartensalat – oder Lattich, wie Hildegard ihn nennt – enthält viele Vital- und Ballaststoffe, dagegen kaum Kalorien. Schon im alten Rom wußte man den grünen Salat zu schätzen und baute ihn in den Gemüsegärten an. Uns sind neben dem gängigen Kopfsalat inzwischen viele andere Sorten verfügbar: Radicchio, Eichblattsalat, Eisbergsalat, Lollo rosso usw. – eine Vielfalt, die unseren täglichen Salatteller auch optisch bereichern kann. Zur besseren Verdaulichkeit ist es wichtig, den Salat mit einer entsprechenden Marinade anzumachen. Hildegard empfiehlt den „Lattich" zwar nicht ausdrücklich, rät vielmehr manchen Menschen davon ab, gibt aber andererseits recht detaillierte Hinweise zu seiner Zubereitung:

> „Die Lattiche sind sehr kalt. Wenn man sie ohne Würze ißt, machen sie mit ihrem unnützen Saft das Gehirn des Menschen leer und füllen seinen Magen mit Krankheiten. Wer Lattiche essen will, sollte diese zuvor mit einer Beize aus Dill, Knoblauch und Essig übergießen. Wenn Lattiche auf diese Art mäßig genossen werden, können sie das Gehirn und die Verdauung stärken." (*Physica*)

Sellerie

Vor der Zeitenwende wurde nicht nur Wildsellerie in der Küche verwendet – es gab auch schon Kulturformen dieses Wurzelgemüses. Die Römer brachten den Sellerie nach Mitteleuropa, wo er bald in den Klostergärten heimisch wurde. Meistens handelte es sich dabei allerdings um Schnittsellerie, die heute charakteristische Kugelform wurde erst später gezüchtet.

Besonders wichtig beim Sellerie ist seine gute Lagerfähigkeit, die ihn zu einem idealen Wintergemüse macht. Sellerie ist sehr vitaminreich und enthält außerdem reichlich Kalium und Kalzium.

Hildegard rät davon ab, rohen Sellerie zu essen. Ungeeignet ist er vor allem für depressive Menschen, deren negative Stimmung er eher noch verstärken würde.

> „Der Sellerie ist warm. Er ist mehr von grüner als von trockener Natur. Er hat viel Saft in sich und sollte nicht roh gegessen werde, weil er üble Säfte im Menschen hervorrufen kann. Gekocht aber schadet er den Menschen nicht, sondern bildet im Gegenteil gesunde Säfte. Auf welche Weise er aber auch gegessen wird: Er kann zu unstetem Verhalten führen, weil sein Grün dem Menschen mitunter schadet und ihn melancholisch macht." (*Physica*)

Zwiebeln
Zwiebeln zählen zu den ältesten Kulturpflanzen der Menschheit. Schon die Arbeiter, die im alten Ägypten die Pyramiden bauten, handelten in ihren Arbeitsverträgen ein festes Quantum an Zwiebeln pro Tag aus. In Rom gab es auf die Zwiebelzucht spezialisierte Gärtner, denen bereits verschiedene Zwiebelsorten bekannt waren. Den Römern verdanken wir zudem die Ausbreitung des Anbaues nach Norden. In Mitteleuropa hat die Zwiebel erst im Mittelalter Anklang gefunden.

Zwiebeln sind sehr nahrhaft. Sie enthalten Kohlenhydrate, hauptsächlich in Zuckerform, und Eiweiß. Dazu sind sie reich an Mineralstoffen und Vitaminen – vor allem an Vitamin A, B, C und P. Ihre gute Lagerfähigkeit macht sie besonders in der vitaminarmen Winterzeit zu einer besonders wertvollen Nahrungspflanze.

Allerdings kann sie zu Verdauungsbeschwerden wie z.B. Blähungen führen. Das gilt vor allem für Magenkranke, denen Hildegard denn auch grundsätzlich vom Zwiebelgenuß abrät. Gesunde Menschen jedoch profitieren von den Zwiebeln, die allerdings vor dem Verzehr gekocht werden sollten.

Hildegard schreibt über die Zwiebel:
„Die Zwiebel hat nicht die richtige Wärme, sondern eher eine scharfe Feuchtigkeit. Roh ist sie schädlich, ja giftig – wie der Saft unnützer Kräuter. Gekocht aber ist sie gesund zu essen, weil durch das Feuer (beim Kochen) das Schädliche in ihr vermindert wird. Gerade bei Fieber und Gicht können gekochte Zwiebeln heilsam wirken. Allen Magenkranken aber sind Zwiebeln – ob roh oder gekocht – eher schädlich, weil sie ihnen Schmerzen bereiten können."
(*Physica*)

Wildgemüse

Die von Hildegard empfohlenen Wildgemüse wird es leider nur in den seltensten Fällen zu kaufen geben. Wenn Sie einen eigenen Garten haben, können Sie diese Gemüse selbst anbauen. Aber Sie können die Gemüse auch selbst sammeln – in der freien Natur. Dabei ist es allerdings wichtig, daß Sie darauf achten, daß die Wiesen, Weg- und Bachränder nicht gespritzt oder verschmutzt sind (beispielsweise durch Autoabgase). Zu den Standorten der einzelnen Wildgemüse finden Sie in den Bänden *Küche aus der Natur* und *Pflanzen- und Kräuterkunde* nähere Auskunft.

Im Mittelalter war die Gartenkultur nur in Kloster- und Schloßgärten entwickelt. Deshalb mußte gerade die arme Bevölkerung – und das war die Mehrzahl – sich ihr Frischgemüse, das zur Deckung des Vitaminbedarfs (von dem man damals allerdings noch nichts wußte, man erahnte nur instinktiv die Bedürfnisse des Körpers) nötig war, in der freien Natur sammeln. Glücklicherweise verfügten die Menschen damals über ein umfangreiches Wissen, was eßbare und nicht eßbare Blätter, Wurzeln usw. anbelangt, das von Generation zu Generation weitergegeben wurde. Dieses Wissen ist den meisten von uns heute abhanden gekommen – wir brauchen es im Grunde auch nicht mehr, weil uns ja jederzeit frisches Gartengemüse zur Verfügung steht. Trotzdem lohnt es sich, diese Wildgemüse einmal auszuprobieren – zum einen, weil sie ganz anders schmecken als Zuchtgemüse, zum anderen wegen ihres besonderen gesundheitlichen Wertes, den Hildegard immer wieder betont. Vor anderen Wildgemüsen, die wir vielleicht schon in der eigenen Küche ausprobiert haben, warnt sie wiederum, weil sie dem Menschen nicht zuträglich sind.

Im folgenden ein Überblick über die Wildgemüse, die Hildegard in ihren Büchern erwähnt:

Brennessel

Die Brennessel wurde und wird gerne als Wildgemüse verwendet – ebenfalls als Spinat, in Suppen und Soßen. Ärgern Sie sich also nicht darüber, wenn im Frühjahr die Brennesseln üppig in Ihrem Garten sprießen. Nutzen Sie sie lieber mit Freude für köstliche und gesunde Frühlingsgerichte. (Rezepte finden Sie in *Küche aus der Natur* und *Pflanzen- und Kräuterheilkunde*.)

Brennesseln enthalten reichlich Vitamin B und C, außerdem Lezithin (ein fettähnlicher Stoff, der für den Aufbau der pflanzlichen, tierischen und menschlichen Zellen notwendig ist) und Kieselsäure. Hildegard empfiehlt vor allem das junge Brennesselgemüse im Frühjahr für gesunde und kranke Menschen:

„Die Brennessel ist in ihrer Art sehr warm. Allerdings sollte man sie wegen ihrer Rauheit nicht roh essen. Aber gekocht ist sie -besonders wenn sie frisch aus der Erde sprießt – nützlich für die Speisen des Menschen: Sie reinigt den Magen und entfernt den Schleim." (*Physica*)

Brunnenkresse

Die wildwachsende Brunnenkresse kann man das ganze Jahr über sammeln. Dabei sollte man aber darauf achten, daß die Gewässer, an deren Rändern sie wächst, nicht verschmutzt sind. Gerade aufgrund ihrer fast ganzjährigen Verfügbarkeit war die Brunnenkresse im Mittelalter eine willkommene Abwechslung zur eintönigen Winterkost.

Brunnenkresse ist sehr reich an Vitaminen und Mineralstoffen, vor allem Karotin (Provitamin A), Vitamin B2 und C, außerdem an Kalzium, Eisen, Schwefel, Kupfer und Jod. Das gleiche gilt übrigens auch für die Gartenkresse (die sich sogar auf der Fensterbank ziehen läßt). Diese ist weniger aromatisch als die Brunnenkresse, aber schärfer.

Hildegard empfiehlt die Brunnenkresse vor allem gesunden Menschen als Verdauungshilfe. Bei Kranken kann sie die Heilung verschiedener Leiden unterstützen.

„Die Brunnenkresse ist von warmer Natur. Sie nützt dem Menschen nicht viel, aber sie schadet ihm auch nicht viel. Aber wer unter Gelbsucht oder Fieber leidet, sollte zur Gesundung leicht gedünstete Brunnenkresse essen. Und wer Verdauungsbeschwerden hat, sollte ebenfalls Brunnenkresse leicht dünsten und sie essen." (*Physica*)

Gundelrebe (Gundermann)

Die Gundelrebe ist eher eine Heil- als eine Gemüsepflanze – nicht ohne Grund also spricht man vom „Apotheker Gundermann". Auch Hildegard empfiehlt sie vorwiegend im medizinischen Zusammenhang. Andererseits finden wir sie oft auf Naturrasen oder auf Weideflächen, und sie kann eine wohlschmeckende Ergänzung zu Suppen und Salaten sein.

Die Gundelrebe enthält neben Bitterstoffen reichlich Tannin (der Wirkstoff, der auch im schwarzen Tee enthalten ist), natürlichen Zucker und Cholin (ein Stoff, der gegen Arterienverkalkung und Fettablagerungen im Körper wirkt).

Hildegard von Bingen empfiehlt die Gundelrebe Kranken und Gesunden gleichermaßen – als Gemüsebeilage oder als Suppe.

„Die Gundelrebe ist mehr warm als kalt, und sie ist trocken. Sie enthält gewisse Würzkräfte, denn ihre Grünkraft ist angenehm und nützlich. Ein Mensch, der kraftlos und mager ist, sollte Wasser trinken, in dem Gundelrebe erhitzt wurde, oder die Gundelrebe als Gemüse oder in einer Suppe essen. Sie wird ihm helfen, weil ihr guter Saft den Menschen innerlich heilt." (*Physica*)

Melde

Die Melde gehört zu den Wildkräutern, die im Garten üppig wuchern und uns höchstens als Hühnerfutter willkommen sind. Dabei ist gerade die Melde ein angenehmes, mildes Wildgemüse, das sich hervorragend für Suppen und Salate eignet. In früheren Jahrhunderten wurde die Melde sogar als Gartengewächs kultiviert.

Hildegard rühmt die Melde: Sie empfiehlt sie gesunden ebenso wie kranken Menschen:
> „Die Melde ist mehr kalt als warm, aber doch auch etwas gemäßigt. Sie bewirkt eine gute Verdauung." (*Physica*)

Sauerampfer

Sauerampfer wurde (und wird) noch bis in unsere Zeit verwendet – beispielsweise als Spinatersatz, in Suppen und Soßen. Er enthält reichlichlich Karotin (die Vorstufe zu Vitamin A) und Vitamin C, außerdem Kalzium, Kalium, Eisen und Phosphor. Wegen seines hohen Gehaltes an Oxalaten (Kleesäuren) sollte man ihn jedoch nur in Maßen genießen. Das gilt besonders für Menschen, die an Arthritis, Gicht, Rheuma, Lungen-, Magen-, Nierenbeschwerden und an Asthma leiden.

Hildegard rät insgesamt vom Genuß des Sauerampfers ab:
> „Der Ampfer ist weder warm noch kalt im richtigen Maß. Der Ampfer wirkt gegen die Natur des Menschen, deshalb taugt er ihm nicht zum Essen. Er würde ihn traurig machen und seine eigene, dem Menschen entgegengesetzte Natur in seine Eingeweide ausgießen." (*Physica*)

Es gibt noch zahlreiche andere Wildgemüse, auf die Hildegard nicht detailliert eingeht. In dem Band *Küche aus der Natur* werden diese ausführlich behandelt werden – sowohl nach ihrem gesundheitlichen Nutzen als auch nach ihren Verwendungsmöglichkeiten in der Küche.

Früchte

Frische Früchte sind etwas Köstliches, sie speisen Körper und Seele gleichermaßen. Wir kennen inzwischen die meisten exotischen Früchte – Ananas, Papayas, Bananen und Orangen usw. – aus unserem Supermarkt. Äpfel, Birnen und anderes erhalten wir das ganze Jahr über frisch aus aller Herren Länder.

Zu Hildegards Zeiten mußte das geerntete Obst noch sorgfältig gelagert werden, um die Wintermonate zu überstehen. Deshalb gab es z. B. zahlreiche Apfelsorten, die erst durch das Nachreifen im Apfelkeller ihr eigentliches Aroma gewannen und so den Winter über wohlschmeckende Vitaminspender waren und Abwechslung auf den Speisezettel brachten. Auch getrocknet oder eingemacht, entfalteten (und entfalten heute noch) unsere einheimischen Früchte im Winter ihr besonderes Aroma und ihre gesundheitsfördernden Wirkkräfte.

Hildegard von Bingen hat den Früchten aus diesem Grunde viele Abschnitte in ihren Büchern gewidmet. Auf diese Früchte soll im folgenden näher eingegangen werden.

Äpfel

Der Apfel gehört (und gehörte) zu den wichtigsten unserer heimischen Obstsorten. Er entstand aus einer Wildform, dem Holzapfel, vermutlich durch eine Kreuzung mit dem Paradiesapfel. Heute gibt es über 20 000 verschiedene Apfelsorten.

Äpfel enthalten Vitamine, natürlichen Zucker, lebenswichtige Säuren und Mineralien, wie beispielsweise Natrium, Kalzium, Magnesium und Phosphor. Nicht umsonst gibt es ein englisches Sprichwort, das besagt: „Ein Apfel am Tag erspart dir den Arzt" (An apple a day keeps the doctor away).

Hildegard von Bingen empfiehlt Äpfel für gesunde wie für kranke Menschen. Dabei macht sie die Einschränkung, daß Kranke Äpfel möglichst nicht roh, sondern gedünstet genießen sollten, weil dadurch der Organismus weniger belastet wird. Gesunde Menschen dagegen dürfen sowohl frische als auch Lageräpfel (die oft schon etwas runzelig sind) und natürlich auch gekochte und gebratene Äpfel essen.

„Der Apfelbaum ist warm und feucht. Er würde durch seine Feuchtigkeit zerfließen, wenn ihn nicht die Wärme zusammenhielte. Aber die Frucht des Apfelbaumes ist zart und leicht verdaulich. Gesunden Menschen schadet sie auch nicht, wenn sie roh gegessen wird. Kranken Menschen allerdings schaden die Äpfel roh. Aber gekochte und gebratene Äpfel sind auch für sie empfehlenswert. Und wenn Äpfel alt und runzelig werden, wie es im Winter geschieht, dann sind sie auch für Kranke roh genauso gut zu essen wie für Gesunde." (*Physica*)

Birnen
Die Birne ist ein enger Verwandter des Apfels. Sie entstand aus der Wildform der Holzbirne durch Kreuzungen mit verschiedenen anderen Birnensorten. Die Birnenkultur, die sehr alt ist, gelangte von Persien nach Griechenland und schließlich nach Rom. Von den Römern wurde die Birne auch nach Germanien gebracht. Heute gibt es etwa 1 500 verschiedene Birnensorten. Die Birne ist sehr arm an Fruchtsäure, dafür aber reich an Mineralstoffen – deshalb wird sie als Diätobst besonders geschätzt.

Hildegard ist den Birnen gegenüber recht skeptisch – selbst gesunden Menschen empfiehlt sie lediglich den Genuß von gekochten Birnen, weil sie zu der Erkenntnis gekommen ist, daß rohe Birnen die Atmung belasten und die Arbeit der Leber erschweren. Getrocknete Birnen haben keinen schädigenden Einfluß auf den Menschen – nur sollte man darauf achten, keine geschwefelten Früchte zu verwenden.

„Der Birnbaum ist mehr kalt als warm und im Vergleich zum Apfelbaum so schwer und fest wie die Leber zur Lunge. Denn wie die Leber ist er nützlicher, aber auch wiederum schädlicher als der Apfelbaum. Allerdings ist die Frucht des Birnbaums schwer, gewichtig und mitunter herb. Wer zu viele rohe Birnen ißt, kann leicht Migräne oder Lungenbeschwerden bekommen. Deshalb sollte man Birnen vor dem Verzehr in etwas Wasser kochen oder am Feuer braten. Gekochte Birnen sind allerdings besser als gebratene, weil das warme Wasser den schädlichen Saft, der in ihnen ist, allmählich auskocht, aber das Feuer ist zu schnell und drückt beim Braten nicht den ganzen Saft aus ihnen heraus." (*Physica*)

Brombeeren
Brombeeren sind auch heute noch Wildfrüchte, obwohl sie inzwischen auch in Plantagen und Hausgärten kultiviert wurden. Für unsere Vorfahren waren sie nicht nur wichtige Vitaminspender, sondern auch eine wohlschmeckende Variante zu dem täglichen „Einheitsbrei".

Auch die Blätter wurden bei verschiedenen Erkrankungen verwendet. Darauf wird in dem Band *Pflanzen- und Kräuterheilkunde* ausführlich eingegangen. Die Früchte des Brombeerstrauches enthalten reichlich Vitamin C, außerdem das Provitamin A, daneben Mineralstoffe, Spurenelemente, Fruchtzucker und -säuren.

Hildegard hält die Brombeere für unbedenklich – sowohl für gesunde als auch für kranke Menschen:
„Die Brombeere ist mehr warm als kalt. Sie schädigt weder den gesunden noch den kranken Menschen, außerdem ist

sie leicht verdaulich. Allerdings wirkt sie nicht als Heilmittel." (*Physica*)

Hagebutten

Die Hagebutte ist die Frucht der Heckenrose. Sie ist vielseitig verwendbar, so etwa für Suppen, Marmelade, Likör usw. Sie enthält einen hohen Anteil an Vitamin C und an Provitamin A, außerdem die Vitamine B und E, dazu Gerbstoffe und reichlich Pektine.

Für unsere Vorfahren war die Hagebutte eine beliebte und wichtige Vitaminquelle. Hildegard empfiehlt die Früchte der Heckenrose:

„Die Hagrose ist warm und bezeichnet die Zuneigung. Wenn jemand im Grunde gesund ist und nur einen schwachen Magen hat, sollte er Hagebutten kochen und möglichst oft davon essen. Das reinigt den Magen und entfernt den Schleim. Wer sehr krank ist, sollte keine Hagebutten essen. Wer aber körperlich ganz gesund ist, dem schadet die Hagebutte weder roh noch gekocht." (*Physica*)

Haselnuß

Haselnüsse säen sich in unseren Gärten von selbst aus. Wir finden sie eigentlich überall in der freien Natur. Man kann sich vorstellen, daß besonders die armen Menschen im Mittelalter diesen wohlschmeckenden Fettlieferanten willkommen hießen und im Herbst dankbar seine Früchte sammelten.

Haselnüsse haben nicht nur einen beträchtlichen Nährwert, sie sind auch reich an Mineralstoffen und enthalten die Vitamine A, B1, B2 und C. Haselnüsse haben übrigens einen höheren Eiweißgehalt als Rindfleisch und ihr Fettgehalt beträgt fast das Doppelte! Für moderne, kalorienbewußte Menschen unserer Zeit ist dies natürlich ein Grund zur Vorsicht und Zurückhaltung – im Mittelalter konnte eine ausreichende Haselnußernte (über)lebenswichtig sein.

Hildegard empfiehlt selbst den Gesunden, beim Genuß von Haselnüssen zurückhaltend zu sein. Kranken rät sie wegen des hohen Fettgehalts von Haselnüssen ab.

> „Der Haselstrauch ist mehr kalt als warm. Die Nüsse können einem Gesunden nicht viel schaden, aber sie nützen ihm auch nicht. Kranken Menschen dagegen können sie schädlich sein, weil sie in der Brust dämpfig machen." (*Physica*)

Himbeeren

Die Himbeere, die wild in Wäldern und in Gärten wächst, wurde wahrscheinlich erst im Mittelalter in Kultur genommen, und zwar hauptsächlich in den Klostergärten. Als Wildfrucht wurde sie allerdings bereits viel früher genutzt.
Die Himbeere enthält neben dem Provitamin A die Vitamine B und C, außerdem Eisen, Kupfer und Mangan, dazu organische Säuren, Pektin und Fruchtzucker, der auch diabetikergeeignet ist.

Hildegard unterstreicht besonders den gesundheitlichen Wert der Himbeere:

> „Die Himbeere ist kalt und gut gegen Fieber. Denn wenn jemand Fieber und einen Widerwillen gegen Essen hat, der koche Himbeeren in Wasser und trinke dieses Wasser morgens und abends warm." (*Physica*)

Holunder

Der Holunder ist eine uralte Heilpflanze, die sich gerne nahe an bewohnten Häusern ansiedelt. Blüten und Beeren, aber auch Blätter und Wurzeln haben einen hohen gesundheitlichen Wert, weshalb der Holunder oft als „Apotheke der armen Leute" bezeichnet wurde.

So enthalten die Blüten des Holunders neben Gerbsäure auch schleim- und schweißtreibende Glykoside sowie Cholin und den vitaminähnlichen Stoff Rutin. In den Beeren finden sich neben Fruchtsäure und Fruchtzucker Gerbstoffe, die Vitamine B und C und das Provitamin A.

Hildegard ist in ihrem Verhältnis zum Holunder etwas unentschieden. Sie weist nicht auf eine eventuelle Schädlichkeit hin, sagt aber auch wenig über seine nützlichen Eigenschaften aus:

„Der Holunder ist mehr kalt als warm und taugt wenig zum Gebrauch. Das gilt auch für seine Früchte – es sei denn, daß sie dem Menschen dienlich sind." (*Physica*)

Kirschen
Wildkirschen wurden schon in der Neusteinzeit geerntet. Die kultivierte Süßkirsche stammt wahrscheinlich aus dem Schwarzmeerraum, von wo sie kurz vor der Zeitenwende nach Italien gelangte. Etwa hundert Jahre später wurde die Kirsche bereits im germanischen Raum kultiviert.

Kirschen enthalten natürlichen Zucker, der auch für Diabetiker gefahrlos ist, außerdem reichlich Karotin, die Vorstufe des Vitamin A.

Hildegard empfiehlt, daß Kranke nicht zu viele Kirschen essen, weil sie davon Bauchschmerzen bekommen könnten. Dasselbe empfiehlt sie aber auch gesunden Menschen.

„Der Kirschbaum ist mehr warm als kalt. Er ist ähnlich dem Spaß, der Fröhlichkeit zeigt, aber auch schädlich sein kann. Seine Frucht ist mäßig warm. Sie ist weder sehr nützlich noch sehr schädlich. Dem gesunden Menschen schadet sie nicht. Einem Kranken jedoch kann sie ziemliche Schmerzen bereiten, wenn er zuviel davon ißt." (*Physica*)

Mandeln

Die Mandel gehört zur Familie der Rosengewächse, zu der fast alle unsere einheimischen Obstgehölze zählen. Schon zwei Jahrhunderte vor unserer Zeitrechnung kultivierte man den Mandelbaum in Italien. Dabei handelte es sich hauptsächlich um die süße Mandel. Die bittere Mandel, die giftige Blausäure enthält, wird nur in kleinsten Dosen zum Backen verwendet und ist in unserem Zusammenhang nicht interessant. Mandeln sind sehr reich an Fett und Eiweiß. Sie sind also ein wahres Nahrungsmittel, das man aber nur in Maßen genießen sollte.

Hildegard schreibt dazu allerdings, daß kranke und gesunde Menschen die süßen Mandeln ohne Einschränkung genießen können und daß dadurch sogar die Heilung bei Kopf-, Leber- und Lungenerkrankungen unterstützt werden kann.

„Der Mandelbaum ist sehr warm und hat etwas Feuchtigkeit in sich. Seine Rinde, seine Blätter und sein Saft sind untauglich als Heilmittel, weil seine ganze Kraft in der Frucht steckt. Bei Kopfweh und Gehirnleere sollte man deshalb die Kerne der süßen Mandel essen. Lungen- und Leberkranken werden die süßen Mandeln ebenfalls empfohlen. Denn sie machen den Menschen in keiner Weise dämpfig oder trocken, sondern sie machen ihn stark." (*Physica*)

Maulbeere

Der Maulbeerbaum ist die traditionelle Futterpflanze für die Seidenspinnerraupen. Obwohl Friedrich der Große versucht hat, diese Pflanze und damit auch die Seidenproduktion in unseren Gebieten heimisch zu machen, ist dies aus verschiedenen Gründen (klimatische Verhältnisse, Seuchen unter den empfindlichen Raupen) nie gelungen. Deshalb gibt es bei uns – außer in botanischen Gärten – kaum Maulbeerbäume.

Zu Hildegards Zeiten scheint dies anders gewesen zu sein, denn sie empfiehlt die Maulbeeren sowohl gesunden wie kranken Menschen. Als besonders schmackhaft galten damals die getrockneten Maulbeeren.

„Der Maulbeerbaum ist kalt. Aber es ist eine große Üppigkeit in seiner Frucht, die dem Menschen mehr nützt als schadet – ganz gleich, ob er gesund oder krank ist." (*Physica*)

Mispel
Heute hat die Mispel, deren Früchte man auch als Steinäpfel bezeichnet, nur noch eine geringe Bedeutung. Im Mittelalter allerdings pflanzte man sie vor allem in Südwestdeutschland als Obstbaum an. Die Mispel gehört wie viele unserer Obstbäume zu den Rosengewächsen, ihre Früchte sind recht herb, aber sehr vitaminreich. Sie brauchen Frost oder Überreife, um überhaupt genießbar zu sein. Danach allerdings haben sie ein besonders gutes Aroma. Mispelbäume werden heute leider nur noch sehr selten angebaut.

Hildegard empfiehlt die Mispelfrüchte sowohl gesunden wie kranken Menschen. In jeder Zubereitungsform haben sie eine heilsame Wirkung auf den Körper.

„Der Mispelbaum ist sehr warm, er ist ein Symbol der Milde. Die Frucht des Baumes ist Gesunden und Kranken nützlich und man kann so viel davon essen, wie man mag, denn sie kräftigt das Fleisch und reinigt das Blut." (*Physica*)

Olive
Der Ölbaum ist uns aus der griechischen und römischen Mythologie bekannt, in der Bibel wird er ebenfalls erwähnt. Für die Menschen des Mittelmeerraums war er – und ist es noch

heute – eine der wichtigsten Kulturpflanzen. Er liefert nicht nur die delikaten Oliven, sondern auch das köstliche und lebenswichtige Olivenöl. Dieses wissen wir für unsere Küche im nördlichen Mitteleuropa durchaus zu schätzen, wo der Ölbaum nicht gedeihen kann, weil es nicht genug Wärme für ihn gibt. Olivenöl ist sehr vitaminreich. Es enthält vor allem das Provitamin A, das vor allem positiv auf die Beschaffenheit von Haut und Haar einwirkt.

Über das Öl selbst äußert sich Hildegard in ihren Werken meines Wissens nicht. Oliven lehnt sie jedoch in jeder Form ab. Allerdings schreibt sie, daß der Ölbaum, der mehr warm als kalt sei, die Barmherzigkeit bezeichnet. Aber:
„Das Öl aus der Frucht dieses Baumes taugt nicht viel zum Essen, weil es Übelkeit hervorruft und andere Speisen schlecht genießbar macht." (*Physica*)

Quitte
Die Quitten gehören zum gleichen Verwandtschaftskreis wie die Äpfel und Birnen. Bereits die Griechen und Römer verwendeten diese Früchte. Nördlich der Alpen wurde die Quitte seit dem 9. Jahrhundert angebaut, war also zu Hildegards Zeiten gewissermaßen noch eine „Novität".

Die Früchte sind zwar sehr aromatisch, aber roh nicht genießbar. Deshalb werden sie in der Hauptsache zu Marmeladen, Kompotts usw. verarbeitet. Die Quitte ist reich an Vitaminen und Bitterstoffen.

Hildegard von Bingen empfiehlt sie gesunden und kranken Menschen gleichermaßen uneingeschränkt – immer habe die Quitte eine heilsame Wirkung.
„Der Quittenbaum ist eher kalt und gleicht der Schlauheit, die manchmal unnütz ist und manchmal nützlich. Während

sein Holz und seine Blätter dem Menschen nicht sehr nützlich sind, ist seine Frucht warm und trocken und hat eine gute Mischung in sich. Wenn die Quitte reif ist, schadet sie selbst roh genossen weder dem gesunden noch dem kranken Menschen. Sie ist aber eher bekömmlich, wenn sie gekocht wird." (*Physica*)

Schlehen
Die Früchte des Schlehdorns waren ebenfalls bereits im Mittelalter sehr beliebt. Zwar verzieht man beim rohen Genuß der Früchte das Gesicht, als ob man in in eine Zitronenscheibe beißt, aber genauso wie die Zitrone hat die Schlehe einen hohen Vitamin-C-Gehalt. Das macht sie für uns heute sehr wertvoll. Im Mittelalter allerdings waren Schlehenfrüchte, die zu Beginn der kalten, vitaminarmen Jahreszeit geerntet werden, sogar eine besondere Kostbarkeit, aus der man Mus, Marmelade, Liköre und vieles andere zubereitete. Außer Vitaminen enthalten die Schlehen Gerb- und Apfelsäure sowie natürlichen Zucker.

Walnuß
Schon die Römer schätzten die Früchte des Walnußbaumes. Durch sie gelangte er auch in die Gebiete nördlich der Alpen. Da der Walnußkern den beiden Hirnhälften ähnelt, hat man ihn traditionell als „Hirnnahrung" bezeichnet, was aufgrund seines Nährstoffgehaltes vielleicht gar nicht so falsch ist.

Walnüsse enthalten viel Eiweiß, Fett und natürlichen Zucker, dazu viel Vitamin B. Walnüsse sollten möglichst frisch gegessen werden, da sie schlechter verdaulich werden, wenn sie austrocknen.

Hildegard rät kranken Menschen von Walnüssen ab, während gesunde Menschen sie durchaus – in Maßen – genießen dürfen.

„Dieser Nußbaum ist warm und von einiger Bitterkeit. In einem Menschen, der viele Walnüsse ißt, entsteht leicht Fieber. Gesunde Menschen haben damit keine Schwierigkeiten, während Kranke davon Schaden nehmen könnten."
(*Physica*)

Weintrauben

Die Kultur der Weintrauben ist uralt. Sie war bereits im alten Ägypten bekannt und wird auch in der Bibel erwähnt. Die Griechen und Römer bauten den Wein bereits auf großen Flächen an. In Süddeutschland ist der Weinanbau schon im 2. Jahrhundert unserer Zeitrechnung nachweisbar.

Etwa 10 Prozent der angebauten Weinsorten werden als Tafeltrauben gegessen, aber auch Korinthen, Sultaninen und Rosinen werden daraus hergestellt. Der größte Teil wird zu Wein verarbeitet, zudem wird alkoholfreier Traubensaft aus der Weinrebe gewonnen.

Die Weintraube enthält in jeder Form wertvolle Inhaltsstoffe, beispielsweise reichlich Vitamin C sowie natürlichen Zucker und Flavonverbindungen, die neben natürlichen Farbstoffen ebenfalls Kohlenhydrate enthalten. Dem Wein wurde schon immer ein hoher gesundheitlicher Wert beigemessen, der von der modernen Ernährungsforschung bestätigt wird: Ein Glas guter Rotwein pro Tag soll das Infarktrisiko erheblich mindern. Tafeltrauben haben in der Gesundheitsvorsorge ebenfalls einen hohen Stellenwert – man denke nur an die berühmte Meraner Traubenkur.

Hildegard geht zwar nicht auf die Tafeltrauben ein, aber immer wieder rühmt sie in ihren Schriften die gute gesundheitliche Wirkung des Weins – wobei sie den leichteren, etwas herben Landweinen den Vorzug gibt –, so daß man davon ausgehen kann, daß sie auch alle anderen Traubenerzeugnisse als vorteilhaft ansieht. Über die Weinrebe schreibt sie:

„Die Weinrebe hat feurige Wärme und Feuchtigkeit. Ihr Feuer ist so stark, daß es ihren Saft zu einem anderen Geschmack umwandelt als alle anderen Bäume und Kräuter haben." (*Physica*)

Exotische Früchte

Es gibt einige exotische Früchte, die Hildegard von Bingen bereits bekannt waren, so etwa die Dattel und die Feige.

Datteln

Die Dattelpalme ist das charakteristische Gewächs der Oasen Nordafrikas und der Trockengebiete Südwestasiens. Dort ernähren sich Menschen und Tiere oft hauptsächlich von den verschiedenen Dattelarten. Als Kulturpflanze wurde die Dattelpalme bereits 6 000 Jahre vor unserer Zeitrechnung angepflanzt. In unseren Gegenden wächst sie nicht, weil sie empfindlich gegen Regen ist.

Die Dattel ist sehr stärkereich. Wegen ihres hohen Zuckergehalts – das gilt vor allem für die bei uns erhältlichen konservierten Datteln – ist sie vor allem für Diabetiker unverträglich. Aber auch gesunde Menschen sollten sich bei Datteln möglichst zurückhalten.

Hildegard schreibt dazu:
„Die Dattelpalme ist warm und feucht. Sie ist klebrig wie Kleister und bezeichnet die Glückseligkeit. Wenn man die Frucht kocht und ißt, erhält der Körper dadurch fast so viel Kraft wie durch den Genuß von Brot. Aber es kann ihn leicht dämpfig machen (d. h. die Lungen angreifen) und beschwert seinen Organismus, wenn er zuviel davon ißt." (*Physica*)

Zu den drei Pflanzen, die Hildegard Kranken wie Gesunden uneingeschränkt empfiehlt, gehört neben Dinkel und Fenchel die Eßkastanie.

Eßkastanie
Die Eß- oder Edelkastanie, auch Marone genannt, gehört zu den Buchengewächsen. Sie stammt wahrscheinlich aus Kleinasien. Während sie in der Tertiärzeit noch bis in den hohen Norden Europas verbreitet war, findet man sie heute bei uns nur noch in Gebieten, die auch für den Weinanbau geeignet sind.

Die Kastanie enthält Stärke, Fette und reichlich Vitamin B und C. Sie wird als besonderer Leckerbissen gebraten (Maroni), wobei durch ihre dicke Schale alle wertvollen Inhaltsstoffe erhalten bleiben.

Hildegard empfiehlt Kastanien zur Kräftigung der Nerven und zu einer besseren Durchblutung des Kopfes sowie gegen Depressionen und bei Milz- und Leberbeschwerden.
„Der Kastanienbaum ist sehr warm und hat eine große Kraft, die dieser Wärme beigemischt ist. Der Kastanienbaum bezeichnet die Weisheit. Was in ihm ist und auch seine Frucht ist nützlich gegen jede Schwäche des Menschen. Menschen, deren Hirn trocken und leer ist, sollten die Fruchtkerne in Wasser kochen, dann das Wasser abgießen und die Kastanien vor und nach den Mahlzeiten essen. Dadurch werden die Nerven gestärkt, auch Kopfschmerzen werden gelindert.
Bei Herzschmerzen und Depressionen helfen die rohen Kerne. Diese gießen dem Herzen einen Saft wie Schmalz ein, der Mensch wird gestärkt und er wird seinen Frohsinn wiederfinden. Wer unter Leberschmerzen leidet, sollte die gekochten Kastanien zerquetschen und in Honig einlegen und häufig davon essen.

Bei Milzschmerzen empfehlen sich die gerösteten Kerne, noch warm gegessen." (*Physica*)

Feigen
Die Feige wird neben Wein und Olive bereits im Alten Testament erwähnt. Sie ist im Mittelmeerraum sowie in Kleinasien beheimatet. Feigen sind sehr mineralstoffreich (vor allem an Kalzium) und enthalten außerdem das Vitamin B1. Frische Feigen enthalten außerdem 16 Prozent Zucker (getrocknete Feigen etwa 60 Prozent !). In der Medizin dienen sie als mildes Abführmittel.

Hildegard empfiehlt rohe Feigen nur kranken Menschen. Gesunde sollten sie in der von ihr empfohlenen Zubereitungsform genießen:
„Der Feigenbaum ist mehr warm als kalt. Die Frucht des Baumes ist einem gesunden Menschen nicht bekömmlich, weil er dadurch schlecksüchtig und wankelmütig wird. Körperlich wirkt die Feige auf seine Säfte, als wäre sie sein Feind. Kranke und schwache Menschen dürfen aber durchaus Feigen essen, weil sie ihnen das geben, was ihnen im Moment fehlt. Wenn gesunde Menschen Feigen essen wollen, sollten sie sie vorher in Wein oder Essig einlegen und nur mäßig davon essen." (*Physica*)

Fleisch

Ob jemand Fleisch essen möchte oder nicht, ist meistens keine gesundheitliche, sondern eine ideologische Frage. Die Gesundheit wird weder bei der einen noch bei der anderen Ernährungsweise beeinträchtigt – solange man sich an Hildegards Regel von der *discretio* hält.

Natürlich sind heute viele Menschen in bezug auf das Fleischessen verunsichert – man denke an die Hormonskandale in der

Kälbermast, an die Massentierhaltung von Geflügel und Schweinen, an die Tiertransporte, an BSE usw. Andererseits ist Fleisch immer noch eine wichtige Nahrungsquelle, die dem Menschen aufbauende Lebensstoffe zuführt und zu köstlichen Gerichten verarbeitet werden kann. Wichtig ist:
- daß man nicht täglich Fleisch ißt, sondern mit rein vegetarischen Gerichten abwechselt
- daß es vor einem Fleischgericht immer einen frischen Salat gibt
- daß Sie Fleisch grundsätzlich nur aus Ihnen bekannten Quellen kaufen, also kein Fleisch aus Massentierhaltung usw.

Fleisch ist nicht als allein auslösender Faktor für Erkrankungen verantwortlich zu machen, obwohl es – wie z. B. bei der Gicht – die Symptome verschlimmern kann. Andere Nahrungsmittel kommen ebenso als Auslöser in Frage, etwa gebleichter Zucker, Auszugsmehle usw. Eine ausgewogene, vollwertige Ernährung wird dem gesunden Menschen helfen, gesund zu bleiben, und kranken Menschen eine bessere Kondition bescheren.

Wenn Sie planen, Ihre Ernährung umzustellen, sollten Sie dies – besonders wenn Sie schwach und angegriffen sind – nicht abrupt und von einem Tag auf den andern tun. Gehen Sie Schritt für Schritt langsam vor, etwa indem Sie zunächst vor jedem warmen Essen einen Rohkostsalat essen, dann Fleisch immer mehr durch Gemüse und Getreide ersetzen, Vollkornbrot statt helles Brot essen, vielleicht ein frischgeschrotetes Morgenmüsli einführen usw. So kann der Körper sich leichter umstellen – und auch die Familie wird sich durch diesen langsamen Übergang leichter an die neue Ernährungsweise gewöhnen. In dem Band *Küche aus der Natur* sind viele leckere Rezepte zu finden, die zeigen, daß eine fleischarme, gemüse- und getreidereiche Ernährung weder freudlos noch langweilig sein muß.

Im Mittelalter war neben dem Getreide das Fleisch ein wesentlicher Eiweißlieferant, und auch die Klosterfrau Hildegard von Bingen hat das Fleisch nie abgelehnt. Sie kannte übrigens einige Fleischsorten, die uns heute kaum mehr zugänglich – und vielleicht gar nicht so erstrebenswert – sind. Der Kuriosität halber sollen auch diese Fleischarten hier kurz erwähnt werden, mitsamt Hildegards Kommentar dazu.

Bärenfleisch
Wer nicht gerade in den Karpaten oder in Kanada selbst auf die Jagd geht, wird wohl kaum in Versuchung kommen, Bärenfleisch zu essen. Und wenn er es dann einmal interessehalber probiert, ist der gesundheitliche Schaden nicht groß. Zu Hildegards Zeiten allerdings gab es noch Bären in unseren heimischen Wäldern, die natürlich „bejagt" wurden. Und natürlich wurde ihr Fleisch von den erfolgreichen Jägern gegessen.

Hildegard allerdings rät von Bärenfleisch ab:
„Der Bär hat Wärme fast wie der Mensch. Sein Fleisch entzündet im Menschen eine Begierde, so wie – als Gegenbeispiel – das Wasser seinen Durst löscht. Ähnliches bewirkt Schweinefleisch und das Fleisch anderer Tiere, aber nicht so stark wie das Bärenfleisch. Dieses bewirkt, daß der Mensch in seiner Begierde wie ein Rad umhergewälzt wird." (*Physica*)

Elchfleisch
Elchfleisch wird vor allem in Kanada und in den skandinavischen Ländern angeboten. Es ist sehr wohlschmeckend, und es schadet sicherlich nicht, es wenigstens einmal zu probieren.

Zur ständigen Ernährung eignet es sich nach Hildegards Worten allerdings nicht:

„Der Elch ist warm, stark und kühn. Aber gerade wegen seiner Stärke ist sein Fleisch für die menschliche Nahrung nicht geeignet." (*Physica*)

Eselfleisch
In südlichen Ländern wird Eselfleisch mitunter zur Wurstbereitung – vor allem von Salami – verwendet.

Hildegard lehnt Eselfleisch ab mit der folgenden Begründung:
„Der Esel ist mehr warm als kalt, und er ist dumm. Sein Fleisch ist für die menschliche Nahrung ungeeignet, denn es ist stinkend von jener Dummheit." (*Physica*)

Froschfleisch
Es gibt Menschen, die Froschschenkel für eine Delikatesse halten – obwohl diese den Fröschen bei lebendigem Leibe herausgerissen werden.

Zu Froschfleisch in der menschlichen Ernährung schreibt Hildegard nichts, allerdings:
„Der Frosch ist kalt und etwas wässerig. Daher hat er nicht so üble Kräfte in sich wie die Kröte." (*Physica*)

Pferdefleisch
Auf Jahrmärkten sowie in Spezialschlachtereien wird auch heute noch bei uns Pferdefleisch angeboten. Manchen Menschen gilt es als wahre Delikatesse, obwohl ihm ein unangenehmer, etwas süßlicher Geruch anhaftet.

Hildegard jedenfalls rät vom Genuß des Pferdefleisches ab:
„Das Pferd ist mehr warm als kalt. Sein Fleisch ist zäh und schwer zu essen. Es ist dem Menschen nicht zuträglich, denn es kann wegen seiner Stärke nur schwer verdaut werden. Das Fleisch von Wiederkäuern kann wesentlich besser gegessen werden, während das Fleisch von Tieren, die nicht wiederkäuen, schwerer verdaulich ist." (*Physica*)

Wild

Über das bei uns auch heute noch erhältliche und beliebte Wildfleisch äußert Hildegard von Bingen sich wesentlich positiver. Sie lobt seinen gesundheitlichen Wert und nimmt dabei lediglich das Wildschwein aus, das sie genauso ablehnt wie das Hausschwein, das sich „von Unreinem" ernährt. Besonders empfiehlt Hildegard die Leber von Reh und Hirsch als stärkende Nahrung, vor allem für Kranke. Da aber gerade die Leber von Wildtieren heute besonders stark durch die Umweltverschmutzung belastet ist, kommt sie nicht mehr zum Verkauf und wäre in unserer Zeit auch eher schädlich als nützlich.

Hasen- und Kaninchenfleisch

Über die Verwendung dieser Fleischarten in der Küche äußert Hildegard sich nicht, obwohl gerade im Mittelalter sehr viel Niederwild gegessen wurde. Über den Hasen allerdings macht sie eine Anmerkung, die ihn innerhalb ihrer Ernährungslehre durchaus akzeptabel erscheinen läßt:

> „Der Hase ist mehr warm als kalt. Er hat die Sanftheit des Schafes und die Sprünge des Rehs." (*Physica*)

Hirschfleisch

Hirschfleisch ist auch heute wegen seines geringen Fettgehalts eine willkommene Bereicherung für die Küche. Besonders ist es natürlich für ein Festessen – etwa zu Weihnachten – geeignet.

Hildegard empfiehlt das Hirschfleisch Gesunden wie Kranken gleichermaßen:

> „Der Hirsch hat plötzliche Wärme in sich. Er ist nicht sehr kalt, eher warm. Sein Fleisch ist für Gesunde und für Kranke bekömmlich." (*Physica*)

Rehfleisch

Für das Reh gilt Ähnliches wie für den Hirsch. Es ist allerdings noch verträglicher:

"Das Reh ist gemäßigt und sanft und hat eine reine Natur. Sein Fleisch ist für gesunde und kranke Menschen gut zu essen." (*Physica*)

Haustiere

Von den Haustieren kommen für Hildegard – mit Einschränkungen – nur Rind, Schaf, Ziege und Geflügel in Frage. Das Schwein lehnt sie wegen seiner „Unreinheit" ab. Dabei kann das Fleisch von naturgemäß gehaltenen Schweinen (die übrigens zu den saubersten und intelligentesten Haustieren gehören) nicht nur besonders schmackhaft, sondern auch gesund sein. Allerdings gibt es Menschen, denen Schweinefleisch überhaupt nicht bekömmlich ist und die mit Ausschlägen, Magenbeschwerden und anderen Krankheiten darauf reagieren. Hier ist es wichtig, auf den eigenen Körper zu hören und zu erspüren, was ihm bekömmlich ist. Wenn Sie Schweinefleisch mögen und es gut vertragen, wäre es sicherlich falsch und wohl auch nicht im Sinne von Hildegards Ernährungslehre, gänzlich darauf zu verzichten. Hildegard von Bingen betont immer wieder, daß die Nahrung dem Menschen ein fröhliches Herz machen soll. Und solange Sie Ihr Lieblingsfleisch in Maßen genießen, wird dies sicherlich der Fall sein.

Rindfleisch

Rindfleisch kann Hildegard nicht ohne Einschränkung empfehlen. Für gesunde Menschen kann es förderlich und gesund sein. Kranken dagegen, die etwa unter einer schlechten Durchblutung leiden und leicht frösteln, ist von Rindfleisch in jeder Zubereitungsform abzuraten. Außerdem ist Rindfleisch nicht so leicht verdaulich, so daß es zu Magen- und Darmproblemen kommen kann.

„Das Rind ist von seiner Natur her kalt. Wegen dieser Kälte ist sein Fleisch auch nicht für kalte Menschen zum Verzehr geeignet. Dagegen ist es aus dem gleichen Grund gut für Menschen, die von Natur aus warm sind. Rinderleber stärkt den Menschen wegen ihrer guten Natur." (*Physica*)

Schaffleisch
Schaffleisch, besonders das Fleisch von Lämmern, ist ein sehr bekömmliches Fleisch. Hildegard empfiehlt, es möglichst im Sommer zu essen – das entspricht den Schlachtterminen für die zarteren Jungtiere, deren Fleisch ab Ostern auf den Markt kommt. Selbst wenn Sie kein frisches Schaffleisch bekommen, ist wohl ihr Hinweis auf den Zeitpunkt, wann das Fleisch gegessen werden soll, bedeutsamer als der Schlachttermin. Sie können auch auf tiefgefrorenes Fleisch zurückgreifen – beispielsweise auf das hervorragende Lammfleisch aus Neuseeland. Im Sommer gegessenes Schaffleisch ist für Kranke und Gesunde gleichermaßen nützlich, während im Winter gegessenes Schaffleisch wegen seiner ihm anhaftenden Kälte den Menschen noch mehr auskühlen würde.

„Das Schaf ist kalt, aber dennoch wärmer als das Rind. Es ist feucht und einfach und enthält keine Bitterkeit und Herbheit. Sein Fleisch ist für gesunde und kranke Menschen gleichermaßen gut zu essen. Sehr geschwächte Menschen, deren Adern welk sind, sollten die Brühe, in der Schaffleisch gekocht wurde, so oft trinken, wie sie mögen. Dazu können sie in Maßen auch das Schaffleisch essen. Nach der Genesung dürfen sie dann reichlicher von dem Fleisch essen.
Schaffleisch sollte man im Sommer essen, weil es durch die Hitze erwärmt wird. Als Nahrung im Winter ist es nicht geeignet, weil Schaffleisch kalt ist und auch der Winter kalt ist." (*Physica*)

Ziegenfleisch

Dieses Fleisch gilt bei uns als besondere Delikatesse, weil in Deutschland nur wenige Ziegen gehalten werden. Das war noch bis in unser Jahrhundert ganz anders: Die Ziege galt als die „Kuh des kleinen Mannes", die ihm neben Milch, Käse und Butter auch wohlschmeckendes und gesundes Fleisch lieferte. Ähnlich war es zu Hildegards Zeiten.

Auch beim Ziegenfleisch empfiehlt Hildegard von Bingen den Verzehr hauptsächlich in den Sommermonaten. Am besten ist ihrer Meinung nach dieses Fleisch im August.

„Die Ziege hat eine sehr plötzliche Wärme und eine unbeständige Art. Ihr Fleisch ist für gesunde und kranke Menschen gleichermaßen geeignet. Wenn man häufig Ziegenfleisch ißt, können dadurch zerbrochene und zerquetschte Eingeweide geheilt werden, außerdem heilt und stärkt das Fleisch den Magen." (*Physica*)

Geflügel

Der Geflügelhof war zu Hildegards Zeiten eine wichtige Einrichtung jedes Klosters und jedes Herrenhofes. Während der vielen Fastentage (deren es im Mittelalter bis zu 150 im Jahr gab) durfte ja kein Fleisch gegessen werden, so daß der Bedarf an Eiern entsprechend groß war. Aber natürlich verachteten die Menschen auch damals nicht das zarte Geflügelfleisch.

Ente

Während Hildegard die Wildente Gesunden und Kranken empfiehlt, rät sie bei der Hausente kranken Menschen vom Verzehr ab – möglicherweise, weil die Hausente einen wesentlich höheren Fettgehalt hat und dadurch den Organismus entsprechend stärker belastet. Gesunde Menschen sollten beide Entenarten allerdings nur essen, wenn sie nach dem von Hildegard angegebenen Rezept mit einer Salbeifüllung zubereitet sind, weil dieses Würzkraut die schädlichen Säfte mindert.

> „Die Ente, die zahm ist, hat eine schwere Wärme. Sie ernährt sich von Unreinem. Aber das Unreine, das sie verschlingt, wird durch das Wasser, in dem sie oft schwimmt, gereinigt und wieder ausgeschieden.
> Gesunde können ihr Fleisch vertragen, Kranke aber nicht. Enten sollten nicht in Wasser gekocht, sondern gebraten werden und vorher mit Salbei und anderen Kräutern gefüllt werden." (*Physica*)

Gans
Auch Gänse gehörten auf den Geflügelhof, nicht nur wegen ihres Fleisches, sondern auch wegen der Federn, die im Winter in den eiskalten Schlafzimmern – zu Federbetten verarbeitet – willkommene Wärme lieferten.

Hildegard rät Kranken gänzlich vom Verzehr von Gänsebraten ab – der ihnen nach neuesten ernährungswissenschaftlichen Erkenntnissen viel zu schwer im Magen liegen würde – und kann ihn auch gesunden Menschen nicht uneingeschränkt empfehlen. Detailliert geht sie in ihren Schriften auf die richtige Zubereitung des Gänsebratens ein:

> „Die Gans ist warm und ernährt sich sowohl von reiner wie von unreiner Nahrung. Wegen dieser doppelten Natur ist sie kranken Menschen nicht empfehlenswert, während gesunde Menschen das Gänsefleisch eher vertragen. Vor dem Braten sollte die Gans mit Salbei und anderen Kräutern gefüllt werden, damit der Saft der Kräuter das Fleisch durchdringt. Während des Bratens sollte sie immer wieder mit Wein und Essig besprengt werden." (*Physica*)

Huhn
Hühnerfleisch dürfen sogar Kranke essen, wenn es in der Suppe mit anderem Fleisch – beispielsweise Schaf- oder Rindfleisch – gekocht wurde. Obwohl dem gesunden Menschen ebenfalls gekochtes Hühnerfleisch bekömmlicher ist, darf er auch gebratenes Huhn essen.

„Das Huhn ist von kalter und trockener Natur. Das Fleisch ist gesunden Menschen durchaus bekömmlich, denn es macht nicht fett – auch die Kranken erquickt es ein wenig. Allerdings sollten sehr kranke Menschen nicht zu oft Hühnerfleisch essen, sonst entsteht Schleim im Magen und macht diesen so krank, daß er das Fleisch kaum verdauen kann. Dies rührt von der kalten Beschaffenheit des Huhns her. Wenn jemand sehr krank ist, sollte er das Hühnerfleisch zusammen mit einem anderen beliebigen Fleisch kochen lassen. Dadurch wird es durch den Saft der anderen Fleischarten gemäßigt. Gebratenes Hühnerfleisch sollten Kranke allerdings meiden, weil es zu schwer verdaulich ist." (*Physica*)

Taube
Obwohl die Taubenbrühe traditionell bis in unsere Zeit hinein als ideale Krankenkost galt, auf den Geflügelhöfen der Klöster und Gutshöfe des Mittelalters immer ein Taubenhaus stand und Wildtauben zu beliebten Jagdobjekten zählten, kann Hildegard das Taubenfleisch nicht empfehlen: Den Kranken schadet es, und den Gesunden nützt es nichts.

„Die Taube ist mehr kalt als warm. Ihr Fleisch ist nicht fest, sondern etwas dürr, so daß sie dem Menschen nicht viel Saft verleiht. Einem gesunden Menschen schadet sie zwar nicht – aber sie nützt ihm auch nicht. Einem Kranken jedoch, dessen Körper geschwächt ist, schadet sie nur." (*Physica*)

Fisch

Fisch war im Mittelalter nicht nur eine willkommene, eiweißreiche Ergänzung des Küchenzettels, sondern wegen der vielen Fastentage, an denen kein Fleisch gegessen werden durfte, eine köstliche Abwechslung zu Mehl- und Eierspeisen. Hildegard von Bingen kannte als Süddeutsche kaum Meeresfische, lediglich der Hering und die Scholle werden bei ihr erwähnt; ansonsten beschränkt sie sich auf Süßwasserfische.
Sie lehnt sowohl den Aal als auch den Lachs als schädlich für den Menschen ab.

Barsch

Der Barsch wird nach Hildegards Ansicht von gesunden wie kranken Menschen gut vertragen:

> „Der Barsch entstammt mehr der warmen als der kalten Luft. Er hält sich gerne in der Reinheit und in der Mitte der Gewässer auf. Sein Fleisch kann gesunden und kranken Menschen empfohlen werden." (*Physica*)

Forelle

Bei Forellen rät Hildegard kranken Menschen vom Verzehr ab, während gesunde Menschen sie unbeschadet essen können:

> „Die Forelle entstammt mehr der warmen als der kalten Luft. Für kranke Menschen ist sie nicht geeignet, gesunden dagegen bringt sie keinen Schaden." (*Physica*)

Hering

Kranke und gesunde Menschen dürfen gelegentlich durchaus gebratene Heringe essen, ohne daß es ihnen schadet.

> „Der Hering hat eine kalte und unbeständige Natur. Frisch gefangene Heringe sind nicht gut zu essen, denn sie lassen den Menschen leicht aufschwellen und machen seinen Körper inwendig eitrig. Für Kranke und für Gesunde empfiehlt es sich deshalb eher, den Hering gebraten als roh zu essen." (*Physica*)

Karpfen

Gesunde Menschen können ohne Bedenken Karpfenfleisch essen. Kranken dagegen rät Hildegard von seinem Verzehr ab. Ältere Karpfen sollte man gar nicht essen, da sie nicht nur die Sumpfwärme in sich haben, sondern auch einen stark moosigen Geschmack – immerhin können Karpfen mehrere Jahrzehnte alt werden!

> „Der Karpfen ist mehr warm als kalt. Er hat die Wärme der Sümpfe in sich, in ihnen sucht er seine Nahrung. Dem Gesunden schadet sein Fleisch nicht, dem kranken Menschen kann es jedoch unzuträglich sein." (*Physica*)

Wels

Dieser Fisch hat so bekömmliches Fleisch, daß er von kranken und gesunden Menschen gleichermaßen ohne Schaden gegessen werden kann. Früher hielt man seine Leber für ein besonders gutes Heilmittel gegen Magenkrankheiten, während sein Herz als eher schädlich betrachtet wurde.

> „Der Wels stammt mehr von der warmen als von der kalten Luft. Er ernährt sich vom Getreide, das ins Wasser fällt, und von anderen guten Pflanzen. Er hat gesundes Fleisch und ist deshalb für gesunde und kranke Menschen gut zu essen." (*Physica*)

Honig, Eier und Milcherzeugnisse

Man muß in Hildegards Schriften lange suchen, ehe man Äußerungen zu diesen Nahrungsmitteln findet. Vielleicht liegt das daran, daß sie im Mittelalter so selbstverständlich waren – den Honig brauchte man zum Süßen, da Zucker eine rare und teure Ware war. Milch gaben Kuh und Ziege, und Eier waren oft neben dem Getreide und den gelegentlich gefangenen Fischen die einzige Alternative zum Fleisch, wenn einer der vielen Fastentage anstand.

Honig

Hildegard von Bingen erwähnt den Honig oft im Zusammenhang mit Heilmitteln, die mit ihm zubereitet werden, etwa in Heilweinen oder verschiedenen Formen von Heilsirup, beispielsweise bei Petersilienwein gegen Herzschwäche oder Honigsirup gegen Husten. Immer wieder empfiehlt sie, die pflanzlichen Wirkstoffe in Honig einzuarbeiten, also muß sie um dessen Heilkräfte gewußt haben.

Honig wird seit alters her nicht nur als köstliches Nahrungsmittel, sondern auch als geradezu universelles Heilmittel hoch geschätzt. Honig besteht zum größten Teil aus Frucht- und Traubenzucker und enthält in reichem Maße Vitamine, Mineralien und Spurenelemente.

Er regt den Stoffwechsel an und ist ein wertvolles Herz- und Nervenmittel. Achten Sie beim Einkauf darauf, daß Sie einen naturreinen und keinen überhitzten Honig bekommen. Sie können Honig als Alternative zum Zucker verwenden, etwa beim Süßen von Tees und Desserts. Sogar zum Backen können Sie ihn nehmen, weil die wertvollen B-Vitamine relativ unempfindlich gegen Hitze sind.

Obwohl Hildegard immer wieder Heilrezepte auf Honigbasis angibt, schreibt sie:
„Ein Mensch, der dick ist und festes Fleisch hat, bereitet durch den Verzehr von Honig eine innere Fäulnis vor. Aber auch wer mager und innerlich trocken ist, wird selbst von gekochtem Honig geschädigt." (*Physica*)

Eier

Das in Eiern enthaltene Eiweiß ist besonders leicht verdaulich. Auch viele Gemüse und natürlich Fleisch enthalten reichlich Eiweiß. Kurioserweise ist im Ei das meiste Eiweiß im Eigelb enthalten. Veganer lehnen Eier als Tierprodukt streng ab, während Vegetarier ihre Nahrung gerne mit Eiern bereichern. Im Mittelalter waren Eierspeisen eine willkommene Abwechslung während der fleischlosen Zeit der Fastentage.

Hildegard von Bingen spricht sich gegen die Eier von Enten und Gänsen aus. Diese werden auch heute nicht in der Küche verwendet (Ausnahme: Enteneier zum Backen). Die Eier von Wildvögeln lehnt sie ebenfalls ab, während Hühnereier durchaus akzeptiert werden:

> „Alle Eier von Vögeln, die immer im Flug sind und kräftig fliegen können, sollen nicht gegessen werden. Aber die Eier des Haushuhns können mäßig gegessen werden." (*Physica*)

Milch und Milcherzeugnisse
Bei der *Milch* unterscheidet Hildegard ihre Zuträglichkeit nach der Jahreszeit. Das hat möglicherweise seinen Grund darin, daß die Milch von Kühen, die im Sommer auf die Weide gehen, fetter ist als die Wintermilch, die ja zu einem großen Teil durch Heufütterung erzeugt wird.

> „Die Milch von Kühen, Ziegen und Schafen ist im Winter heilsamer als im Sommer. Die Sommermilch schadet den gesunden Menschen, Kranke und Schwache allerdings dürfen sich durch sie etwas stärken." (*Physica*)

Wichtig ist, daß Sie beim Einkauf der Milch auf die Herkunft achten. Wenn Sie direkt beim Bauern kaufen, sollten Sie sich vergewissern, daß die Kühe nicht überwiegend mit Silage gefüttert werden – das gibt der Milch einen leicht bitteren Geschmack. Am empfehlenswertesten ist Milch von einem „Biohof". Sie erhalten sie im Reformhaus oder im Naturkostladen, manchmal auch direkt beim Erzeuger. Diese Milch ist zwar etwas teurer als die Milch aus dem Supermarkt, aber sehr viel wertvoller und wohlschmeckender.

Da Hildegard von Bingen die Margarine noch nicht kannte
– diese wurde erst im letzten Jahrhundert erfunden –, sei hier
nur kurz angemerkt, daß alle, die keine Butter mögen oder vertragen, möglichst Margarine aus dem Naturkostladen oder Reformhaus verwenden sollten. Diese ist nicht nur schonender
hergestellt, sondern enthält mehr wertvolle Inhaltsstoffe als andere Margarinesorten.

Über die *Butter* schreibt Hildegard:
„Die Kuhbutter ist heilsamer als Schaf- und Ziegenbutter.
Ein Mensch mit Lungenproblemen oder Husten oder von
großer Magerkeit sollte Butter essen. Diese heilt ihn innerlich und erfrischt ihn. Auch für gesunde Menschen, die kein
übermäßiges Fett am Körper haben, ist die Butter gut und
gesund. Dicke Menschen allerdings sollten Butter nur in
Maßen essen, damit sie nicht noch dicker werden." (*Physica*)

Über den *Käse* habe ich bei Hildegard von Bingen keine Hinweise gefunden. Man kann aber davon ausgehen, daß für den
Käse das gleiche gilt wie für die Butter.

Die Würzkräuter der heiligen Hildegard

Würzkräuter geben den Speisen nicht nur ein besonderes, oft
charakteristisches Aroma (man denke nur an die Mittelmeerküche mit Rosmarin, Thymian, Basilikum usw.), sie machen
viele Speisen auch bekömmlicher. Dies ist z. B. bei Majoran
der Fall, den man zur Wurst gibt, beim Bohnenkraut in Bohnengerichten, bei Wacholderbeeren zum Braten und zum Sauerkraut usw. Die meisten Würzkräuter sind gleichzeitig Heilpflanzen – dazu wird ausführlich in einem späteren Band berichtet. Auch über den Anbau bzw. das Sammeln der verschiedenen Würzpflanzen finden Sie in den Bänden *Küche aus der
Natur* und *Pflanzen- und Kräuterkunde* Genaueres.

Basilikum
Basilikum ist ein Küchenkraut, das vor allem in den Mittelmeerländern kultiviert wird. Es ist ein besonders edles Gewürzkraut und erfreut sich sowohl frisch wie getrocknet großer Beliebtheit. Es enthält Mineralstoffe, Enzyme (dies sind Fermente, die dem Körper helfen, die Nahrung besser aufzuschließen) und – im frischen Zustand – auch Vitamine.

In gekochten Gerichten läßt man Basilikum am besten mitkochen. Bei Rohkost (vor allem bei Tomaten) geben Sie es kurz vor dem Servieren dazu. Hier wirkt es vor allem gegen Verdauungsbeschwerden. Als Gewürz (auch getrocknet) schmeckt Basilikum zu Schaffleisch, Kalbfleisch, Fisch, Erbsen und Kräutermayonnaisen.

Sie können Basilikum in Ihrem eigenen Garten oder auf der Fensterbank ziehen. Ab Frühjahr gibt es Basilikum in Töpfen nicht nur in Gärtnereien, sondern auch in vielen Supermärkten.

Hildegard von Bingen empfiehlt das Basilikum allerdings in der Hauptsache als Arzneimittel, vor allem gegen Fieber. Dazu mehr in dem Band *Pflanzen- und Kräuterheilkunde*.

Beifuß
Der Beifuß enthält reichlich Bitterstoffe, die Vitamine A, B und C, außerdem Inulin, einen stärkeähnlichen Stoff.

Beifuß wirkt appetitanregend und vor allem verdauungsfördernd. Deshalb sollte er bei keiner fetten Speise fehlen. Dies gilt vor allem für Ente und Gans sowie für fettes Schaffleisch. Man kann damit aber auch Fisch, Rohkost, Gemüse und Pilze würzen.

Beifuß findet sich in der freien Natur, und man kann ihn im Garten ziehen. Getrockneten Beifuß, der ebenfalls verwendet werden kann, erhalten Sie in der Apotheke.

Hier Hildegards Kommentar zum Beifuß:
„Der Beifuß ist sehr warm. Er heilt kranke Eingeweide und wärmt den kranken Magen. Wenn jemand durch den Genuß von Speisen oder Getränken unter Magen- oder anderen Beschwerden leidet, sollte er sein Essen immer zusammen mit Beifuß kochen. Dieser nimmt die Fäulnis weg, die sich der Betroffene durch frühere Speisen und Getränke zugezogen hat." (*Physica*)

Bertram
Dieses im allgemeinen wenig verwendete Gewürzkraut gilt in der Hildegard-Küche gewissermaßen als Universalgewürz. In den südlichen Mittelmeerländern wird der Bertram auch als Heilpflanze kultiviert. Er unterstützt die Speichelbildung, das bedeutet, daß alle damit gewürzten Gerichte besser verdaut werden können.

Die gemahlene Wurzel – sie ist im Reformhaus und in der Apotheke erhältlich – wird messerspitzenweise dem Essen zugesetzt.

Hildegard schreibt über dieses Gewürz:
„Der Bertram ist von gemäßigter und etwas trockener Wärme. Dies ist eine reine Mischung, die eine gesunde Frische erhält. In einem gesunden Menschen vermindert das Gewürz die innere Fäulnis und vermehrt das gute Blut, außerdem sorgt es für einen guten Verstand. Aber auch Kranke, sogar Schwerkranke, bringt es wieder zu Kräften. Bertram schickt nichts aus dem Menschen unverdaut hinaus, sondern sorgt für eine gute Verdauung." (*Physica*)

Dill

Dill hat nicht nur einen angenehmen Geschmack, sondern gilt gewissermaßen auch als Diätgewürz, vor allem bei Gicht und rheumatischen Erkrankungen. Er kann zudem Magenschmerzen, Blähungen und Übelkeit verhindern. Deshalb gibt man ihn vor allem gern an die Soße; aber auch zu vielen Rohkostgerichten paßt Dill hervorragend. Das gleiche gilt für gedünstetes Gemüse und Gemüsesuppen. Geben Sie den Dill immer erst gegen Ende der Garzeit zu den Speisen, so werden seine Wirkstoffe nicht durch die Hitze zerstört und sein charakteristisches Aroma bleibt erhalten.

Dill können Sie das ganze Jahr über frisch sogar in Supermärkten kaufen; es gibt ihn auch tiefgefroren. Auch im Garten läßt sich Dill leicht anbauen – er ist recht anspruchslos. Und frisch geernteter Dill ist natürlich von Duft und Geschmack her noch viel intensiver.

Hildegard über den Dill:
„Der Dill ist trocken, warm und gemäßigt. Roh sollte man ihn nicht genießen, weil er den Menschen dann traurig macht und ihm auch deshalb übel bekommt, weil er die Feuchtigkeit und manchmal auch die Fettigkeit der Erde in sich enthält. Aber gekocht gegessen unterdrückt er die Gicht, und so ist er nützlich in der Küche." (*Physica*)

Dost

Dieses Gewürz ist bei uns besser bekannt als „Oregano" und wird viel für Rezepte aus der Mittelmeerküche verwendet. Es enthält neben ätherischen Ölen (die ein wenig an die Minze erinnern) auch Harz- und Bitterstoffe. Es wirkt gegen Verdauungsstörungen und Blähungen, außerdem gegen Beschwerden von Milz und Leber.
Oregano gibt es getrocknet in jedem Supermarkt, und Sie können es selbst in Ihrem Garten ziehen.

Hildegard empfiehlt den Dost zwar für einige Heilmittel, rät aber von der Anwendung in der Küche ab:

"Der Dost ist warm und trocken, aber weder das eine noch das andere überwiegt. Wenn ein Mensch ihn in seinen Körper aufnimmt, schädigt er seine Lunge und seine Leber." (*Physica*)

Fenchel

Der aus dem Mittelmeer stammende Fenchel wird heute in ganz Europa angebaut. Während die Knollen und das Fenchelgrün einen dillähnlichen Geschmack haben, erinnern die Samen an Kümmel und Anis. Die weißen und grünen Teile des Fenchels enthalten das Provitamin A sowie die Vitamine B und C, außerdem Kalzium und Phosphor. In den Samen sind natürliche Zuckerverbindungen, Eiweiß und ätherische Öle.

Fenchel wirkt verdauungsfördernd und beugt Blähungen vor. So machen die frischen, feingehackten Blätter schwerverdauliche Gerichte wie beispielsweise Hülsenfrüchte bekömmlicher. Außerdem können Sie damit Fischsud sowie Soßen, Salate, Marinaden, Mayonnaisen und Füllungen für Fisch würzen. Fenchelsamen werden vor allem für Gebäck, Brot, Suppen nach italienischer Art, Salate und Marinaden verwendet. Fenchelknollen, an denen immer noch etwas Fenchelkraut ist, erhalten Sie das ganze Jahr über im Supermarkt. Sie können sie selbstverständlich auch selbst im Garten anbauen. Fenchelsamen gibt es ebenfalls in allen Geschäften, außerdem in Reformhäusern und Apotheken.

Hildegard schätzt den Fenchel nicht nur als Gemüse besonders hoch ein, sondern auch in jeder anderen Form, z. B. als Würzmittel:

"Der Fenchel hat eine angenehme Wärme. Er ist weder von trockener noch von kalter Natur. Wie auch immer er gegessen wird, macht er den Menschen fröhlich und vermittelt ihm eine angenehme Wärme, außerdem eine gute Verdauung. Auch sein Same ist von warmer Natur und nützt der Gesundheit des Menschen." (*Physica*)

Gewürznelke
Der Gewürznelkenbaum stammt ursprünglich von den Molukken, einer indonesischen Inselgruppe, wird heute aber in tropischen Gebieten weltweit kultiviert.

Gewürznelken enthalten reichlich ätherische Öle und werden zusammen mit Wacholderbeeren und Lorbeer gern als Braten- oder Fischwürze verwendet. Sauer eingemachtem Kürbis geben sie ein besonders feines Aroma. In gemahlener Form kann man sie ebenfalls zum Backen, z. B. für Plätzchen, verwenden.

Hildegard empfiehlt Gewürznelken vor allem als Heilmittel, etwa bei Kopfschmerzen oder bei hohem Blutdruck. Über ihre Eigenschaften schreibt sie:
> „Die Gewürznelke ist sehr warm und hat eine gewisse Feuchtigkeit in sich. Diese dehnt sich im Körper aus wie die angenehme Feuchtigkeit des Honigs." (*Physica*)

Ingwer
Der Ingwer ist ein uraltes Heil- und Würzmittel, das weltweit in tropischen Gebieten angebaut wird. Es wirkt appetitanregend und magenfreundlich. Besonders bekannt ist es in England, wo es zum Backen (*ginger bread*) und in Getränken (*ginger ale*) verwendet wird.
Ingwer erhalten Sie pulverisiert im Gewürzregal oder in der Apotheke. Frischer Ingwer ist bei uns nur im Winter und im Frühjahr erhältlich, also genau in der Jahreszeit, für die Hildegard von Bingen ihn empfiehlt.

Hildegard empfiehlt den Ingwer vor allem solchen Menschen, die in der dunklen Jahreszeit unter Appetitlosigkeit, Mattigkeit und allgemeiner körperlicher Abgeschlagenheit leiden. Dem gesunden Menschen ist Ingwer weniger förderlich.

> „Der Ingwer ist warm und ausgedehnt, d. h. er zerfließt leicht im Körper. Einem gesunden Menschen schadet sein Genuß eher, denn es macht ihn dumm, müde und zügellos. Wer aber einen trockenen Körper hat und sehr schwach ist, sollte pulverisierten Ingwer in die Suppe oder auf sein Brot geben, dann wird es ihm bessergehen." (*Physica*)

Kerbel
Kerbel ist bei uns frisch kaum erhältlich – außer mit viel Glück an einem spezialisierten Kräuterstand auf dem Wochenmarkt. Man kann ihn aber leicht selbst im Garten anbauen. Getrockneten Kerbel finden Sie im Gewürzregal Ihres Supermarktes.

Kerbel ist sehr reich an Provitamin A und Vitamin C. Außerdem enthält er wertvolle Mineralstoffe und Spurenelemente, beispielsweise Eisen. Er wirkt leicht abführend und tut der Leber und den Nieren gut. In der Küche wird er vor allem in Soßen und Suppen verwendet, aber auch Gemüsen und grünen Salaten kann man damit einen besonderen Pfiff geben. Kerbel hat ein petersilienähnliches Aroma und erinnert zugleich ein wenig an Anis.

Hildegard allerdings möchte den Kerbel nur als Arzneimittel und nicht als Würze verwendet sehen, denn:

> „Der Kerbel ist von trockener Natur. Er ist mehr warm als kalt, seine Wärme ist gesund. Weder roh noch gekocht taugt er zum Essen, nur in Heilmitteln ist er sehr nützlich." (*Physica*)

Knoblauch
In Asien und im Mittelmeerraum wurde der Knoblauch schon sehr früh nicht nur als Würz-, sondern auch als Heilmittel eingesetzt. Aber auch den Germanen war er schon bekannt.

Knoblauch enthält Eiweißstoffe, reichlich Vitamine und etwas Schwefel. Sein Hauptwirkstoff ist das ätherische Öl Allicin, durch welches auch der typische Geruch entsteht. Knoblauch wirkt gegen Bakterien und verschiedene Pilze. Er regt die Gallenfunktion an und entkrampft den Magen-Darm-Bereich.

Auch bei uns ist Knoblauch heute ein beliebtes Küchengewürz, das man Salaten, Gemüsen und Fleisch- und Fischgerichten beifügen kann. Sie erhalten Knoblauch in Pulverform im Gewürzregal. Besser sind jedoch die frisch verwendeten Knoblauchzehen, die es das ganze Jahr über am Gemüsestand gibt. Knoblauch läßt sich außerdem gut im Garten anbauen.

Hildegard über den Knoblauch:
„Der Knoblauch hat die richtige Wärme. Für gesunde und kranke Menschen ist er heilsamer als beispielsweise der Lauch. Allerdings sollte er roh gegessen werden, weil er sonst nicht mehr die rechte Wärme hat.
Knoblauch sollte in Maßen gegessen werden, damit das Blut im Menschen sich nicht übermäßig erwärmt. Nur alter Knoblauch sollte mitgekocht werden, damit er die ihm innewohnenden Kräfte wiedererlangt." (*Physica*)

Kümmel
Der Kümmel ist wahrscheinlich die älteste in Europa beheimatete Heil- und Gewürzpflanze – das belegen Funde aus der Jungsteinzeit. Er gedeiht wildwachsend in allen gemäßigten Zonen Europas, wird aber in einigen Gegenden auch feldmäßig kultiviert. Kümmel läßt sich ohne Probleme im Garten anbauen.

Er enthält zahlreiche ätherische Öle und schmeckt leicht süßlich – ein wenig wie Lakritze und Anis. Kümmel ist sehr magenfreundlich und verdauungsfördernd. Deshalb sollte man ihn an alle Kohl- und Sauerkrautgerichte geben. Auch bei selbstgebackenem Brot, zu Schweinebraten, Schaffleisch, Kartoffeln, Quark und Käse paßt er hervorragend.

Hildegard rät allerdings kranken – vor allem herzkranken – Menschen von der Verwendung des Kümmels ab. Dagegen sollten Lungenkranke vermehrt ihre Speisen mit Kümmel würzen.

„Der Kümmel ist von gemäßigter Wärme und trocken. Für Menschen, die unter Lungen- und Atembeschwerden leiden, ist er in jeder Form gut und gesund. Herzkranken allerdings schadet er, weil er das Herz nicht vollkommen erwärmt – und dieses muß immer warm sein. Gesunden Menschen ist er uneingeschränkt zu empfehlen, denn er gibt ihnen einen klaren Verstand und eine milde Wärme." (*Physica*)

Liebstöckel
Der Liebstöckel ist wegen seines charakteristischen Geruchs bei uns auch als „Maggikraut" bekannt. Er stammt vermutlich aus dem Iran und gedeiht wildwachsend vor allem im südlichen Europa. Bei uns kann man ihn problemlos im Garten oder auf der Fensterbank ziehen.

Liebstöckel enthält neben ätherischen Ölen verdauungsfördernde Bitterstoffe. Sein kräftiger Geschmack ähnelt dem Sellerie. Er paßt vor allem zu deftigen Speisen wie etwa Eintöpfen. Auch grünen Salaten gibt er eine besondere Note. Das gleiche gilt für frische, gedünstete Gemüse.

Dazu Hildegard:
„Der Liebstöckel ist von gemäßigter Wärme. Roh gegessen, macht er die Natur des Menschen eher zerfließend. Allein,

ohne alle anderen Würzen gekocht, macht er Geist und Körper schwer und unlustig. Zusammen mit anderen Würzen aber schadet er dem Menschen nicht so sehr."
(*Physica*)

Meerrettich

Der aus der Gegend um das Kaspische Meer in Rußland stammende Meerrettich gedeiht überall in Europa. Von ihm werden ausschließlich die Wurzeln verwendet, meistens in geriebener Form, aber auch in Scheiben geschnitten als Brotauflage (beispielsweise bei einer zünftigen bayerischen Brotzeit).

Der Meerrettich enthält Vitamin C, außerdem viel Schwefel und Kalium, dazu Kalzium, Phosphor, Eisen, Kupfer und Senföl. Er ist nicht nur eine delikate Würzpflanze, sondern hat zudem zahlreiche heilende Eigenschaften. Früher verwendete man ihn wegen seines Vitamin-C-Gehaltes gerne zur Vorbeugung gegen Skorbut, einer Vitaminmangelkrankheit. Da er die Verdauung stärkt, wird er gerne als gesunde Küchenwürze eingesetzt. Er schmeckt scharf und senfartig.

Rettiche bekommt man das Jahr über in den Supermärkten, und man kann sie problemlos selbst im Garten anbauen. Fertige Meerrettichpaste gibt es ebenfalls im Supermarkt. Meerrettich paßt zu Fisch und Fleisch, außerdem zu Salatmayonnaisen.

Hildegard schreibt über den Meerrettich:
"Er ist warm in seiner Natur. Besonders junger Meerrettich ist gut zu essen, vor allem für gesunde und starke Menschen, weil seine Grünkraft die guten Säfte in ihm stärkt."
(*Physica*)

Melisse

Die Melisse ist nicht nur ein altes Heilmittel der Klostermedizin – man denke nur an den berühmten „Melissengeist"! –, sondern seit langem ein beliebtes Würzmittel, vor allem für Salate.

Frische Melisse gibt es häufig in Supermärkten. Man kann sie natürlich genausogut im Garten und ohne Probleme selbst auf der Fensterbank ziehen.

Hildegard von Bingen empfiehlt die Melisse vor allem als Stimmungsaufheller:
> „Die Melisse ist warm. Der Mensch, der sie ißt, lacht gern, weil ihre Wärme seine Milz positiv beeinflußt und daher das Herz erfreut wird." (*Physica*)

Mohn

Der Mohn war bereits den Griechen und Römern bekannt. Sie verwendeten ihn nicht nur als Ölpflanze, sondern auch als schmerzstillendes und schlafförderndes Mittel. Mohn mit blauen Samen ist opiumfrei und kann ohne weiteres in der Küche – vor allem beim Backen – verwendet werden.

Der opiumhaltige Schlafmohn stammt aus der Schwarzmeerregion und wurde bereits um die Zeitenwende in Mitteleuropa bekannt. Die Mohnsamen dienten wegen ihres hohen Ölgehalts schon sehr früh als Nahrungsmittel.

Hildegard von Bingen sieht im Mohn vor allem ein Heilmittel, besonders bei Schlafstörungen, aber auch ein wirksames Mittel gegen Läuse.
> „Der Mohn ist kalt und mäßig feucht. Seine Körner führen den Schlaf herbei. Roh sind sie besser und nützlicher zu essen als gekocht." (*Physica*)

Muskatnuß

Die Muskatnuß gelangte aus den tropischen Regionen zu uns. Sie wird vielfach als Küchengewürz verwendet. In der Medizin benutzt man sie als Magenmittel und zur allgemeinen Anregung des Organismus.

In der Küche würzt die Muskatnuß in geriebener Form verschiedene Gebäcksorten; zu Blumenkohl oder Kartoffelbrei ist sie ebenfalls ein anregendes und gesundes Würzmittel.

> „Die Muskatnuß enthält viel Wärme. Ihre Kräfte sind gut gemischt. Sie öffnet das Herz des Menschen, reinigt seinen Sinn und gibt ihm einen klaren Verstand." (*Physica*)

Petersilie

Die Petersilie ist wohl das bei uns am meisten verbreitete und das beliebteste Gewürzkraut. Sie stammt ursprünglich aus dem östlichen Mittelmeergebiet, ist aber inzwischen in der ganzen Welt beheimatet. Meistens verwendet man die krause Petersilie, würziger ist jedoch die glatte Blattpetersilie. Beide Sorten sind im Supermarkt das ganze Jahr über frisch erhältlich, man kann sie zudem tiefgefroren kaufen oder im eigenen Garten und sogar auf der Fensterbank ziehen.

Petersilie wurde in unseren Gegenden bereits im 9. Jahrhundert angebaut und gehört zu den von Karl dem Großen für Kräutergärten empfohlenen Pflanzen. Petersilie hat eine zarte Schärfe und schmeckt ein klein wenig süßlich. Sie enthält eine ganze Reihe lebenswichtiger Wirkstoffe, beispielsweise das Provitamin A, die Vitamine B1 und B2 sowie vor allem reichlich Vitamin C. Außerdem finden sich in der Petersilie Kalium, Kalzium, Schwefel und Eisen, dazu ätherische Öle.

Die Petersilie fügt nicht nur allen Gerichten die von Hildegard als so wichtig empfohlene Grünkraft hinzu, sondern wirkt auch appetitanregend und entschlackend. Besonders ältere Menschen sollten ihre Speisen mit viel Petersilie würzen.

Sie paßt eigentlich zu allen Gerichten – zu Rohkost ebenso wie zu gekochten Mahlzeiten. Man sollte sie möglichst nicht mitkochen, weil dann ihre besten Wirkstoffe (ebenso wie beim Trocknen) verlorengehen. Also erst zum Schluß des Garprozesses hinzufügen! Petersilie gibt es das ganze Jahr über frisch oder eingefroren in den Supermärkten. Sie ist aber auch leicht im Garten oder auf der Fensterbank zu ziehen.

Hildegard über die Petersilie:
„Am nützlichsten ist die Petersilie für den Menschen, wenn sie roh gegessen wird. Bei Erhitzung wird ihre Grünkraft beeinträchtigt." (*Physica*)

Pfeffer
Der Pfeffer ist wohl das wichtigste Welthandelsgewürz – deshalb nannte man wahrscheinlich früher die Kaufleute „Pfeffersäcke". Pfeffer enthält ätherische Öle, die ihm seine charakteristische Schärfe geben.

Hildegard von Bingen empfiehlt, den Pfeffer nur sparsam in der Küche zu verwenden. Kranke Menschen sollten lieber auf andere Würzkräuter ausweichen.
„Der Pfeffer ist sehr warm und trocken. Er hat ein gewisses Verderben in sich und kann bei reichlichem Genuß dem Menschen schaden." (*Physica*)

Salbei
Die berühmte medizinische Schule von Salerno in Italien prägte im Mittelalter ein Sprichwort: „Wie kann jemand sterben, der Salbei im Garten hat?" Salbei ist aber nicht nur eine wirksame Heilpflanze, sondern auch ein vielseitig einsetzbares Würzkraut. Salbei enthält neben Bitterstoffen ätherische Öle, durch die sein charakteristischer Duft entsteht.

Wegen seines kräftigen Aromas sollte Salbei allerdings nur sparsam verwendet werden. Am besten kommt er zur Entfaltung, wenn man ihn kurz in Fett mitbraten läßt, beispielsweise bei Fleisch- oder Fischgerichten (Hildegard empfiehlt den Salbei ja vor allem als Füllung von fettem Geflügel). Salbei gibt es in getrockneter Form im Gewürzregal des Supermarktes, oft auch in Töpfen zu kaufen. Er läßt sich problemlos im Garten und auf der Fensterbank kultivieren.

Hildegard von Bingen schreibt über den Salbei:
"Der Salbei ist warm und trocken. Deshalb wirkt er gegen die kranken Säfte im Menschen. Roh und gekocht nützt er allen, die durch schädliche Stoffe geplagt werden, denn er neutralisiert diese. Wer pulverisierten Salbei auf Brot ißt, kann den Überfluß an schlechten Säften in seinem Inneren dadurch vermindern." (*Physica*)

Salz
Zwar ist das Salz kein Würzkraut, aber da es als Gewürz natürlich schon Hildegard von Bingen bekannt war, soll hier darauf eingegangen sein. Schließlich gehört das Salz neben dem Pfeffer zu unseren wichtigsten Würzmitteln. Empfehlenswert ist auf jeden Fall Meersalz oder Kräutersalz. Beides erhalten Sie im Reformhaus und im Naturkostladen.

Grundsätzlich sollte mit Salz jeder Art sparsam umgegangen werden, da es beispielsweise den Blutdruck erhöhen kann. Zum Würzen sollte man deshalb als Alternative oder Ergänzung zum Salz Kräuter verwenden.

Einige Überlegungen Hildegards zum Salz:
"Das Salz ist sehr warm und etwas feucht. Ißt ein Mensch ungesalzene Speisen, macht ihn dies innerlich etwas lau. Wenn er aber seine Speisen mäßig mit Salz würzt, kann ihn dieses stärken und heilen. Zu stark gesalzene Speisen sind

schädlich, denn sie trocknen den Körper aus und machen die Lunge dämpfig. Wichtig ist, daß jede Speise so gesalzen wird, daß sie ihren Eigengeschmack bewahrt und das Salz in ihr nicht gespürt wird." (*Physica*)

Süßholz
Das Süßholz wird vorwiegend im Mittelmeerraum angebaut. Aus seinem Saft wird unter anderem Lakritze hergestellt. Süßholz enthält sehr viel Rohrzucker und ist deshalb besonders gut zum Würzen von Süßspeisen geeignet. Man erhält Süßholz in der Apotheke.

Hildegard bescheinigt der Süßholzwurzel eine positive Wirkung nicht nur auf den Körper, sondern auch auf die Seele des Menschen:
„Das Süßholz ist von gemäßigter Wärme. Auf welche Art es auch immer gegessen wird – es gibt dem Menschen eine klare Stimme, macht seinen Sinn mild, erhellt seine Augen und verschafft dem Magen eine gute Verdauung." (*Physica*)

Wegerich
Die Samen des zu den Wegerichgewächsen gehörenden Strauches *Plantago afra* werden als „Flohsamen" bezeichnet. Sie enthalten Stoffe mit mild abführender und reizmindernder Wirkung. Wenn die Flohsamen mit Flüssigkeit in Berührung kommen, quellen sie und erreichen ein Vielfaches ihres ursprünglichen Volumens. Als unverdauliche Ballaststoffe gelangen sie so in den Dickdarm und sorgen für eine ausreichende Füllung, die für einen normalen, regelmäßigen Stuhlgang notwendig ist.

Man kann die Flohsamen über eine Suppe streuen, aber auch auf einem Stück Brot essen. Dann ist es allerdings wichtig, ausreichend dazu zu trinken, damit die Samen entsprechend aufquellen können. Flohsamen erhalten Sie in der Apotheke und im Reformhaus.

Hildegard schreibt über die Wegerichsamen:

"Der Flohsamen ist von kalter Natur, allerdings in einem angenehmen Maß. Dadurch gibt er bedrückten Menschen ihre Fröhlichkeit wieder und stärkt ihr Gehirn." (*Physica*)

Ysop

Leider wird dieses Küchenkraut, das auch seiner Heileigenschaften wegen geschätzt wird, viel zu selten im Küchengarten angebaut. Dabei ist es überaus pflegeleicht und ausdauernd.

Der Ysop stammt aus dem Mittelmeergebiet und diente schon in der griechischen und jüdischen Medizin als Heilmittel, etwa gegen Lungenkrankheiten und Wassersucht. Um seine Heil- und Würzkraft voll entfalten zu können, sollte Ysop schon während des Kochens dem Essen beigegeben werden. Es sollte in keinem Fleischgericht fehlen. Wer selbst keinen Ysop anbauen kann, mag das pulverisierte Kraut verwenden. Es ist in der Apotheke erhältlich.

"Der Ysop ist von trockener Natur und gemäßigt warm. Er reinigt von dem krankhaften Schaum der Körpersäfte und ist für alle Speisen nützlich und geeignet. Gekocht ist er am nützlichsten und getrocknet und pulverisiert immer noch nützlicher als roh verzehrt. Er macht die Leber stark und reinigt auch die Lunge." (*Physica*)

Zimt

Der Zimt wächst hauptsächlich auf Sri Lanka und kann bei uns des Klimas wegen nicht kultiviert werden. In der ursprünglichen Stangenform ist er aromatischer als gemahlen.

Er enthält verschiedene natürliche Säuren, unter anderem auch den Bitterstoff Gerbsäure. Hildegard empfiehlt ihn nicht nur zur Geschmacksverbesserung, sondern auch als Kräftigungsmittel:

„Der Zimt ist sehr warm, hat große Kraft und enthält auch eine mäßige Feuchtigkeit. Allerdings ist seine Wärme so stark, daß sie die Feuchtigkeit unterdrückt. Wenn man oft Zimt ißt, werden die üblen Säfte vermindert und die guten Säfte im Körper vermehrt." (*Physica*)

Was Hildegard noch nicht kannte

Neben Kaffee, Kakao und zahlreichen tropischen Früchten und Gemüsen, die heute zu unserem Alltag gehören, waren Hildegard von Bingen auch einige andere Feldfrüchte unbekannt, die nicht nur für uns westliche Europäer zu den Grundnahrungsmitteln gehören: beispielsweise die Tomate, der Mais und vor allem die Kartoffel.

Kartoffeln

Die Kartoffel ist aus unserer Küche nicht mehr wegzudenken. Dabei kam sie erst vor wenigen Jahrhunderten aus Amerika zu uns. In Preußen wurde sie unter Friedrich dem Großen praktisch unter Zwang eingeführt – die Menschen hatten die grünen Früchte (also nicht die Knollen) gegessen, die natürlich hochgiftig sind. Aber sehr schnell erkannte man, wie bedeutsam die Kartoffel für die Volksernährung ist. Kartoffeln sind nämlich relativ anspruchslos, was die Bodenverhältnisse anbetrifft, außerdem lassen sich aus ihnen vielseitige, nährstoffreiche Gerichte kochen.

Kartoffeln haben einen hohen Stärkegehalt, der je nach Sorte und Standortbedingungen schwanken kann, aber meistens um die 18 Prozent beträgt. Außerdem enthalten sie Kalium und Vitamine, vor allem Vitamin C. Obwohl der Eiweißgehalt von Kartoffeln mit 2 Prozent recht niedrig ist, kommt diesem Eiweiß aufgrund seiner hohen Verdaulichkeit (über 90 Prozent) erhebliche Bedeutung zu, und es wird hinsichtlich seiner Wertigkeit dem Eiweiß von Blattgemüsen gleichgesetzt.

Mais

Der Mais wurde schon Jahrtausende vor unserer Zeitrechnung in Mexiko kultiviert. Ein Wildmais konnte durch Pollenanalyse aus einer Zeit vor 60 000 Jahren nachgewiesen werden.

Ob Hildegard – hätte sie ihn denn gekannt – den Mais als ergänzende Getreidenahrung empfohlen hätte, ist fraglich. Frische Maiskolben oder -körner sind sicherlich eine Bereicherung für unsere Küche (übrigens wächst Mais inzwischen auch in unseren Regionen, wo er meistens als Viehfutter verwendet wird). Er ist fettreich und stärkehaltig, allerdings fehlen ihm die lebenswichtigen Aminosäuren. Sein Mangel an Vitamin B kann in Gegenden, wo Mais das Grundnahrungsmittel ist, zu ernährungsbedingten Krankheiten führen.

Tomaten
Die Tomate erlangte erst Anfang des 20. Jahrhunderts Bedeutung als Nutzpflanze bei uns. Sie stammt aus Mexiko und Peru, wo sie schon in der Zeit vor der Entdeckung durch Columbus kultiviert wurde. In Europa wurde sie im 16. Jahrhundert eingeführt und wegen der vermuteten Giftigkeit ihrer Früchte zunächst nur als Zierpflanze gezogen.

Tomaten enthalten kaum Kohlenhydrate, aber reichlich Vitamin C und Vitamine der B-Gruppe, Vitamin P, das Provitamin A, mehrere Fruchtsäuren und natürlichen Zucker. Sowohl roh als auch gekocht, gedünstet oder gebraten, sind Tomaten eine gesunde Bereicherung für den Küchenzettel.

Achten Sie bei Ihrer Ernährung auf die Tageszeit!

AUCH DIE Tageszeit, zu der man Nahrung zu sich nimmt, ist durchaus nicht unwichtig. Zum einen unterliegen die einzelnen Organe unterschiedlichen Rhythmen, so daß sie zu manchen Zeiten Nahrungsmittel besser verarbeiten können als zu anderen. Zum anderen hat jeder Mensch seinen individuellen Tagesrhythmus, der sich nicht nur auf seine geistige und körperliche Fitneß bezieht, sondern zudem für seine Essenszeiten wichtig ist.

Sicher ist Ihnen das Sprichwort bekannt, daß der Mensch gesund lebt, der frühstückt wie ein König, zu Mittag ißt wie ein Bürger und dessen Abendessen eher karg wie das eines Bettelmanns ist. Diese Regel mag sicherlich für sehr viele Menschen zutreffen. Aber wenn Sie das Gefühl haben, daß Ihnen eine andere Einteilung besser bekommt, sollten Sie eher Ihrem eigenen Körpergefühl vertrauen.

Vielen Menschen widerstrebt es – nicht nur aus zeitlichen, sondern aus rein körperlichen Gründen –, schon am Morgen eine größere Mahlzeit zu sich zu nehmen. Sie begnügen sich mit Kaffee, Tee oder Saft und kommen trotzdem (oder vielleicht gerade deshalb) ohne Probleme durch den Tag. Hildegard von Bingen macht dazu eine sehr interessante Anmerkung:
„Für einen körperlich gesunden Menschen ist es gesund und gut für die Verdauung, wenn er bis gegen Mittag auf Nahrungsaufnahme verzichtet." (*Causae et curae*)

Es ist nur natürlich, daß sich in diesem Fall der Magen im Laufe des Vormittags lautstark zu Wort meldet, obwohl man selbst kein akutes Hungergefühl registriert. Aber da der Körper kaum Verdauungsarbeit zu leisten hat, ermüdet er nicht so schnell und ist viel leistungsbereiter. Wenn das Knurren zu lästig wird, kann man es schnell mit einem Apfel, einer Möhre oder einem anderen Stück Obst oder Gemüse beruhigen. So führt man dem Körper neben wichtigen Vitaminen und Spurenelementen Ballaststoffe zu, die Magen und Darm beschäftigen, ohne belastend zu wirken.

Dies gilt allerdings nur für körperlich gesunde Menschen. Deshalb macht Hildegard die folgende Einschränkung:
„Für Kranke, Entkräftete und körperlich Schwache ist es allerdings gut und gesund, morgens zu frühstücken. So können sie die ihnen fehlenden Kräfte zumindest der Nahrung entnehmen."
Die genannten Personengruppen befinden sich letztlich in einer Art Ausnahmezustand, dem in der Ernährung Rechnung getragen werden muß.

Ein üppiges, wenn auch dem Sprichwort nach lediglich „bürgerliches" Mittagessen muß nicht unbedingt das Ideal für jeden Menschen sein. Danach ist man meistens träge und wünscht sich nichts sehnlicher als ein Mittagsschläfchen, aber gerade dies wird den meisten Menschen nicht möglich sein. Deshalb sollte das Mittagsmahl möglichst leicht ausfallen – eine Suppe oder ein Salat etwa sättigen und geben neue Energie, anstatt müde zu machen.

Das Abendessen des Bettelmanns ist ebensowenig stichhaltig. Natürlich wird ein schwerer Gänse- oder Schweinebraten uns wahrscheinlich Verdauungsprobleme und schwere Träume verursachen, wenn wir ihn spät am Abend zu uns nehmen. Andererseits ist das Abendessen in unserer Zeit meistens die einzige Gelegenheit, eine gemeinsame Mahlzeit im Familienkreis einzunehmen. Außerdem sind wir am Abend viel entspannter und können uns dem Genuß des Essens ganz anders hingeben als während des Tages. Und der Genuß gehört nun einmal unabdingbar zu einer guten Verwertung und Verdauung der Nahrung.

Hildegard von Bingen war in ihrer Position als Äbtissin eine berufstätige Frau mit vielfältigen Verpflichtungen. Offensichtlich hat auch sie erkannt, daß es durchaus angebracht ist, die Hauptmahlzeit am Abend einzunehmen. So schreibt sie:

> „Auch abends kann der Mensch dieselben Speisen essen und dieselben Getränke zu sich nehmen, die er am Tag genossen hat, wenn er dies will. Nur sollte er dann so rechtzeitig essen, daß er noch einen Spaziergang machen kann, bevor er sich schlafen legt." (*Causae et curae*)

Manche Menschen haben das Bedürfnis, noch kurz vor dem Einschlafen eine Kleinigkeit zu essen. Diesem Bedürfnis darf und sollte durchaus nachgegeben werden, denn es ist dem Einschlafen förderlich: Da durch den Verdauungsprozeß Blut aus dem Kopfbereich in die Magen-Darm-Region abgezogen wird, entsteht eine wohltuende Müdigkeit. Dasselbe gilt, wenn man nachts aufwacht: Scheuen Sie nicht den Gang zum Kühlschrank, um noch einen kleinen Bissen zu essen. Um so besser werden Sie wieder einschlafen – und durchschlafen!

Natürlich gilt auch hier wieder Hildegards Regel von der *discretio*. Man darf – etwa bei einem besonderen Festessen – schon mal ein wenig „über die Stränge schlagen". Schädlich sind unkontrollierte Eßgewohnheiten wie beispielsweise das Chips-Knabbern beim Fernsehen usw. Stellen Sie statt dessen lieber Möhren, Kohlrabischeiben und Paprikastreifen auf den Tisch!

Ernährung im Einklang mit den Jahreszeiten

HILDEGARD von Bingen war es wichtig, daß der Mensch auch in der Ernährung den Jahreszeiten folgt. Zu ihrer Zeit war kaum etwas anderes möglich – unsere modernen Treibhäuser gab es noch nicht. Und es war natürlich nicht möglich, zu allen Jahreszeiten frische Früchte und Gemüse aus anderen Ländern einzufliegen. Heute haben wir zwar alle diese Möglichkeiten – aber haben Sie es nicht auch schon festgestellt, daß der frisch geerntete Spargel, die frisch gepflückten Erdbeeren usw. ganz anders schmecken als Obst und Gemüse, das unreif geerntet ist, um den Flug oder die Schiffsreise zu überstehen?

Außerdem werden so die Früchte der Saison nicht zur Selbstverständlichkeit – sie sind etwas Besonderes, eben weil man sie nicht immer haben kann. Der erste neugestochene Spargel kann ein Fest sein, ebenso die ersten frisch gepflückten Erdbeeren. Dieses Erlebnis hat sicherlich etwas mit unserem Gaumen und unserem Magen zu tun, aber auch mit der Vorfreude, etwas genießen zu können, was es eben nur für eine begrenzte Zeit gibt. Insofern ist das Essen nicht nur Nahrung für den Körper, sondern auch für Geist und Seele.

Körperlich und seelisch sollte sich der Mensch im Einklang mit dem Kosmos befinden. Nur so kann er sein inneres und äußeres Gleichgewicht wahren – ein Bestreben, das in unserer hektischen Zeit und auf unserer durch mannigfaltige Gifte verschmutzten Erde immer schwerer zu verwirklichen ist. Eine jahreszeitlich orientierte Ernährung kann dabei durchaus hilfreich sein. Immer wieder empfiehlt Hildegard von Bingen deshalb, sich den Jahreszeiten entsprechend zu ernähren.

So warnt sie etwa davor, im Winter, wenn man sich selbst innerlich kalt fühlt, kalte Speisen zu essen.

„Dadurch zieht man sich leicht die Schwarzgalle (Melancholie) zu und erregt sie in sich." (*Causae et curae*)

Deshalb sollte man seinen gewohnten Rohkostsalat in der kalten Jahreszeit unbedingt durch eine warme Suppe – etwa auf Gemüse- oder Getreidebasis – ergänzen, denn dadurch wird nicht nur der Magen, sondern auch die Seele erwärmt. Und noch einen weiteren Rat hält Hildegard für die Winterzeit bereit, bei dem es um die Umgebung geht, in der man ißt:

„Will jemand bei großer Winterkälte essen, soll er einen Raum suchen, der weder zu warm noch zu kalt ist, und soll nur lauwarme Speisen genießen." (*Causae et curae*)

Auch für den Sommer sieht Hildegard einen Zusammenhang zwischen der jahreszeitlich bedingten Hitze und der Ernährung: Durch den Genuß sehr kalter Speisen (Eis, gekühlte Getränke usw.) kann es ihrer Erfahrung nach nicht nur zu körperlichen Erkrankungen kommen, sondern der Mensch kann dadurch auch phlegmatisch werden! Übermäßiges Essen ist im Sommer unbekömmlich – das sollte vor allem bei den beliebten Grillparties bedacht werden. Mäßig warme Speisen – im rechten Maß genossen – werden dagegen wohltun. Auch hier bewährt sich die Goldene Regel der Hildegard: in allem das rechte Maß halten zu lernen.

Kleiner Ernährungskalender für das ganze Jahr

Wenn im folgenden bestimmte Obst- oder Gemüsesorten für bestimmte Monate angegeben sind, heißt dies durchaus nicht, daß sich deren Verzehr ausschließlich auf die genannten Monate beschränken muß. Sie können natürlich während der gesamten Wachstumssaison gegessen werden – die angegebene Zeit entspricht lediglich im besonderen Maße dem Rhythmus der Jahreszeiten. Auch bei den Rezepten handelt es sich nur um Beispiele, die Sie Ihren eigenen Vorlieben nach variieren können. Der „Kleine Ernährungskalender" soll Ihnen durch zahlreiche Rezepte für Einsteiger zeigen, wie einfach es sein kann, nach der Ernährungslehre der Hildegard von Bingen im Einklang mit den Jahreszeiten zu kochen.

Januar

Da es im Januar kaum einheimische Frischgemüse gibt, ist es sicherlich angebracht, in diesem Monat das von Hildegard am meisten bevorzugte Getreide auf den Tisch zu bringen: den Dinkel. Er ist eine Urform unseres Weizens und in unserer Zeit zu Unrecht fast vergessen.

Dinkel und Grünkern

Der Dinkel ist für unsere Ernährung sehr wertvoll (siehe unter „Dinkel", Seite 24). Bevorzugen Sie deshalb auch beim Einkauf im Bäckerladen Brot und Gebäck aus Dinkelmehl. Es ist nicht nur besonders gesund, sondern zeichnet sich auch durch einen besonders herzhaften, nußartigen Geschmack aus.
Sie können Dinkel ebenso wie Weizen zum Kochen und Backen verwenden. Das günstigste Ergebnis hinsichtlich Geschmack und Festigkeit erzielen Sie allerdings, wenn Sie ein

Drittel bis die Hälfte der angegebenen Weizenmenge durch Dinkel ersetzen.

Hildegard lobt den Dinkel immer wieder in ihren Büchern, beispielsweise in der *Physica*:

„Wenn jemand so krank ist, daß er nicht essen oder kauen kann, nehme man die ganzen Körner des Dinkels und koche sie in Wasser unter Beigabe von Fett oder Eigelb. Der Kranke wird den Dinkel wegen des besseren Geschmacks gerne essen, und der Dinkel heilt ihn innerlich wie eine gute und gesunde Salbe."

Grünkern, ein Dinkelprodukt (siehe hierzu Seite 24), hat ein besonders würziges Aroma und eignet sich deshalb vorzüglich für die Zubereitung von Suppen und Getreidegerichten aller Art.

Dinkel und Grünkern erhalten Sie im Reformhaus, in Naturkostläden und inzwischen auch in vielen Supermärkten. Sie sollten möglichst frischgeschrotete Körner verwenden, denn diese enthalten noch alle wertvollen Inhaltsstoffe. Entweder lassen Sie sich Ihr Korn im Laden schroten, oder Sie schaffen sich selbst eine Getreidemühle an – die nicht ganz billige Investition lohnt sich in jedem Fall.

Dinkelsuppe mit Gemüse

Zutaten:
2 Stangen Lauch
1 große Möhre
1/2 Sellerieknolle
100 g Dinkel
1 EL Pflanzenöl
1 l Gemüsebrühe
1/8 l Sahne
Kräutersalz und Kümmel

Zubereitung:
Die Lauchstangen in Ringe schneiden.
Möhre und Sellerie grob raspeln.
Den Dinkel grob schroten und in dem Öl andünsten.
Das Gemüse hinzugeben, kurz weiterdünsten, dann mit der Gemüsebrühe auffüllen.
Etwa 20 Minuten lang auf kleiner Flamme garen.
Die Sahne daruntergeben und mit Kräutersalz und Kümmel abschmecken.

Grünkernbratlinge

Zutaten:
200 g Grünkern
1 kleine Zwiebel
1/2 Bund Petersilie
1 Ei
1/2 TL Basilikum
1/2 TL Majoran
1 TL gekörnte Gemüsebrühe
1/2 TL Kräutersalz
60 g geriebener Käse
etwas Olivenöl

Zubereitung:
Den Grünkern mittelfein schroten und 45 Minuten lang in kaltem Wasser einweichen. Die Masse sollte danach eine zähflüssige Konsistenz haben.
Zwiebel und Petersilie hacken.
Beides zusammen mit den Kräutern, der Brühe, dem Salz und dem Käse unter die Grünkernmasse geben und Bratlinge daraus formen.
Das Öl in der Pfanne erhitzen und die Bratlinge darin goldbraun braten.

Dazu passen gut eine Kräuter- oder Tomatensoße und ein frischer Salat.

Februar

Wenn man das Glück hat, einen Garten zu besitzen, sollte man schon im Sommer für den Winter Vorsorge treffen. Da zu dieser Zeit nur wenig frisches Gemüse zur Verfügung steht, kann man dann auf getrocknete Gemüse zurückgreifen – z. B. auf weiße Bohnen.
Diese haben einen hohen Eiweißgehalt. Wer also auf tierisches Eiweiß verzichten möchte, findet hier eine geeignete Alternative. Aus weißen Bohnen lassen sich nämlich wunderbar schmackhafte Gerichte zaubern. Hier ein Rezept für Einsteiger:

Bohnensuppe mit Fenchel

Zutaten:
2 Fenchelknollen
3 EL Öl
1 1/2 l Gemüsebrühe
400 g weiße Bohnen
100 g Vollkornnudeln
200 g magerer Kräuterquark
2 TL Kapern
frisch gemahlener schwarzer Pfeffer

Zubereitung:
Die Bohnen über Nacht in kaltem Wasser quellen lassen.
Mit dem Einweichwasser eine Stunde lang kochen lassen. Abgießen.
Den Fenchel putzen, in Ringe schneiden und waschen.
Das Öl in einem Topf erhitzen und den Fenchel darin andünsten.

Die Brühe dazugeben und bei mittlerer Hitze 10 Minuten kochen.
Bohnen, Nudeln, Kapern hinzufügen.
Die Suppe noch zehn Minuten bei kleiner Hitze kochen.
Auf Teller verteilen und pro Portion einen großen Eßlöffel Kräuterquark dazugeben.
(Der Fenchel gehört zu den bevorzugten Gemüsearten Hildegards. Er ist deshalb – als auch im Winter erhältliches Frischgemüse – eine gute Ergänzung zu den getrockneten Bohnen.)

März

Im März sprießen auf Wiesen und in Gärten die ersten zarten Kräuter. Wenn es schon uns modernen Menschen, die wir das ganze Jahr über frisches Gemüse verfügen, wohltut, das Pflanzenleben wieder erwachen zu sehen – wie muß es da erst den Menschen des Mittelalters zumute gewesen sein? Für sie war das die erste Gelegenheit, nach den langen Wintermonaten endlich wieder etwas Grünes zu essen.

Für Hildegard von Bingen war die Farbe Grün in jeder Hinsicht der Inbegriff der Lebenskraft. Das gilt natürlich auch für die Ernährung. Sowohl Farbtherapeuten als auch Ernährungswissenschaftler unserer Zeit bestätigen diese Erkenntnis Hildegards.

Wildkräutersalat

Zutaten:
Blätter oder Schößlinge von wilden Kräutern, z. B. Himmelschlüsselblätter, Gänseblümchenblüten, Veilchenblüten, Sauerampfer, Feldsalat, Löwenzahn, Minze, Brunnenkresse
Für die Marinade:
gutes Salatöl
Zitronensaft oder milder Obstessig

Pfeffer und Salz
1 EL feingehackte Petersilie
1 EL in feine Röllchen geschnittener Schnittlauch
1 TL Senf

Zubereitung:
Aus den für die Marinade angegebenen Zutaten in einer großen Schüssel die Salatsoße so lange schlagen, bis sie cremig ist.
Dann alle sorgfältig geputzten und gewaschenen Salatkräuter nach gründlichem Abtropfen vorsichtig untermischen.
Varianten:
Streuen Sie ein feingehacktes hartgekochtes Ei über den Salat.
Übergießen Sie den Salat mit frisch ausgelassenen Schinkenspeckwürfeln und dem Bratfett.
Streuen Sie geröstete Brotwürfel (Croûtons) über den Salat.

In den März (bzw. April) fällt auch das Osterfest – das große christliche Fest der Auferstehung. In vielen Familien ist es Tradition, das Osterlamm zu essen. Dabei ist vielen Menschen der religiöse Hintergrund gar nicht mehr gegenwärtig: die Erinnerung an das Lamm Gottes (Christus), das sein Blut und sein Leben für die Menschen hingab, oder wenn man noch weiter zurückgeht an das Passah-Lamm der Juden.
Oft ist der Grund, gerade um diese Zeit Lammfleisch zu essen, sehr viel profaner: Das Fleisch der jungen Lämmer, die Anfang des Jahres geboren wurden, ist besonders zart und mager. Feinschmecker bevorzugen es „pré-salé" (soviel wie: auf natürliche Art vorgesalzen). Dieses Fleisch stammt von Schafen, die an der Meeresküste geweidet wurden, beispielsweise an der Nordsee oder in der Normandie. Es gibt eine Vielzahl von köstlichen Lammfleischgerichten, auf die in einem späteren Band ausführlich hingewiesen wird.

April

Nachdem der März uns die ersten frischen Wildkräuter gebracht hat, können wir im April schon den ersten Gartensalat – entweder aus dem Frühbeet oder, in guten Jahren, vom Gartenbeet – ernten.

Für Hildegard ist die Zubereitung des Salats besonders wichtig, weil er sonst eher schädlich als tauglich ist. Das begründet sie in ihrer *Physica* folgendermaßen:

„Unzubereitet gegessen kann er das Gehirn leer machen, dagegen den Magen-Darm-Trakt mit Krankheitsstoffen angreifen. Salat sollte deshalb mit Dill, Essig und Knoblauch abgeschmeckt werden, so daß er vor dem Essen noch genügend Zeit hat, sich mit diesen Würzstoffen zu durchtränken. Ißt man ihn so zubereitet, dann stärkt er das Hirn und macht eine gute Verdauung."

Uns stehen heute viele hervorragende Würzmittel für Salate zur Verfügung, die wir nicht einmal mühsam selbst herstellen müssen – wie es etwa zu Hildegards Zeit der Fall war –, sondern die wir in bester Qualität fertig kaufen können.

Die beiden wichtigsten Zutaten für eine wirklich gute Salatsoße sind Essig und Öl. Dabei sollten Sie unbedingt auf die beste Qualität achten – nicht nur der gesundheitliche Nutzen, sondern auch der Wohlgeschmack lohnen diesen Aufwand!

- Essig: Hier empfehlen sich vor allem Himbeeressig und Balsamico, die den Salaten eine ganz besonders edle Geschmacksnote verleihen. Aber auch ein guter Obstessig ist geeignet.

- Öl: Dadurch wird der Salat noch bekömmlicher, allerdings sollten Sie nur kaltgepreßte Öle verwenden, in denen noch alle wertvollen Inhaltsstoffe enthalten sind. Besonders empfehlenswert ist neben Olivenöl und Distelöl das etwas teurere, aber besonders schmackhafte Walnußöl.

Für Fischfreunde ist der April ebenfalls ein besonderer Monat, denn in dieser Zeit werden viele leckere Fische gefangen. Da die – fleischlose – Fastenzeit manchmal bis in den April hinein dauerte, war Fisch in vergangenen Zeiten eine willkommene Abwechslung zu Mehlspeisen und Eiergerichten.

Hecht „grün"

Zutaten:
750 g frischer Hecht
1 Bund Suppengrün
1 Zwiebel
3 EL Butter
2 EL Mehl
1/8 l Sahne
1 Eigelb
3 EL gehackte Kräuter (Dill, Petersilie, Schnittlauch, Kerbel)
Zitronensaft
1/2 l Fischfond oder Fleischbrühe
eine Prise Zucker

Zubereitung:
Die Butter erhitzen, das Mehl darin hellgelb anschwitzen lassen.
Die Brühe darunterrühren.
Die gewürfelte Zwiebel und das feingeschnittene Suppengrün sowie etwas Salz dazugeben.
Den Hecht ausnehmen, waschen, innen und außen gründlich mit Salz abreiben (so löst sich der Schleim) und in Portionsstücke schneiden. Junge Hechte mit der Haut in die Soße geben, ältere Fische vorher abziehen.
Die Fischstücke bei sanfter Hitze in der Soße 15 bis 20 Minuten garen lassen, dann mit einem Schaumlöffel herausnehmen.
Das Eigelb mit etwas kaltem Wasser verrühren und unter die Soße ziehen.

Mit Zitronensaft und einer Prise Zucker abschmecken und mit den Kräutern verrühren.
Variante:
Dieses Rezept eignet sich auch für Aal (von dem Hildegard allerdings abrät), Zander und Schleie.

Mai

Auch der Mai bringt uns eine Fülle des lebenskräftigen und kräftigenden Grüns, das Hildegard so schätzt und auch für die Ernährung empfiehlt. Die vielen Heilkräuter, die in dieser Zeit gesammelt werden können (Löwenzahn, Brennesseln, Wegerich, Weißdorn, Holunder und viele andere mehr), sind nicht nur eine Bereicherung für unsere Hausapotheke, sondern können auch unseren Küchenzettel variieren. Gerade die sogenannten Unkräuter sind dabei am wohlschmeckendsten.

Brennesselsuppe

Zutaten:
1 EL Butter oder Margarine
1 kleine Zwiebel
250 g gewaschene feingehackte Brennesselblätter
1 l Gemüsebrühe
1 EL Tomatenmark
1 TL frischer oder getrockneter Oregano
Salz und Pfeffer

Zubereitung:
Das Fett in einem Topf schmelzen lassen und die feingehackte Zwiebel darin andünsten.
Die Brennesselblätter dazugeben und unter Rühren einige Minuten dünsten.

Mit der Brühe aufgießen, den Oregano und das Tomatenmark darunterrühren und das ganze 10 Minuten lang auf kleiner Flamme köcheln lassen.
Varianten: Rühren Sie nach dem Servieren nach Belieben etwas Sahne in die Suppe, oder bestreuen Sie sie mit gerösteten Brotwürfeln (Croûtons).

Holunderblütenkaltschale

Zutaten:
300 g frisch gepflückte Holunderblüten
1/4 l Milch
100 Zucker oder Honig
3 Eigelbe
1 Prise geriebener oder gemahlener Ingwer

Zubereitung:
Die Blüten vorsichtig, aber gründlich waschen, um die oft winzig kleinen Insekten zu entfernen.
Die Stiele abschneiden.
Die Milch aufkochen und die Blüten kurz darin ziehen lassen, dann durch ein Sieb abseihen.
Den Zucker, die in etwas kaltem Wasser verrührten Eigelbe und den Ingwer dazugeben.
Bis zum Servieren kalt stellen, aber nicht eiskalt essen.
Hübsch als Dekoration ist eine kleine Holunderblüte in jedem Suppenteller.

Juni

Juni ist der Monat, in dem alle zarten Sommergemüse in Fülle auf den Markt kommen oder im Garten zu ernten sind. Dazu gehören vor allem Erbsen und Möhren.

Während Hildegard bei den Erbsen einige Vorbehalte hat, weil sie bei anfälligen Menschen möglicherweise die Lunge verschleimen, und sie deshalb nur gesunden Menschen „von warmer Natur" empfiehlt, lobt sie die Möhre:

„Die Mohrrübe ist eine Erquickung für den Menschen. Weder nützt noch schadet sie seiner Gesundheit, aber sie füllt den Bauch." (*Physica*)

Am wichtigsten aber ist für Hildegard der Fenchel, den sie neben Dinkel und Kastanien uneingeschränkt allen Gesunden und Kranken empfiehlt. Sie können Fenchel auch roh zubereiten – beispielsweise als Salat (in Italien ißt man Fenchelknollen wie bei uns Äpfel) –, aber es gibt auch viele andere köstliche Zubereitungsarten.

Fenchelgemüse

Zutaten:
3–4 Fenchelknollen
1/2 l Gemüsebrühe
für die Soße:
1/2 l Gemüsebrühe
2 Ecken Sahneschmelzkäse
2 EL gemahlene Haselnüsse
1 Knoblauchzehe
2 EL trockener Weißwein
2 TL Zitronensaft
etwas frisch geriebene Muskatnuß
1 EL feingehackte Kräuter (Petersilie, Schnittlauch, Dill, Basilikum usw.)

Zubereitung:
Die Fenchelknollen waschen, putzen und halbieren. Das Fenchelgrün aufheben.
Die Gemüsebrühe aufkochen lassen und den Fenchel darin bißfest garen (etwa 15 bis 20 Minuten).
Die Fenchelhälften auf einer feuerfesten Platte im Backofen warm stellen.

Die Gemüsebrühe (am besten verwenden Sie dafür die Kochflüssigkeit, in der Sie den Fenchel gegart haben) erhitzen, den Käse und die geriebenen Nüsse kräftig darin verquirlen.
Den Knoblauch schälen und zerdrücken und mit dem Wein und dem Zitronensaft zur Soße geben.
Mit den Gewürzen abschmecken und die Kräuter dazugeben.

Juli

In ihrem großen Werk *Physica* macht Hildegard von Bingen verschiedene sehr wichtige Anmerkungen zum gesundheitlichen Wert der gerade in diesem Monat reif werdenden Früchte wie Himbeeren, Johannisbeeren und Kirschen (siehe im Kapitel „Die Lebensmittel der Hildegard-Küche" unter „Früchte", Seite 49 und Seite 50).

„Der Gichtbaum (so nennt Hildegard die Johannisbeere) ist sehr warm. Für sich allein sind die Früchte nicht so gut zu gebrauchen, deshalb sollte man sie mit anderen Beeren mischen. So bekommen sie einen höheren Nutzwert als Heilmittel." (*Physica*)

Am besten ist es natürlich, alle diese köstlichen Früchte frisch zu genießen – direkt vom Baum oder Strauch. Aber es lassen sich auch leckere Gerichte daraus zaubern und vor allem natürlich vitaminreiche Vorräte für den Winter. Dazu gibt es in dem Band *Küche aus der Natur* eine Fülle von Rezepten.

August

Die katholische Kirche feiert am 15. August einen im Zusammenhang mit Hildegards Erkenntnissen zur Medizin und Ernährungslehre sehr wichtigen Festtag: Mariä Himmelfahrt. Dieser Tag ist traditionell einer der besten Tage, um Kräuter zum Trocknen zu sammeln – nicht nur die Teekräuter, sondern auch die ebenso heilsamen Würzpflanzen wie Majoran, Thymian, Salbei usw. Sorgen Sie für den Winter vor, indem Sie sich einen köstlich duftenden Kräutervorrat anlegen!

Ein in Hildegards Ernährungslehre besonders bevorzugtes Gemüse wird in diesem Monat ebenfalls reif: der Kürbis.

Kürbisbrot

Zutaten:
3 EL Honig
2 EL Pflanzenfett
50 g Rohrzucker
50 g Mandelsplitter
50 g Rosinen
200 g fein geriebener Kürbis
175 g Vollkornmehl (am besten eine Dinkel-Weizen-Mischung)
2 TL Backpulver
1 TL Salz
Zimt
Orangensaft

Zubereitung:
Die Zutaten nacheinander zu einem zähflüssigen Teig verrühren.
Eine Kastenform fetten und den Teig hineingeben.
Bei 200 Grad 45 Minuten backen.

September

Obwohl im September das von Hildegard von Bingen so gerühmte Grün langsam verblaßt und in die goldenen Farben des Herbstes übergeht, hält dieser Monat doch eine Frucht bereit, die – zumindest in Norddeutschland – in der Ernährung viel zuwenig verwendet wird: die Edelkastanie.

Vermicelles (Kastanienpüree)

Zutaten:
1 kg Eßkastanien
1/2 l Milch
1 Prise Salz
1 EL Honig
1 Vanilleschote
1/4 l Sahne
1 TL Honig

Zubereitung:
Die Kastanien auf der runden Seite kreuzweise einschneiden.
Im vorgeheizten Backofen erhitzen, bis die Schale sich entfernen läßt.
Die Schalen ablösen und die Kastanien in kochendes Wasser legen, bis sich auch die Innenhaut lösen läßt.
Die Kastanien in Milch mit Salz, Honig und der aufgeschlitzten Vanilleschote etwa 20 Minuten weich kochen.
Durch den Fleischwolf drehen. (Natürlich können Sie auch den Pürierstab verwenden, aber dann erhalten Sie nicht die würmchenförmigen Vermicelles.)
Die Sahne mit Honig und – nach Belieben – mit etwas gemahlener Naturvanille steif schlagen und zu den Vermicelles reichen.

Oktober

Der Oktober gibt uns schon den Vorgeschmack des Herbstes, aber auch eine reiche Ernte an Früchten und Gemüsen und – nicht zu vergessen – die Weinlese. Der Wein spielt in der Heilkunde wie in der Ernährungslehre der Hildegard von Bingen eine sehr wesentliche Rolle – allerdings soll auch er mit *discretio* genossen werden. Es gibt zahlreiche Hinweise und Rezepte

für Gesunde und Kranke in Verbindung mit Wein, auf die in dem Band *Gesundheitsfibel* ausführlich eingegangen wird.
Im Oktober wird eine Frucht reif, die Hildegard besonders schätzt: die Quitte.
Der bittere Geschmack ist möglicherweise nicht jedermanns Sache, läßt sich aber mildern und verfeinern, so daß auch „süße Zungen" auf ihre Kosten kommen und den geschmacklichen und gesundheitlichen Wert der Quitte genießen können.

Quittenkompott

Zutaten:
1 kg Quitten
1 l Wasser
1 Zimtstange
einige Gewürznelken
Zucker nach Belieben

Zubereitung:
Die Quitten waschen und trockentupfen. Braune Stellen aus der Schale entfernen.
Die Früchte achteln und das Kerngehäuse entfernen.
In einem Liter Wasser, dem die Gewürze hinzugefügt sind, auf kleiner Flamme etwa 45 Minuten dünsten. Dann mit Zucker nach Belieben süßen.

November

Nun beginnt die dunkle Zeit, die bei vielen Menschen zu Depressionen führt. Die Tage sind kurz geworden, draußen ist es kalt und ungemütlich. Viele traurige Gedenktage vertiefen diesen Gemütszustand noch: Allerseelen, Volkstrauertag, Buß- und Bettag.

Hildegard von Bingen aber ist der Meinung, daß nur ein fröhliches Herz Gott in der rechten Weise dienen kann und daß nur ein Mensch mit einem heiteren, ausgeglichenen Gemüt auch körperlich gesund sein kann. Dazu schreibt sie in ihrem Buch *Causae et curae*:

> „Wenn ein Mensch unter großer Trauer leidet, soll er ausreichend bekömmliche Speisen zu sich nehmen. So wird er durch die Nahrung neu belebt."

Vor allem empfiehlt sie zwei wärmende, gemütsaufhellende Gewürze, die den Menschen von innen und außen durchwärmen können: Ingwer und Muskatnuß.

Ingwercreme

Zutaten:
500 g Magerquark
4 EL Sahne
3 EL Honig
4 EL Orangensaft
die abgeriebene Schale von zwei kleinen Orangen (unbehandelt)
3–4 TL geriebener frischer Ingwer
4 Eiweiß

Zubereitung:
Den Quark mit der Sahne cremig rühren.
Den Honig und den Orangensaft darunterrühren.
Die Orangenschale dazugeben.
Die Quarkcreme nach Geschmack mit Ingwer würzen.
Die Eiweiße steif schlagen und darunterheben.

Wichtig:
Alle Gewürze haben nicht nur eine geschmackliche, sondern auch eine gesundheitliche Wirkung. Dies gilt besonders für die exotischen Würzpflanzen Muskat und Ingwer. Gerade diese

sollten deshalb in Maßen – also mit der von Hildegard empfohlenen *discretio* – genossen werden.

Dezember

Jahreszeitlich gesehen ist der Dezember zwar der dunkelste Monat des Jahres. Aber gerade jetzt warten wir auf das schönste und leuchtendste Fest: Weihnachten. Deshalb heißt diese Zeit auch Advent, Zeit der Erwartung. Ein Weihnachtsfest in unserem modernen Sinn – mit Tannenbaum, Bescherung usw. – gab es zu Hildegards Zeit noch nicht. Aber die Jagdsaison brachte eine Bereicherung des Speiseplanes: das fettarme, eiweißreiche Wildfleisch.

Dieses empfiehlt Hildegard von Bingen nicht zuletzt wegen seiner gesundheitlich wertvollen Eigenschaften. Es ist nicht nur für den gesunden Menschen eine wertvolle Alternative zu Haustierfleisch, sondern gerade auch für Kranke. So schreibt sie in ihrer *Physica*:
   „Hirschfleisch sollte warm, aber nicht heiß gegessen werden, dann reinigt es den Magen und macht ihn leicht."
Die moderne Ernährungswissenschaft bestätigt diese Erkenntnis. Deshalb sollten Sie die Wintersaison nutzen, um – beispielsweise für die Feiertage – ein Wildgericht auf den Tisch zu bringen.

Hirschragout mit Essigpflaumen

Zutaten:
750 g Hirschfleisch ohne Knochen (aus der Schulter oder aus der Keule)
200 g kleine Zwiebeln
Butter und Öl zum Braten
1 kleines Stückchen Zimtrinde
3 Pimentkörner

1 Gewürznelke
Salz und Pfeffer
1 Lorbeerblatt
3/8 l Rotwein
1 Spirale Zitronenschale (unbehandelt)
50 g gehackte Haselnüsse
1/4 l süße Sahne
4 Quitten
8 Essigpflaumen

Zubereitung:
Am Vortag die Pflaumen in Würzessig und Zucker marinieren.
Die Quitten vierteln und vom Kernhaus befreien, in Rotwein und Wasser weich kochen.
Das Hirschfleisch in grobe Würfel schneiden.
Das Fett im Bräter erhitzen.
Die geschälten und geviertelten Zwiebeln darin von allen Seiten anbräunen, herausnehmen.
Das Fleisch in den Bräter legen, kräftig anbraten, salzen und pfeffern.
Zwiebeln, Gewürze, Rotwein und die Nüsse hinzugeben, erhitzen und im Backofen bei 180 Grad etwa 80 Minuten lang schmoren lassen.
Den Bratenfond abgießen, durchseihen und mit der Sahne zusammen cremig einkochen, abschmecken und wieder zum Fleisch geben.
Abgetropfte Quitten und Pflaumen dazugeben und mit dem Ragout erwärmen.
Dazu passen Spätzle.

Welche Getränke empfiehlt Hildegard von Bingen?

EINE AUSREICHENDE Flüssigkeitszufuhr ist für die Gesundheit des Menschen noch wesentlich wichtiger als eine ausreichende Ernährung. Man kann ohne feste Nahrung wesentlich länger überleben als ohne Flüssigkeit. Das liegt daran, daß der Körper – beispielsweise beim Fasten – auf seine eigenen Fettreserven zurückgreifen kann. Da der Mensch aber zum größten Teil aus Wasser besteht, droht ihm schon nach wenigen Tagen ohne Flüssigkeitszufuhr der Tod aufgrund von Austrocknung.

Der Mensch braucht pro Tag etwa drei Liter Flüssigkeit – darin enthalten sind Suppen und das in Obst und Gemüse enthaltene Wasser. Die meisten von uns nehmen viel zuwenig Flüssigkeit zu sich. Sie können dies leicht feststellen, indem Sie Ihre Trinkgewohnheiten während eines Tages beobachten. Kinder haben noch ein gutes Gespür, wieviel sie trinken müssen – als Erwachsene sind wir oft erstaunt über ihren enormen Flüssigkeitsbedarf. Leider geht dieses Gespür im Laufe des Lebens verloren, und gerade ältere Menschen trinken meistens viel zuwenig. Das führt nicht nur zu einer Austrocknung der Haut, sondern kann auch ernsthafte organische Schäden – etwa im Nieren- und Blasenbereich – verursachen.

Besonders geeignet ist ein gutes, natriumarmes Mineralwasser, um den täglichen Flüssigkeitsbedarf zu decken. Ergänzend dazu können Obst- und Gemüsesäfte und natürlich Kräutertees getrunken werden. Mit letzteren lassen sich gleichzeitig die verschiedensten Beschwerden lindern – beispielsweise Verdauungsprobleme, Schlaflosigkeit, Erkältungskrankheiten und vieles mehr. Darauf wird ausführlich in den Bänden *Gesundheitsfibel* und *Pflanzen- und Kräuterkunde* eingegangen.

Die Wichtigkeit einer ausreichenden Flüssigkeitszufuhr unterstreicht Hildegard von Bingen in ihrem Buch *Causae et curae*: „Wenn der Mensch beim Essen nicht trinken würde, würde er geistige und körperliche Beschwerden bekommen und weder eine gute Blutflüssigkeit bilden noch eine gute Verdauung haben. Trinkt er aber beim Essen übermäßig viel, verursacht er bei seinen Körpersäften eine schlimme, stürmische Überschwemmung, so daß die guten Säfte in ihm ihre Wirkung verlieren."

Im Gegensatz zu Hildegard empfehlen viele moderne Ernährungswissenschaftler, zu den Mahlzeiten nicht zu trinken – damit die Nahrungsmittel besser eingespeichelt und damit besser verdaut werden können. Es ist sicherlich nicht unbedingt nötig, zu einer warmen Mahlzeit, bei der Suppe oder Gemüse ohnehin schon Wasser enthalten, noch etwas zu trinken. Bei einer Mahlzeit, die vorwiegend aus Brot besteht, können Tee, Saft, Milch usw. aber durchaus angebracht sein. Und zu einem Festessen trinkt man natürlich auch gern ein Glas Wein oder Bier.

Neben verschiedenen Kräutertees und dem Absud von Obst und Gemüse mißt Hildegard nämlich vor allem dem Wein und dem Bier auch heilende Eigenschaften zu.

Wein

Erst in neuester Zeit haben Forscher auch wissenschaftlich bestätigt, daß ein Gläschen Wein vielen Erkrankungen vorbeugend entgegenwirken kann – z. B. Durchblutungsstörungen und Kreislaufschwäche. Auch dem Herzinfarkt und der Arteriosklerose kann ein Glas Wein vorbeugen. Außerdem wirkt es appetitanregend und verdauungsfördernd.

Wichtig ist es, keine billigen, sondern möglichst naturbelassene Weine zu trinken. Und genauso wie die modernen Ernährungsforscher rät auch Hildegard von Bingen von den schweren, edlen Weinen ab. Sie empfiehlt, wenn man diese Weine schon trinkt – etwa bei einem Festessen oder bei einer anderen besonderen Gelegenheit –, etwas Wasser darunterzumischen (oder dazu zu trinken) oder trockenes Brot dazu zu essen (was jeder Weinkenner ebenfalls empfiehlt). Für gesundheitsfördernd und heilsam hält sie die schweren Weine jedenfalls nicht. Statt dessen empfiehlt sie in ihrem Werk *Causae et curae* leichte Landweine, besonders die aus dem Hunsrück:

"Hunsrücker Wein braucht man nicht auf diese Weise zu mischen, weil er nicht so stark ist. Wenn jedoch jemand Wasser dazugießen oder Brot eintauchen und dann trinken will, ist er auf jeden Fall angenehmer zu trinken, aber nicht unbedingt gesünder."

Hildegard schreibt zudem, daß der Wein das Blut der Erde und in der Erde wie das Blut des Menschen sei. Deshalb heile und erfreue der Wein den Menschen mit seiner Wärme und Kraft.

Bier

Die heilsame Wirkung des Biers ist modernen Ernährungswissenschaftlern ebenfalls bekannt. Bier regt die Harntätigkeit an und beugt deshalb Prostatabeschwerden vor. Durch seinen Hopfengehalt sorgt es für einen gesunden Schlaf. Es gibt nicht umsonst viele berühmte Klosterbrauereien – genauso, wie viele berühmte Weine, nicht zuletzt der Champagner, in Klosterkellereien gekeltert wurden.

Über das Bier schreibt Hildegard in *Causae et curae*:

"Bier macht das Fleisch des Menschen stark und gibt dem Gesicht aufgrund der Kraft und des guten Saftes des Getreides eine schöne Farbe."

Natürlich gilt besonders und gerade für die alkoholischen Getränke wie Bier und Wein Hildegards Regel von der *discretio*. Nur wer das rechte Maß zu halten versteht, wird von der Heilkraft dieser Getränke profitieren können.

Auch das Fasten gehört zu einer gesunden Ernährung

DIE MEISTEN Religionen kennen die Fastenzeiten, in denen sich nicht nur der Körper, sondern auch die Seele von vielem irdischen Ballast befreien kann. Während des Mittelalters war die Zeit vom Ende des Karnevals (*carne vale* heißt ja nichts anderes als „Fleisch ade!") bis Ostern eine Periode, in der zumindest kein Fleisch genossen wurde. Die Mohammedaner essen während ihres Fastenmonats Ramadan erst abends, wenn die Sonne nicht mehr scheint – was für viele unserer ausländischen Mitbürger nicht leicht ist, da der Ramadan sich jedes Jahr verschiebt und so auch in unsere Sommerzeit fallen kann, wo die Dunkelheit nur kurz anhält.

Es gibt zudem das ganz strikte Fasten, wobei überhaupt keine feste Nahrung aufgenommen wird. Dies muß nicht unbedingt aus religiösen Gründen geschehen, sondern viele Menschen führen eine solche Fastenzeit einfach für ihre Gesundheit durch. Wichtig ist dabei vor allem, daß man das Fasten nicht als Strafe, sondern als Chance ansieht und ausreichend Flüssigkeit zu sich nimmt – mindestens drei Liter am Tag, am besten in Form von Mineralwasser, Kräutertee, Obst- und Gemüsesäften.

Hildegard von Bingen möchte selbst beim Fasten die *discretio* gewahrt wissen. Sie spricht sich ganz entschieden gegen ein unvernünftiges Fasten aus:

„Wenn manche Menschen auf übertriebene Weise sich des Essens enthalten und ihrem Körper dadurch nicht die richtige Stärkung geben und wenn sie außerdem noch an schwerwiegenderen Krankheiten leiden, kann es vorkommen, daß in ihrem Körper eine heftige Unruhe entsteht, weil die Elemente gegeneinander aufgebracht werden." (*Liber divinorum operum*)

Wer also eine Fastenzeit plant, sollte möglichst vorher mit seinem Arzt besprechen, ob sein Organismus diese Belastung überhaupt aushalten kann, ohne Schaden zu nehmen. Gesunden Menschen schadet es nicht, einen Tag, eine Woche, ja bis zu einem Monat zu fasten. Es kommt zwar zu körperlichen Veränderungen durch die Ausscheidung von Giften (beispielsweise Körpergeruch), aber insgesamt wird das Ergebnis des Fastens nur positiv sein. Mehr dazu erfahren Sie in dem Band *Heilendes Fasten*. Dort werden ausführlich die Bedingungen und Möglichkeiten einer Fastenzeit, die Körper und Seele erfrischt, erläutert.

Hildegard von Bingen – Kurzbiographie

1098 Hildegard wird als zehntes Kind einer in Bermersheim (bei Alzey) ansässigen Adelsfamilie geboren.

1106 Schon als Kind wird sie einer Klausnerin zur Erziehung übergeben. Bereits zu dieser Zeit hat sie ihre ersten Visionen.

1136 Hildegard, inzwischen Benediktiner-Nonne, wird Äbtissin.

1141 Sie beginnt unter dem Eindruck einer großen Vision mit der Niederschrift eines ihrer Hauptwerke, *Scivias* (Wisse die Wege), in dem sie eine eigene Anthropologie und Theologie entwickelt.

1150 Hildegard gründet das Kloster Rupertsberg bei Bingen.

1151 Sie beginnt die Abfassung der großen naturwissenschaftlichen Schrift *Physica* und der Heilkunde *Causae et curae*.

1158/1161 Während dieser Zeit ist Hildegard viel auf Reisen, um öffentlich zu predigen.

1179 Hildegard stirbt in dem von ihr gegründeten Kloster Rupertsberg.

Register

Aal 68
Abendessen 92
Ananas 45
Apfel 45

Bärenfleisch 60
Banane 15, 45
Barsch 68
Basilikum 72, 73
Beifuß 73
Bertram 74
Bier 116, 117
Birne 45
Blut 22, 23
Bohnen 30, 100
Bohnenkraut 72
Brennessel 42, 105
Brombeere 47
Brot 11, 28
Brunnenkresse 42
Butter 72

Causae et curae 17
China 26

Datteln 56
Depressionen 57, 111
Diabetiker 50
Dill 75
Dinkel 24, 97
discretio 8, 17, 18, 93
Dost 75

Eier 69, 70
Eiweiß 33, 70

Elchfleisch 60
Elemente 22
Ente 65
Erbsen 31
Erdbeeren 9, 95
Erde 22
Eselfleisch 61
Essig 103
Eßkastanie 57

Fasten 65, 119
Fast food 19
Feige 58
Fenchel 32, 76, 107
Fenchelknollen 107
Feuer 22
Fisch 68, 104
Fleisch 58
Forelle 68
Frosch 61
Früchte 45
Frühstück 91

Galle 22
Gans 65
Gebet 20
Geflügel 65
Gefühle 15
Gemüse 29
Gerste 25
Getreide 24
Gewürze 11
Gewürznelken 77
Gicht 11, 59
Glaube 15

Grünkern 24, 98
Gundelrebe 43
Gurken 33

Hafer 26
Hagebutten 48
Haselnuß 48
Hasenfleisch 62, 113
Hecht 104
Hering 68
Himbeere 49
Hirschfleisch 62, 113
Hirse 26
Holunder 49, 105, 106
Honig 70
Huhn 67

Indien 26
Ingwer 77, 112

Jahreszeiten 95
Johannisbeeren 108

Käse 72
kalt 8
Kaninchenfleisch 62
Karpfen 69
Kartoffel 89
Kastanien 110
Kerbel 78
Kichererbsen 34
Kirschen 50
Klosterküche 12
Klostermedizin 82
Königshöfe 11
Kohl 34
Knoblauch 78
Körper und Seele 15, 95
Kräuter 101

Kröte 61
Kümmel 79
Kürbis 35, 109

Lachs 68
Läuse 82
Lamm 102
Liebstöckel 80
Löwenzahn 105
Luft 22
Lymphe 23

Mais 89
Majoran 72
Mandeln 51
Mangold 38
Margarine 72
Maulbeere 51
Medizin, jüdische 87
Meerrettich 81
Melde 43
Melisse 82
Mexiko 90
Milch 12, 71
Mineralwasser 115
Mispel 52
Mittagessen 91, 92
Möhren 35
Mohn 82
Muskatnuß 83

Naschen 93
Nelken 11
Niederwild 62
Nüsse 48, 108

Öl 103
Olive 52

Orange 45
Ostern 102

Papaya 45
Pastinaken 36
Peru 90
Petersilie 83
Pfeffer 11, 84
Pferdefleisch 61
Physica 17
Pilze 36
Positives Denken 15

Quark 80
Quitte 53, 111

Reformhaus 29
Rehfleisch 63
Rettich 37
Rindfleisch 63
Römer 11, 38, 40, 55, 82
Roggen 27
Rosmarin 72
Rote-Bete 38

Safran 11
Salat 38
Salbei 84
Salz 85
Sauerampfer 44
Sauerkraut 34
Schadstoffe 36, 62
Schaffleisch 64
Schlafstörung 82, 95
Schlehen 54
Schleim 22
Schwan 11
Schwarzgalle 96
Sellerie 39

Spargel 95
Strauß 11
Süßholz 86
Süßkirsche 50
Supermarkt 29, 45

Tageszeit 91
Taube 67
Tee 32
Thymian 72
Tomate 89, 90
Trauben 55

Vegetarier 58, 59
Vitamine 26, 27, 28, 48

Wacholderbeeren 72
Walnuß 54
warm 8
Wasser 22
Wegerich 86, 105
Weihnachten 113
Wein 110, 116
Weintrauben 55
Weißdorn 105
Weizen 28
Wels 68
Wild 62, 113
Wildgemüse 41
Wildkirsche 50
Wildkräuter 101
Würzkräuter 73

Ysop 87

Ziegenfleisch 65
Zimt 11, 87
Zucker 70
Zwiebeln 40

In dieser Reihe sind erschienen:

GESUNDHEITSRATGEBER

Heidelore Kluge

Hildegard von Bingen

Ernährungslehre ◆ Dinkelkochbuch

Frauenheilkunde ◆ Mond und Sonne

Edelsteintherapie ◆ Gesundheitsfibel

Pflanzen- und Kräuterkunde

Heilendes Fasten ◆ Schönheitspflege

Küche aus der Natur

MOEWIG